Original title:
Life’s Answer to Everything: Wait and See

Author: Theodore Sinclair
ISBN HARDBACK: 978-1-80566-112-2
ISBN PAPERBACK: 978-1-80566-407-9

Sheltered Forth in Quietude

In the garden of dreams, I sit still,
With a cup of warm tea, oh what a thrill.
The squirrels laugh softly, the leaves dance too,
While I sit back and ponder, what should I do?

The sun peeks shyly, behind clouds of gray,
I twiddle my thumbs, in a whimsical way.
Anticipation bubbles, like water in pots,
But I'll wait for the moment—who knows what it's got!

Anticipating Waves of Change

A wave rolls in, and then it retreats,
I'm here on the shore, in my funny wet feet.
With sandcastles built, oh what a fine sight,
The tide's just a trickster, plays hide-and-seek right!

My friends start to surf, but I just doze off,
With whispers of fresh winds, I begin to scoff.
The beachball rolls past, I give it a chase,
But whose bright idea was it to race the waves' pace?

Waiting Like Blossoms in Spring

The buds on the tree are a colorful mess,
They giggle at winter; oh, what a jest!
They hold their breath tight, not a petal out yet,
With each passing moment, they're keen to forget.

I join in their silence, a spectator here,
Waiting for sunshine, or maybe some beer.
The bees buzz a tune, their dance is just right,
While I sit in the blossoms, oh what a sight!

When Hopes Are Set Adrift

I tossed a small dream in a paper boat,
With a prayer for the winds to help it float.
The moon's having fun, playing peekaboo,
While I sit on the dock, waiting for my cue.

The rapids rush by, but it's all in good cheer,
It's not half as funny, if I shed a tear.
So I crack silly jokes, to the salmon nearby,
And we share all our wishes beneath the wide sky!

The Quiet Dawn of Possibility

In the morning light, so bright and new,
We ponder dreams that are yet to brew.
With coffee in hand and a hopeful grin,
We chuckle at the where this will begin.

The toast pops up, it's perfectly brown,
A breakfast hero, our morning crown.
With every tick of the clock, we jest,
Who knew waiting could feel like a quest?

Echoes in Stillness Await

In the silence, echoes mock and play,
Tick-tock says the clock, “It’s not your day!”
With each breath taken, we giggle and sigh,
As dreams return like birds to the sky.

The phone lies quiet, the messages stack,
Like a gourmet feast on an empty rack.
Yet patience dances, a fun little beast,
Reminding us waiting's a tasty feast!

Waiting in the Arms of Time

In the arms of time, we sway to and fro,
Like a dance of leaves, putting on a show.
We tell silly jokes, to pass the long waits,
While time chuckles softly, adjusting our fates.

Our clocks seem to giggle, tickling our fears,
“Oh, what’s that you said? I can’t hear your cheers!”
So we twirl in the nonsense, with grins ear to ear,
For inside this delay, there’s nothing to fear!

The Promise of the Unfolding

With petals unfurling, with grace—they agree,
To blossom in time, just wait and see!
We plant the seeds and hop like a hare,
Giggling at the nature of waiting with flair.

The garden holds secrets, beneath the soil,
Where worms chuckle softly, sharing their toil.
And while we're all waiting, let laughter take flight,
For each twist of the road leads to pure delight!

The Promise of Dawn

The rooster crows at half-past five,
Its clueless call helps dreams survive.
Coffee brews, a morning tease,
While socks hide out, doing as they please.

The sunlight peeks through window panes,
And warms us up, despite the rains.
Toast pops up, a golden delight,
But still, pajamas feel just right.

The cat's a ninja, searching for prey,
While hairdos threaten to fade away.
Laughter bubbles, the clock’s a thief,
Yet we stumble on, embracing belief.

So take a breath, and let it be,
Tomorrow's dance waits eagerly.
With every dawn, a promise keeps,
Even if we’re not ready for leaps.

Unraveled Threads of Fate

Life's tapestry all woven tight,
Hangs by a thread, and that feels right.
Perils lurk in every seam,
But wisdom whispers, "Let’s just dream."

The wardrobe groans with years of wear,
A sock’s rebellion, without a care.
Lost matches tease, a hide-and-seek,
While mismatched life has its own peak.

Then comes the meeting on the lawn,
With mismatched socks and coffee gone.
Eyes roll, but hearts beat in sync,
Chasing chaos and a good drink.

So cheers to fate’s delightful mess,
And let’s festoon our own happiness.
We'll laugh as frayed threads start to mend,
In this grand voyage with no end.

A Symphony of Silence

In quiet moments, whispers float,
Like bumblebees on a far-off boat.
The awkward silence starts to sway,
Illusions dance and fly away.

The toaster hums a secret tune,
While cats hold meetings with the moon.
Each cranny echoes with a sigh,
As socks and dreams both try to fly.

An awkward chuckle fills the air,
Amidst the stillness, no despair.
As laughter teeters, lets it flow,
In silence, funny things do grow.

So treasure silence, hush and pause,
For in the giggles lie the cause.
The symphony knows how to tease,
In every giggle, find the ease.

When Moments Bloom

A garden grows with care and time,
Yet weeds consider themselves divine.
Petals laugh, in colors bright,
While they bicker over who’s more white.

Daisies chat with bumblebees,
Meanwhile, ants throw tiny teas.
Sunshine dances on every leaf,
While clouds just giggle, saying, "Brief!"

The day unfolds with playful charm,
Each bloom a joke, no need for harm.
A dandelion’s puff takes flight,
Whispers of laughter in the night.

So take a stroll when moments shine,
Embrace the jokes, life feels so fine.
For in this garden, joy returns,
With every twist, our spirit burns.

Chasing Shadows

I ran after dreams, what a silly race,
Tripping on laughter, a comical chase.
The shadows just danced, they wouldn't stand still,
A game of hide and seek, oh what a thrill!

In the park of my mind, they play every day,
Pretending to find them, I tumble and sway.
But while I'm chasing, they giggle and flee,
I guess they know secrets they're keeping from me!

Awaiting Light

I'm perched on a cliff, sipping chamomile tea,
Waiting for sunrise—it's just little ol' me!
The stars laugh above, they twinkle and wink,
As I sit here wondering, what will I think?

The light is a sloth, so slow in its rise,
Playing peek-a-boo with the birds in the skies.
But patience is key, so they say with a grin,
Soon enough, daybreak will let the fun begin!

The Wisdom in Pausing

In a race with my thoughts, I stop for some tea,
Realizing I've spilled all my thoughts on my knee.
With a chuckle I sigh, oh what a grand scene,
Wisdom arrives, in the form of caffeine!

The world rushes by, like a wacky parade,
And here I am chuckling, just slightly delayed.
With every sip, a giggle ignites,
In the pause of my day, laughter takes flight!

Through the Fog

Oh, the fog rolled in, with its fuzzy embrace,
It hid all my plans, my map lost its place.
I stumbled through mist, like a cartoonish ghost,
Wondering if dinner was ready or toast!

But in the thick of it, oh what a delight,
I found a lost sock, in the dim morning light.
With a shake of my head and a ridiculous grin,
Through the fog, I discovered a treasure within!

Clarity Emerges

In a muddle of thoughts, like a jigsaw of glee,
I sift through the pieces, what could this all be?
The answers peek out, like kids in a game,
Yelling, “Pick me! Pick me!” with each silly name!

And when all's set right, with a flip and a twist,
The clarity laughs, saying, “You can’t resist!”
With hands on my hips, I dance like a fool,
For clarity's charm is the sweetest of jewels!

Hope's Seedling in Time's Soil

I planted a seed in the garden of fate,
Watered it well, but it seems a bit late.
With a wink from the sun, it giggles and peeps,
Saying, "Give me a moment, I'm napping in heaps!"

As days tick on by, I'm filled with delight,
Watching the soil transform day into night.
Hope dances around, in a tutu so bright,
Silly little seedling, bloom when you're right!

The Elegance of Unexpected Turns

In a world where plans go haywire,
The cat sits still, like it’s on fire.
We dance in circles, oh what a treat,
But the pizza arrives, and we all hit repeat.

Expectations spin like tops of yore,
While squirrels plan acrobatics galore.
The road diverges, with signs all askew,
And rain clouds gather, just to say boo!

The toaster pops up, a bread surprise,
Like life’s little jokes right before our eyes.
With mischief and mayhem, we twist and we twirl,
As the world spins 'round in a wacky whirl.

So laugh at the chaos, and cheer on the freaks,
For the best plans are those life tweaks.
When things don’t align, and we feel the burn,
Embrace the elegance of unexpected turns.

Each Breath a Step Towards Tomorrow

With each soft breath, the clock ticks low,
I wonder if I left the kettle aglow.
Tomorrow waits with cookies and tea,
While I'm stuck pondering if I'm still me.

Waking up early feels like a crime,
Unless the coffee sings me a rhyme.
Each sip a gamble, each bite a leap,
As the universe chuckles while I try to sleep.

Chasing dreams down a slippery slide,
Where socks disappear, and pretzels collide.
I trip over thoughts, so shiny and bright,
Like confetti that popped in the dead of night.

But each silly moment, each twist of fate,
Is a dance with life, oh isn't it great?
As the sun sets low, and the stars peep through,
Every breath a step, it's all brand new!

The Waiting Game of Existence

In a queue for something bright,
I dropped my snack out of sight.
Time's a joker, what a tease,
While I wait, the ants have fees.

A toaster won’t pop, it just grins,
Perhaps it's waiting for my sins.
While I stare and plead for bread,
It dances lightly, I just dread.

The phone vibrates, but it's not me,
Could be a cat or a lost bee.
I hear laughter from the street,
As I sit here with cold feet.

Silly hours stretch like taffy,
While dreams fade, it’s not so happy.
Yet, in this pause, I start to see,
A flurry of absurdity.

The Promise Hidden in Delay

At the bus stop, days unwind,
I chew my nails, I'm not so kind.
Time hands out a crazy grin,
“Patience, please, let’s not begin.”

A squirrel steals my morning snack,
I chase it down, I'm on its track.
“We’ll get there soon!” the driver shouts,
As I wonder what it's all about.

Every minute brings new schemes,
All my chocolate melts in dreams.
I gaze at clouds, they wink back too,
“What’s the rush? Just enjoy the view!”

I laugh at all the moments lost,
Each second’s worth its silly cost.
In the waiting, joy will find,
A promise that’s one of a kind.

Still Waters, Silent Truths

In a pond where frogs just stare,
The water waits, it has no care.
Fish swim by without a thought,
As the lessons of stillness are sought.

Lily pads hold up their green hats,
While ducks dive in for friendly spats.
“Chill out!” the pond seems to say,
As I practice my gentle ballet.

Rocks beneath, they smile in peace,
While I ponder how to release.
With every ripple, a giggle flows,
Secrets hidden where no one knows.

Stillness wraps around the game,
So where’s the rush, isn’t it the same?
In the quiet, wisdom grows,
With frogs and fish, life ebbs and flows.

The Clock Ticks in Quietude

Tick tock, the clock just mocks,
While I'm stuck in my old socks.
Hands spin round, a game of tease,
"Maybe slowly, or maybe freeze?"

Each second craves attention so,
While I question when to go.
The pendulum swings like a dance,
I join the rhythm, take a chance.

Time's a trickster, with a grin,
Teasing chaos with a spin.
My coffee's cold, my toast is burnt,
Life's a maze where time can't turn.

But within this quiet clock parade,
Laughter echoes, plans are laid.
In teasing tones, it all may seem,
Patience sprinkles joy in dreams.

Echoes of the Unseen

In a world where questions fly,
I ponder life, oh me, oh my!
The answer's hiding, just you wait,
As I sit munching on my plate.

What is the secret, wise and grand?
Is it in the cookie brand?
I'll sit and snack with deep intent,
While my thoughts drift like a rent.

A cat walks by, and gives a yawn,
Perhaps it knows at dawn's first drawn?
Yet I'll just chuckle, sip my tea,
And let the echoes set me free.

So if you seek the hidden key,
Just hang around. Don't fuss, you see?
The answer's just a laugh away,
Or maybe in that sunlit ray.

The Canvas of Tomorrow's Dreams

With each new brushstroke on the page,
I paint my dreams without a gauge.
What's that? A splatter on my shoe?
Art is messy, yes that's true!

Colors swirling, bright and bold,
I giggle at the tales they hold.
"Tomorrow, dear, you'll surely shine!"
As I spill paint, oh how divine!

Yet as I wait for paint to dry,
I wonder if I should just fly.
But here I am, with brush in hand,
Creating futures, oh so grand!

Add a little glitter, make it pop,
I dance around, I'll never stop!
Life's a canvas, what a scream,
Let's see what forms from this wild dream!

Time's Gentle Hand

Tick tock, the clock goes round,
With time, my thoughts become unbound.
While waiting for the next big thing,
I entertain my inner king.

A frog jumps by, with quite a flair,
Should I hop too, with utmost care?
We both just lounge, beneath the sun,
Perhaps that's how we find the fun.

"Don't rush, dear mate!" the old clock chimes,
"Make jokes, drink tea, and enjoy dimes."
I smile, knowing time's on my side,
Even when it kicks and slides.

So here I rest, with gentle grace,
Laughing at life's hurried pace.
Each tick a giggle, each tock a cheer,
In time's embrace, I have no fear.

A Pause in the Dance

When the world spins and twirls around,
I pause mid-step, flat on the ground.
“Oops, missed a beat!” I laugh and see,
The dance of life is wild and free.

With two left feet, I groove along,
Can’t keep the rhythm? Just sing a song.
So what if I trip? I’ll twirl again,
Through joyful chaos, there’s good in pain.

A cat appears, it joins the jest,
Purring along, it’s clearly blessed.
“Shall we dance?” I ask, with but a grin,
The party’s on; let’s dive right in!

So when you fall, just take a break,
Laugh at the world, for goodness' sake!
In the pauses, joy will clamor,
And dance will turn into a glamour.

Patience in the Whisper of Time

A snail in its shell takes a break,
While the world spins by, for goodness' sake.
"Hurry up!" they shout, but it rather won't,
It’s got its own schedule, a leisurely jaunt.

With every step, it giggles and grins,
Chasing the shadows, ready to spin.
While friends rush ahead, it’s not in despair,
It knows that in time, all will be fair.

So sip on some tea; it’s a race that’s slow,
When you least expect it, the fun will grow.
As the sunrise yawns and day begins,
The snail’s quite pleased, oh what a win!

Patience prevails in the softness of dawn,
While others are racing, this one moves on.
What’s the rush when the world is a scene?
In the blink of an eye, everything’s green!

When Shadows Stretch to Morning

The moon does a dance, so sly and bright,
While shadows grow weary, just waiting for light.
They stretch and they yawn with sleepy delight,
Hoping tomorrow brings laughter, not fright.

Around every corner, surprises await,
As dawn softly whispers, "Be sure to create!"
With a wink and a nod, the sun says, "Hey!"
Shadows disperse, fun comes out to play.

So let them complain as they drift in the dark,
The morning's a mess with a fresh new spark.
Patience is key, each tick of the clock,
Turns shadows to giggles, like a funny rock!

Just wait for the sun, with a grin so wide,
All things of the night will soon toss aside.
In moments that stretch, there’s a lesson for sure,
Laughs are the currency—so let’s all endure!

In the Heartbeat of Tomorrow

Tick-tock says the clock, an impatient old chap,
But it takes time to snooze, a well-earned nap.
Dreams spin like tops in a whimsical whirl,
While futures are brewing, like tea in a swirl.

The roosters may crow, but you take your cue,
With eyes all a-twinkle, the day feels brand new.
"Just give it a sec," says the wise, cloaked owl,
In the heartbeat of waiting, there's laughter to howl.

Tomorrow's a surprise, and now's just the tease,
While squirrels collect acorns, oh please just freeze!
In quirky confusion, we find gold and glee,
As we laugh together at life's funny spree.

So breathe in the moment, let time hold your hand,
For the answers unravel, just as they'd planned.
Impatience is silly, the wait's quite divine—
In the heartbeat of tomorrow, all's simply fine!

The Garden of Hopeful Yesterdays

In the garden of time, where daisies chat,
They whisper of futures while tipping their hat.
Each petal's a wish, each stem holds a tale,
Where laughter grows wild, and no dreams can pale.

Nostalgia blooms bright, a funny old friend,
Tickling the edges of memories' bend.
It's hard to believe when today feels so grim,
That joy's just a chuckle, let days leap and swim.

So plant all your hopes in the soil of the past,
For blooms may take time, yet they're sure to last.
As butterflies giggle and dance in the air,
The garden keeps growing, with sunshine to share.

Grab a watering can, let worries all slip,
In the garden of jest, we learn to enjoy the trip.
Time's not a thief—it sprinkles some cheer,
As we wait for the blooms, ever boldly near!

The Clock's Gentle Persuasion

Tick-tock goes the little clock,
Saying patience is the key.
While I wait for my big break,
I munch on snacks with glee.

Time is like a lazy cat,
Stretching out in sun's warm sway.
I chase my dreams from left to right,
While snacks keep boredom at bay.

The hours dance with swift delight,
As I sip my tea with flair.
The clock just winks and shakes its face,
Saying, 'Wait, my friend, don't despair.'

So I'll lounge and twiddle thumbs,
With hopes that dreams will sprout.
After all, good things come to those,
Who snack and anticipate without doubt.

Resilience in the Waiting Game

In the waiting room of life,
I sit with a comic, just for fun.
Time slips by like jelly beans,
And I'm still not the chosen one.

Patience is my quirky dance,
As I jiggle in my seat.
The clock is ticking out a tune,
While I dream of something sweet.

I send my wishes to the stars,
With a wink and a silly grin.
The waiting game might feel like plod,
But wait, and you might just win!

So I'll keep my humor bright,
And twirl around this maze.
Resilient in my antics grand,
Biding time in funny ways.

When Dreams Are on the Edge

Balancing dreams like a wobbly stack,
I've got aspirations on a tightrope.
Falling off would make a good laugh,
But hey, there's always hope!

Wings of glory flutter near,
Yet here I am, still in lines.
Do I leap or simply breathe?
Only time will tell in signs.

I play the odds with a grin,
Hoping destiny does its dance.
With each tumble, I get back up,
In this waiting game romance.

So here's to dreams that hover high,
Like kites upon a breeze.
I'll hold on tight and laugh out loud,
While waiting for my chance to seize.

Embracing the Unwritten Saga

Here I stand, a blank page bold,
With stories yet to weave.
I’ll fill it with my giggles bright,
As I wait for plot twists to achieve.

Tomorrow’s scenes are still unknown,
A comedy in the making too.
I scribble clues and doodle dreams,
With a side of laughter in my brew.

While waiting for the story’s twist,
I find joy in silly notes.
Laughter is my secret sauce,
And the stars? Well, they're my boats.

So let’s embrace this unwritten fate,
With humor as our guide.
The saga unfolds with twists and turns,
As we enjoy the bumpy ride.

Shade of a Promise Just Ahead

In the garden of dreams, we plant our seeds,
Watering hopes with laughter and misdeeds.
Every weed that sprouted, we happily ignore,
As the sun shines bright, asking for more.

With a wink from the sky, we make our wish,
Eating pie in July, who wouldn't want this?
We'll chase the clouds like kids chasing kites,
While time slips by in sweet, silly flights.

Invitations from Tomorrow's Horizon

The postcard comes from a land we don’t know,
Saying, 'Hang tight, dear friend, it’s not time to go!'
We sip lemonade, and plan our escape,
In our wooden chairs that squeak and drape.

The future rings us up, a jolly good tease,
With laughter that dances on light summer breeze.
Come join the circus, the show’s just begun,
Underneath the moon, we’ll party 'til dawn.

The Lantern of Hope, Yet Kindled

A flickering lantern in the shadowy night,
Whispers of dreams, all glowing and bright.
Balloons in the air scream, 'Don't take a detour!'
We follow the spark, life's magical allure.

With fireflies giggling, we toast with old tea,
Wishing on stars like they're free VIP.
Tomorrow's giggles bounce back like a ball,
Even if we trip, we'll still have a ball!

The Firefly's Dance Before Dawn

As fireflies twinkle, they jiggle and sway,
Inviting us all to join in their play.
In the soft glow of night, we stumble in glee,
With shoes on our hands, oh what a sight to see!

The moon winks down, saying, 'Hold on, my friend,'
Before the sun rises, there’s magic to spend.
So let’s prank the morning with giggles and flair,
For all of our worries float up in the air!

The Spaces Between Our Wishes

In the gaps of all our dreams,
Flies a pigeon with a cap,
It says, 'Wait a tick, my friends!'
While doing a little tap.

We scribble notes on napkins wet,
Sipping coffee, feeling grand,
But the universe just winks and says,
'Hold that thought, it’s not yet planned!'

Our wishes bounce like rubber balls,
Hitting walls, then rolling free,
A cat's meow interrupts the calls,
And we forget what we decree.

So let’s dance among delays,
With mischief in the breeze,
For every wish in playful haze,
Is just a tease, if you please!

A Quiet Revolution of Hope

The grass whispers, 'Not today!'
While daisies chuckle at the sun,
They've planned a party in delay,
Where waiting's half the fun.

A snail on slowest mission quest,
Sips on dew and dreams of speed,
But finds it's better to just rest,
With flowers sprouting at his feet.

The clock ticks loud, then takes a break,
As squirrels gather nuts in a row,
They think they've found the perfect cake,
But wait—those nuts are just for show!

With giggles rippling through the park,
We leap, we twirl, we jest,
In this quiet space—a tiny spark,
Of hope unmatched, and we're blessed!

The Journey of Unhurried Souls

Two turtles in a race so slow,
Heard laughter from a nearby tree,
As breezes mock their steady flow,
They just grin, and sip their tea.

In sandals worn and hats too wide,
They stroll the path with silly grins,
And find the secrets that abide,
In teeny ants and threadbare bins.

No need to rush, a song they hum,
As daisies wink and sway in tune,
While clouds parade, their soft drum,
Waits not a minute—only noon!

So join the cheer, embrace the ride,
As we shuffle on with joyous glee,
For in the slowest tide,
We learn it's grand to let it be!

In Time’s Embrace, We Grow

A clock once said, 'Why so in haste?'
As we tripped over our big ideas,
It ticked along, with humor laced,
While fashion fizzled via our fears.

We danced to rhythms not quite right,
With socks that flashed in colors bright,
Our teacups spilled, but oh, delight!
In awkwardness, we found our light.

As moments drift on wispy clouds,
And every giggle counts, we know,
That in the folds of gentle crowds,
The magic waits—just let it grow!

So when you pause, don’t knit a frown,
Let laughter rule, let worries stem,
For in this space, we spin around,
In Time’s embrace, we find our gem!

Sails Set to the Wind of Patience

The boat bobs gently on the lake,
Frog thinks he can make a break.
But as he leaps, splashes abound,
Patience laughs, he's still earthbound.

Clouds drift slow, the sun will rise,
Sailors twirl beneath the skies.
A seagull's joke, a fish's tease,
Patience whispers, "Just wait, please!"

A turtle moves with steady grace,
While the rabbit's all over the place.
One's in a rush, the other basks,
Patience smirks, no need for masks.

So hoist those sails, let breezes blow,
The punchline's late, but oh the show!
With every wave, the waters sway,
Patience giggles, enjoy the play.

Patience as the Guardian of Dreams

In a garden where dreams take flight,
A snail dreams big, it's quite a sight.
His plans so grand, but oh so slow,
Patience guards while the daisies grow.

A mouse décorates a tiny space,
But each attempt, he's out of place.
Still, he chuckles, "I'll find a pen,"
Patience nods, let's try again!

The moon's on watch, her glow is bright,
While fireflies dance to the night.
A dream is just a silly plot,
Patience grins, "Don't worry a lot!"

With every tick, the clock does tease,
A sleepy cat snores with such ease.
But dreams awake, like springtime flowers,
Patience whispers, "You've got hours!"

The Dance of Soon to Come

A butterfly flutters, such a tease,
While ants march on with steady ease.
They shout, “Hey, wait! We’re behind the beat!”
Patience chuckles, “Feel the heat!”

A squirrel collects his treasure deep,
Yet falls asleep, oh such a heap!
While dreams of acorns swirl and spin,
Patience beams, “Just wake and grin!”

Raindrops tap-dance on the roof,
While puddles form, making proof.
Each splash a wink, a spark, a fun,
Patience hums, “Soon comes the sun!”

So let us sway with carefree glee,
In this merry-go-round, can’t you see?
With every laugh, we stumble and stumble,
Patience twirls, we’ll never tumble!

The Art of Observing Life's Tapestry

A spider spins with tricky flair,
While flies dart by without a care.
“Catch me if you can!” they tease and spin,
Patience smiles, where can we begin?

A kid stumbles on their shoelace tight,
The dog just laughs, “You’ll be alright!”
As giggles rise and tumbles roll,
Patience sighs, “It’s all in the soul.”

In the park, a bench awaits,
For folks to share their bizarre fates.
Squirrels gossip, while pigeons pout,
Patience whispers, “Just hang about.”

With colors bright in skies so blue,
Each moment makes it all brand new.
So grab a seat and sip your tea,
Patience winks, “Just wait and see!”

The Clock’s Unhurried Song

Tick-tock, the clock mocks me,
Time dances slow, you see.
I tap my feet, it takes a break,
I swear it laughs at every mistake.

My sandwich waits; it wants to dive,
But the seconds crawl, barely alive.
I sigh and munch on my own thoughts,
While the world spins, in silly knots.

A snail races by, full of zest,
Turns his shell, claims he's the best.
But we all know, he’s just a tease,
Next to the clock that does as it please.

So here's to time, in all its fun,
Where waiting feels like a silly run.
Life’s a ride on an unsteady steer,
With laughter echoing, never fear!

Waiting for the Sun to Rise

I set my alarm for the crack of dawn,
Yet, here I am, with a yawn.
The sun delays, it snoozes tight,
While I'm dressed for a day that's bright.

Birds chirp loudly, quite unpolite,
"Come on, sun, don't give us fright!"
But it lingers 'neath its fluffy bed,
As I ponder issues in my head.

A cup of coffee shivers in my hand,
Like a child waiting for a magic band.
Each tick of the clock is a comic row,
As the shadows dance and the moments go.

Finally, it rises, a sleepy glare,
And I laugh at the joy of waiting there.
With a wink and a grin, comes the golden hue,
"Next time, I'll sleep in too!"

Beneath the Surface of Patience

Bubbles float in my fizzy drink,
Like thoughts that drift, oh, how they stink!
I toss my worries to the breeze,
And watch them dance with utmost ease.

Patience is just a lonely chap,
Bored with waiting, caught in a trap.
He plays chess with the shadows and light,
While I shout, "Let's get this right!"

In a world where time is on pause,
I invent a drama with much applause.
So here we are, just you and me,
Sipping life's juice, hilarity key.

So let time spin its whimsical tale,
Serving us laughter, big and frail.
For in waiting we find, truth be told,
A treasure trove, of humor bold.

Unveiling the Mystery of Moments

Moments hide like shy little mice,
I chase them down, oh, isn't that nice?
They giggle and dart, right out of my grasp,
While I joke with time, in a silly clasp.

I ask my watch, “What gives the score?”
It just ticks and tocks, wanting more.
Each second teases with a hidden face,
Like a magician in a funny race.

The mystery unfolds, a silly plot,
As I dive in deep, but find a knot.
I’m left wondering what’s all the fuss,
With giggles and smiles, it’s a must.

So here I sit, forever intrigued,
As life’s little hiccups constantly league.
Moments unveil in their own sweet way,
Turning waiting into a funny play!

Miracles That Dance Boisterously

In the kitchen, pots collide,
As dancing spoons take a bright ride.
Flour flies like little snow,
While laughter runs, a perfect flow.

A cat in a hat sways with flair,
Chasing shadows, unaware.
The dog trots by, a royal sight,
Wagging his tail, a pure delight.

Unexpected bits of charm arise,
Like when toast lands butter-side high.
In the circus of the daily grind,
Jokes are treasures, simply divine.

With giggles sparkling in the air,
We watch the world with joyous care.
Miracles jump, skip, and sing,
In every silly little thing.

Soft Steps Towards the Unknown

Tiptoe through the garden bright,
Flowers nod in pure delight.
A rabbit hops with secret haste,
Chasing dreams without a taste.

Clouds drift by, so slow and meek,
Whispering tales that many seek.
With every step, the grass will sway,
As stars prepare to burst and play.

A mystery waits behind each tree,
The squirrels giggle, wild and free.
What lies ahead? Oh, who can tell?
The path unfolds, a curious spell.

Laughter echoes as we roam,
With every twist, we feel at home.
Soft steps lead to worlds anew,
With each soft giggle, we break through.

The Symphony of Anticipation

In every tick, the clock performs,
Building beats that twist and swarm.
Anticipation's giddy tune,
Plays on sunlit afternoons.

A pizza's coming, oh what bliss,
As hungry folks all wait for this.
Each rumble of the playful belly,
Turns into laughter, giggles jelly.

A game put on hold, the ball in flight,
With bated breath, we grip it tight.
Every pause a spark of hope,
As dreams unfold, the fun elope.

Musical fruits in a fun parade,
With lemons marching, a grand charade.
The sweetest notes are held in wait,
As laughter dances, we celebrate!

Anticipation's Delicate Embrace

A butterfly flutters, light and free,
Waiting for grass, a joyful spree.
With colors bright, it spins around,
In gentle air, no fear is found.

The donut shop with frosted treats,
Has sugar dreams that skip like beats.
Waiting for sprinkles, watch them gleam,
In sugary joy, we all can dream.

A cat on the porch observes with glee,
The world spins round, amusingly.
With every moment, a quirk unfolds,
In nature's theater, laughter molds.

With giggles primed, we take a chance,
In every moment, fate's sweet dance.
Anticipation wraps us tight,
In a world of nonsense, pure delight.

Stars that Ponder in Silence

Twinkling lights in a vast black sea,
They chuckle at us with glee,
Whispers float on cosmic winds,
Patience, my friend, is how it begins.

Galaxies spin with graceful ease,
While we rush like ants in a breeze,
They wink with wisdom, oh so sly,
Waiting for us to ask, 'Oh, why?'

Planets dance in a cosmic line,
Tick-tock, they sip on space-time wine,
While we fret over tiny clocks,
They're crafting laughter in paradox.

So gaze up high, let not hearts fret,
The stars know better, don't you forget,
In silence they ponder, they’ll let us see,
The funny twists of what will be.

Where Time Meets the Horizon

As the sun dips low and the sky turns pink,
Time mingles softly, don’t you think?
Clouds share secrets with the fading light,
While we scurry, chasing dreams in flight.

Seagulls squawk at the setting day,
They laugh at our plans while we play,
The shoreline whispers, 'Just take a seat,'
Patience, dear friend, can’t be beat.

Waves come and go, a rhythmic tease,
Prompting us to breathe and freeze,
Where time hangs low like a playful kite,
Wait a bit longer, it’ll be all right.

So let the horizon be your guide,
With every tide, there’s nothing to hide,
The funny dance of minutes flows,
Trust the horizons, that's how it goes.

Delicate Pathways to Tomorrow

Footprints drawn in shifting sand,
Take a stroll; maybe hold my hand,
Laughter blooms where the sunbeams beam,
Tomorrow's paths are rarely as they seem.

Butterflies flutter, whisper sweet,
Telling tales of where dreams meet,
A hiccup here, a giggle there,
The future’s a dance, let's give it a stare.

Trees sway gently, their leaves in play,
They beckon us, 'Come on, stay!'
While we rush through life like caffeinated bees,
Nature chuckles quietly with teasing ease.

So tread lightly on this soft, fine line,
Tomorrow will come, given some time,
In funny twists, the next step will be,
An adventure awaits, just wait and see.

The Horizon Beckons Softly

The horizon stretches, a silky tease,
Where colors mix with the softest breeze,
It beckons gently, 'Come take a peek,'
But don't rush ahead; it's patience you seek.

The sun winks down, a playful spy,
While we grumble and roll our eyes high,
Clouds giggle softly, each one a tease,
Promising wonders that come with ease.

A turtle moves slow but knows the way,
In its shell, it holds sunlit play,
While we zoom past in our busy strife,
It laughs at our hurry; it knows real life.

So heed the horizon, a gentle friend,
With every sunset, there's a new trend,
In absurd moments, we'll find the key,
To funny adventures, just wait and see.

A Journey Through Stillness

In a world where haste does reign,
We stand still, lost in the lane.
Tick-tock dances, clocks do mock,
Patience is the key to unlock.

Coffee brewed, it's gone too cold,
Yet here we sit, feeling bold.
Jokes unfold in silent air,
Who knew waiting could be rare?

Birds are chirping in their trees,
They've found joy in just the breeze.
We'll ride the waves of idle time,
With laughter ringing, so sublime.

So let the world rush forth ahead,
We'll lounge around instead of dread.
For in this pause, we find our cheer,
In moments long, we hold it dear.

The Gift of Tomorrow's Breath

Tomorrow greets us with a grin,
Today's troubles tossed in the bin.
While we wait for what's to be,
Let's have a toast, add some glee!

Sunshine waits behind the clouds,
Laughter bubbles in the crowds.
Why fret when the world's so bright?
We twirl and dance, oh what a sight!

In the land where patience thrives,
We play the game, where humor drives.
Kick back, relax, let worries flee,
Tomorrow's gift is wild and free.

Our wait could turn to comic gold,
Each second passes, unfolds the bold.
With every breath, a chance to shine,
In this merry wait, all is fine.

In the Heart of Waiting

Waiting rooms with chairs so neat,
Filled with folks, shuffling feet.
We crack some jokes, share a grin,
Who knew boredom could bring us in?

Minutes crawl like sleepy snails,
While outside, life tells its tales.
A magazine, a puzzle too,
Oh look, a cat in a tutu!

Time's a trickster, pulls a prank,
But we just laugh, give thanks, and thank.
For patience wraps us in its coat,
In the heart of waiting, we’ll float.

So grab a snack, and start to munch,
Let’s feign a contest for the crunch.
In this stillness, joys we’ll find,
Humor and smiles, never far behind.

Threads of Tomorrow Weave Slowly

Threads of time, so loosely spun,
In the fabric, we find the fun.
With each stitch, a tale we tell,
As patience rings its merry bell.

Spools of laughter on the floor,
Waiting brings out the playful roar.
We knot our dreams, so bright and queer,
In this weaving, joy draws near.

The tapestry of days ahead,
Is stitched with hopes, and laughter spread.
So as we thread this waiting game,
We'll find a spark, and fan the flame.

With playful threads, our futures blend,
In every pause, new colors mend.
A funny quilt of dear delight,
As we embrace the soft twilight.

The Tides of Time

Waves crash with a comical splash,
Watch seagulls dance, oh what a flash!
Each moment tickles, then runs away,
Tick-tock goes the clock; let’s laugh and play.

Surfboards wobble like my thoughts,
Finding balance in all the knots.
The tide will rise, and then it’ll fall,
Just don’t forget to have a ball!

Embrace the Unfolding

Like origami, life’s a fold,
Turn it once, see the bright and bold.
A paper crane or a paper hat,
Wait for the magic, imagine that!

The secret’s in the crinkly lines,
Unwind your worries like tangled vines.
Each twist reveals a silly surprise,
Embrace it all, and wear your ties!

In the Stillness of Tomorrow

Sunrise brings a sleepy grin,
As coffee brews, let the day begin.
Chasing dreams in fluffy slippers,
Tomorrow's a joke—so laugh in zippers!

Butterflies wander with gentle grace,
Taking time to dance in every place.
With humor bright and spirits high,
Watch the clouds as they float by.

Patience in the Garden

In the garden, weeds wear funny hats,
While flowers gossip with flirty chats.
“Just wait,” I say, to the seeds I sow,
Life’s a wild show, let it glow!

Turtles race, but oh, so slow,
Time helps the blossoms, don’t you know?
With a wink and a playful cheer,
Nature’s comedy is always near!

Beneath the Surface

Underneath the bubbling sea,
Jellyfish dance quite carefree.
Sailboats tip-toe on the swell,
Wondering when we'll ring the bell.

A crab named Larry jokes and grins,
While dolphins giggle, making spins.
Octopus tends to his fine art,
Sketching dreams from the heart.

The tides they come and tides they go,
Yet those who wait will steal the show.
Beneath the waves, there's a keen sense,
That laughter holds this ocean dense.

Calmness Comes

In the park, the ducks do waddle,
Losing races, what a muddle!
Squirrels plotting heists, you see,
To snatch the breadcrumbs, oh so free!

Clouds drift by in a lazy way,
While ants hold tiny parades today.
A breeze whispers jokes through the trees,
Nature chuckles with such ease.

The sun and shade share a cheeky grin,
As waiting turns into a win.
Serenity sneaks through laughter’s door,
Chirping briefly, then wanting more.

The Beauty in Unraveling

A yarn ball rolling from my lap,
Turns knitting into a funny mishap.
Cats leap high as skeins unwind,
Who will catch it? Oh, who's so blind?

Knitting needles dancing quite bold,
Patterns lost in threads of old.
Laughter stitches where yarn may fray,
Creating joy in a crafty way.

It's when we let the stitches break,
That chaotic art we will make.
Unravel slow, and see the fun,
Life's a blanket waiting to be spun.

Moments That Breathe

A puzzled frog on a lily pad,
Contemplates if he feels bad.
He waits and waits, what's this, a fly?
When will he leap? Oh me, oh my!

Time drips slow like honey sweet,
While turtles move on lumbering feet.
Patience cracks a goofy smile,
As frogs wish, 'Just wait a while!'

Moments tick to a giggly beat,
With every pause, life's little treat.
In the rhythm, laughter clears,
Joy bounces back as doubt disappears.

In the Interlude of Breath

At the edge of the bustling street,
A pigeon ponders skipping a beat.
With feathers fluffed, it struts along,
Living proof that waiting's strong.

People rush with such a fuss,
While this bird just takes the bus.
Tick-tock's mute while patience sings,
In stillness, joy is what it brings.

With every pause, the world can wait,
For giggles hid in a quiet state.
In every breath, there's laughter found,
In the heart's interlude, joy abounds.

For Every Question, A Gentle Pause

When the clock ticks like a drum,
And the answer seeks its sum,
I ask my cat, who shrugs and yawns,
Is it daytime? Or is it dawns?

With each query that I toss,
My pizza rolls become my boss,
They tell me, "Patience is a dish,"
While I ponder on my every wish.

So I sit with furrowed brow,
As my hair turns a shade of wow,
The universe just hums a tune,
Like my neighbor chasing a raccoon.

In this circus of wild thought,
I fish for answers, yet get caught,
With popcorn kernels, doubts abound,
Perhaps the truth's lost, never found.

In the Silence, Answers Bloom

In a garden, quiet and neat,
I plant my questions at my feet,
They sprout in colors, 'what's this mess?'
Oh joy! It's just my own excess.

I water them with lemonade,
And crumbs from snacks I never made,
While clouds above just float and tease,
With weather forecasts that can't please.

I take a nap beneath a tree,
And wake up with some hope for free,
The answers dance—oh, what a sight!
To find them there, it feels just right.

So hush your doubts, let nature speak,
Like dancing squirrels midweek sneak,
For every silence that you keep,
A snickered answer lies in sleep.

Seasons Turn in Gentle Patience

Winter wonders if spring will show,
While summer shuffles to and fro,
The leaves are having a laughing fit,
As time just says, 'Now wait a bit.'

A snowman begs for warmer climes,
While I recite these silly rhymes,
The calendar giggles at our haste,
To rush through seasons we just waste.

It’s spring, and I’m all dressed in shorts,
While winter still plays its frosty sports,
The flowers chuckle, bloom in place,
As I trip over what I chase.

In this comedic dance of fate,
I sip my coffee, contemplate,
For patience is a wiggly jig,
And answers come, oh-so-rather big!

Whispers of What Will Be

In the corners of my mind, they creep,
Those whispers playful, far from deep,
I listen closely, and they say,
"Why not just nap the day away?"

Like butterflies wearing tiny shoes,
They flit about, providing clues,
"No need to fret, just take a seat,
And let the world bring you some treats!"

A joke here, a riddle there,
While I pretend not to care,
But laughter bubbles up like soda,
In hopes that tomorrow won't be a quota.

So ha! To every thought I sow,
I let the giggles steal the show,
For every mystery that I spy,
The answer's waving—oh my, oh my!

Nature's Patience

In the garden, weeds dance slow,
While flowers play their waiting show.
The snail takes its time, quite bold,
Hoping for a leaf to hold.

The sun peeks out, a shy hello,
While clouds decide where they will go.
A squirrel twirls, drops its stash,
Wondering if it’s time to dash.

In the pond, ripples play around,
The frog jumps in without a sound.
“Why the rush?” the fish will say,
“Tomorrow's just another day!”

So nature whispers with a smile,
“Patience, darling, it’s worth your while.”
The trees sway gently, roots run deep,
In time, the secret you will reap.

A Lesson

A wise old tortoise crossed the street,
With thoughts of lunch and something sweet.
“Why hurry?” asked the passing hare,
“Let’s take our time, life has its flair!”

The tortoise smiled, kicked up some dust,
While the hare jumped just because he must.
“This race of ours could take a while,
Shall we just chat and share a smile?”

When the hare tripped on a pebble small,
The tortoise watched, amused, in thrall.
“See my friend, there's wisdom here,
Just wait a moment, lend an ear!”

At journey's end, they both agreed,
Slow and steady, that's the creed.
For life’s a laugh, a playful jest,
Sometimes it’s fun to take a rest.

Awaiting Crescendo on the Path

A musician sits, a note in hand,
With finger drums upon the stand.
The world outside, it hums away,
But he just smiles and starts to play.

The trees tap to their leafy beat,
As birds chirp in a rhythmic seat.
The sun will join, a shining friend,
Together they'll crescendo, blend.

With every pause, the laughter flies,
While clouds join in with dreamy sighs.
"Is this the moment? Is it time?"
The path ahead, a simple rhyme.

As seasons shift and moments freeze,
The world prepares a symphony, please.
In waiting, joy will softly swell,
A melody of "All is well."

Through the Veil of Uncertainty

Behind the curtains, shadows play,
Fuzzy figures dance away.
"Is that a monster? Or a friend?"
With popcorn served, the night won't end.

The clock ticks loud, a ticking tease,
While whispers float upon the breeze.
A cat pounces, chasing light,
"Just wait," it says, "and you'll feel right!"

When dawn breaks through the heavy veil,
The fog lifts up, revealing trails.
And what once was, becomes more clear,
This silly game's a thing to cheer!

So through each twist and twisty turn,
Embrace the wait, for laughs we'll earn.
For in uncertainty, life sets free,
A comic strip of "Let's just be!"

The Promise in the Unfolding

A flower bud, so tightly curled,
Holds magic close from the wide world.
With each new day, a petal waits,
To greet the sun, it contemplates.

A caterpillar munches leaves,
While dreaming of what it believes.
"Soon I'll be grand, just you wait here,
In fashion, I plan to appear!"

With every tick of nature's clock,
New wonders sprout, it's all a shock!
From gooey snail to graceful glide,
The world is wild, a joyful ride.

So here's a chuckle, bright and true,
In every pause, there's more to view.
Patience, dear friend, is where it's at,
Watch how the magic unfolds, just like that!

In the Cradle of Time's Wisdom

In a world that spins like a top,
We rush and tumble, then hope to stop.
With a wink and a grin, we make our play,
Tomorrow's jokes are just a wait away.

Turtles with tales they keep close,
Laughing slow, they're the grandest host.
While we race on, they know the score,
Patience is key, who could ask for more?

The clock ticks softly, with humor in mind,
The punchline's coming, but we're not aligned.
Tickle your fancy as the clock rolls back,
Wisdom finds laughter on its own track.

In the cradle where jesters reside,
We ponder the glories that wait with pride.
So hold tight, dear friend, don't jump the line,
For the silliest joys are the best in time.

Tender Moments of Tomorrow

A squirrel has plans for a grand buffet,
While we stress ’bout bills on a Tuesday.
He gathers nuts with an easy grin,
Teaching us all how to laugh and win.

In gardens where daisies bob and sway,
A bee hums the tune of a summer day.
We fret for answers and trips to Mars,
But a flower just waits beneath the stars.

So let’s sip our tea and just let things brew,
For tomorrow has wonders, ever so true.
When we take a pause and breathe in deep,
We find giggles in moments, even while we sleep.

Tomorrow’s a mystery, dressed up so bright,
With puns in the shadows and giggles in light.
Take a clue from nature, mellow and free,
In tender tomorrows, we’ll find the key.

When Faith Finds Its Rhythm

Faith is a dancer, so spry and spritz,
Twisting to tunes, with cheeky little wits.
With two left feet, our hearts still sway,
As faith shows us how to boogie away.

Step by step, with a hesitant glance,
We trip over doubts in this crazy dance.
But faith, with a chuckle, leads us through,
Into the rhythm that's clever and true.

We wait in the wings for that magical song,
As doubts slip away and we feel we belong.
With laughter in sync and a wink here and there,
We find our footing, light as the air.

So waltz with your worries, let joy set the pace,
In this silly ballet, we each find our place.
When faith finds its rhythm, we stop and see,
The dance of tomorrow, as fun as can be.

The Stillness that Precedes

In the hush before laughter, the world's holding its breath,

Like a cat with a yarn ball, unsure of its breadth.
The stillness is pregnant with giggles galore,
As we wait for the punchline to settle the score.

A dog on the porch eyes the mailman with flair,
Suspense fills the air, tales twine everywhere.
With every pause, there's a story to weave,
So sit, hold your sides, and just wait to believe.

The calm before chaos is where we abide,
Each tick of the clock a whimsical ride.
Anticipation tingles, like bubbles in tea,
As we sip on the stillness, there's humor to see.

So welcome the stillness, your waiting friend,
For it brings delightful surprises to send.
With chuckles arising like popcorn in air,
In the pause of the moment, the joy's always there.

The Gentle Nudge of Future's Hand

When dreams are stuck in mud so thick,
We stand and wait, with a hopeful flick.
The future comes with a gentle shove,
Like a cat reminding you to love.

Patience wears a funny disguise,
It twirls and dances, oh how it flies!
With every tick, the clock enjoys,
Juggling time like a kid with toys.

A snail carries wisdom on its back,
While we wheel like hammers, full of smack.
The secret lies beneath the sun,
Just twist your cap and join the fun!

So let it all just dribble down,
No need for crowns when wearing a frown.
With each tick-tock, we slowly see,
The cosmic joke: just wait, be free.

Under the Canopy of Time

Beneath the sky with a wink and a grin,
Time plays tricks from dusk till it’s thin.
Like a jester with an oversized hat,
It’s got a riddle for all that's sat.

With hours that dance like socks in the wash,
And seconds that giggle, oh my, what a posh!
Patience whispers, "Tickle your fate,
You’ll find the highs if you embrace the rate."

A squirrel jumps in a nutty haste,
While we all scramble, entangled in waste.
Yet when we pause, the laughter’s clear,
Time’s just a pie that we all can shear.

So sit back friends, let the moments unroll,
With each chuckle, a spark in the soul.
Under the canopy where time turns and bends,
We find the joy that endlessly sends.

Foundations Built in Stillness

In the quiet, where whispers nest,
We build our dreams, no need for a quest.
Brick by brick, with a chuckle and scoff,
Each pause a party, where we laugh it off.

Foundations wobbly, like jelly on legs,
Invite all the clowns and funny pegs.
As we wait, time throws pies in the air,
Buffering our hopes with zest, full of flair.

Balancing life like a dance on a log,
Finding the rhythm amid every fog.
Who knew the silence could speak so loud?
With patience, we're crazy, we're all feeling proud!

So here's to the stillness, it's not just a bore,
In the gap between breaths, there's so much in store.
Laughter and love on a foundation quite grand,
Constructing our hopes with a whimsical hand.

Stars that Listen to Our Hearts

Look up at night with your curious eyes,
The stars are winks, and they're spry little spies.
They twinkle with secrets, fun whispers of cheer,
As we ponder the things we wish weren't so clear.

With every sigh and a hopeful dream,
The cosmos giggles; it's all part of the scheme.
While we fret and stew like a pot on the boil,
The universe chuckles at our earthly toil.

Each pulse of the heart is a message so bright,
Woven in stardust, shimmering light.
So don't rush the games that time plays every day,
Relax with a wink and enjoy the ballet.

Stars that listen when we scream and shout,
Whisper back softly, "What's life all about?"
Just dance through the dark with your heart all aglow,
The humor of waiting is the best kind of show!

The Whisper of What's to Come

The snail declares, 'I'll win this race,'
As he takes a nap in a sunny place.
The turtle grins, with a smug little quip,
'Patience, my friend, let's enjoy this trip.'

While we twiddle thumbs in endless delay,
A cake in the oven keeps baking away.
With sprinkles of hope and icing of glee,
We laugh at the clock, just wait and see!

A squirrel in a hurry collects acorns galore,
'Oh, there's winter, but summer's in store!'
It digs and it hoards without a regret,
While we ponder, 'Will we even be set?'

Yet the wait brings a twist, a funny surprise,
Like socks in the dryer, oh where do they fly?
Haste makes for mishaps, oh can't you agree?
Just laugh as we wonder, wait and see!

The Art of Expectation

Here’s a chef who stirs, a pot full of dreams,
He shrugs at the timer, it’s bursting at seams.
‘Just wait for the magic,’ he grins with delight,
A soufflé in trouble, it's a comical sight.

A dog on the porch scenting the breeze,
Is this snack time or just mishaps, oh please!
He barks at the mailman, all ruffled and wild,
‘Just wait,’ thinks the pup, ‘treats may be filed!’

A cat on the window, with plans so grand,
‘Soon I’ll catch that fly, just you understand.’
Then slips on a leaf and lands in a pile,
‘Patience is key, wait and stay awhile.’

So let’s not rush, let’s walk, not run,
With every silly stumble, we’re here just for fun.
Expectations dance, like the leaves in the air,
Let’s giggle together, without a care.

Seasons Change, So Shall We

In spring, we hop and giggle about,
With bunnies and flowers all dancing about.
But summer rolls in, with sweat on our brow,
And we wonder what we were giggly about.

Autumn arrives, with a crunch underfoot,
We ponder our costumes, 'Should I be a root?'
Then winter is here, and we freeze out the fun,
'Next year we'll try harder,' oh what have we done?

Next spring we'll bloom, with plans and delight,
To laugh at the seasons that danced through the night.
With every new phase and each quirky routine,
We embrace every moment, it's all so serene.

So bring on the changes, let's see what they'd be,
Through winter's cold grip and summer's decree.
For we twirl with the leaves and laugh at the falls,
In this dizzying cycle, we'll answer the calls.

Beyond the Horizon's Veil

The sun sets low, casting shadows and gold,
'What's on the other side?' we're boldly told.
A rabbit in shades, with a wink and a grin,
'It's a party, my friends, shall we dive in?'

The ocean waves crash, full of wisdom and sass,
'Who needs a guide? Just let time pass!'
With surfboards of hope, we ride every wave,
Trusting the currents of fun that we crave.

A bird in the air, flaps with cartoon flair,
'Look over yonder, there's treasure to share!'
With feathers all fluffed and clouds made of cream,
We giggle along, living out our wild dream.

So let's wander together, take chances and play,
For beyond every corner, magic's on display.
The horizon may beckon, but here's the decree,
We'll chase after joy, just wait and see!

The Art of Holding On

When you lose the keys again,
Just grab a snack and smile wide.
The laughter comes like a good friend,
While searching turns into a ride.

Patience is a funny game,
Like waiting on a dance floor.
You twirl and spin, call it fame,
But maybe you just need to score!

In the chaos, find your cheer,
As socks get lost in a wash cycle.
Embrace the mess, my dear,
Turning chaos into a smile.

With time's chime, we just might find,
That missing keys bring joy to share.
In the end, it's all in your mind,
Just laugh and dance without a care.

Tides That Shift with Grace

The ocean waves hum a funny tune,
As boats wobble like a tipsy friend.
Just hold on tight, and you'll be immune,
To salty jokes that the currents send.

Watching crab dance with the wind,
A clumsy shuffle, what a sight!
It's not a race, that's not the trend,
So kick back, those waves feel just right.

Sometimes the tide pulls you away,
But laughter comes with every wave.
Life's a splash on a sunny day,
With splatters of joy—our souls behave!

Let's ride the swell with a grin so bright,
Every ebb brings a chance to play.
The tides may shift, yet there's pure delight,
In finding joy in the wavy sway.

Lullabies of the Unseen Future

A kitten’s yawn, a sleepy sigh,
Whispering dreams through the night sky.
The future’s like a silly kite,
Soaring high with giggles in flight.

Tick-tock goes the silly clock,
Patience pranks us, what a shock!
We dance to rhythms of the unknown,
With hope wrapped tightly in a funny tone.

They say tomorrow's quite the tease,
With surprises hiding ‘neath the leaves.
So let’s spin tales with scrumptious cheese,
And laugh at all that life believes!

As shadows dance with the moon's soft gleam,
We'll march to the beat of a quirky dream.
With every chuckle and gleeful beam,
The unseen future is a pure team.

Threading Through Time's Loom

We weave through moments like a game,
Silly threads tangling with grace.
Time's a jokester, oh what a name,
With laughs stitched into its embrace.

At dawn's break, our plans may flop,
But in mishaps, magic appears.
So dance a jig, let mistakes drop,
We'll drown our worries with cheers!

Each thread we tug, a mystery spins,
Like searching for that lost old shoe.
But oh, the stories that life begins,
A tapestry of joy we brew!

So take a moment, breathe it in,
With every weave, a chuckle sprouts.
In this wild loom, let the fun begin,
For laughter's what this life's about!

Treading the Waters of Anticipation

Let's jump in the pool, oh what a delight,
But first, let's just wait. It's not quite right.
Swim shorts are ready, but the sun's shy today,
While we stand here, splashing in soggy ballet.

Patience is key, or so they say,
As we dodge the ducks who are stealing our play.
The leaf on the breeze has a sneaky twist,
Maybe we'll swim, but we just can't resist!

The water's quite chilly, but who cares to flee?
A mermaid might show if we at least agree.
But until we discover the treasure below,
We'll just float and giggle, and watch the clouds grow.

So here we remain on this waterbed dream,
Where time ticks in quirks, and nothing's as it seems.
With hearts in suspense and laughs in between,
We're treading on time, just enjoying the scene.

The Secret of Unhurried Hearts

The clock's ticking slowly, my tea's turned cold,
But I find it quite funny, this tale to be told.
With shoes still untying, I search for my keys,
An oil-slicked snail is a racer with ease!

The sun's playing peek-a-boo with the trees,
And time's in a bubble, feeling light as a breeze.
"Are we really late?" asks the squirrel on the grass,
As I fail to remember what happened to last class.

Half an hour passes, and I start to fret,
But the world's still a circus, and laughter's our pet.
So I dance with the shadows, unhurried and bright,
While I wait for my moment to leap into the light.

With rhythm and chuckles, I twirl with glee,
The secret of patience is just let it be.
For in this grand play, the heart's never wrong,
It bounces and jiggles and sings out a song.

The Dance of Uncertainty

Step left, then right, and twirl around fast,
The future's a jig that's a hoot and a blast.
With no partner in sight, I'm dancing alone,
Just me and my shadow, and we're in the zone!

Should I wear the blue shoes or the sparkling gold?
The question's as puzzling as a tale from the old.
What shoes fit the mood of this uncertain parade?
Ah, confetti and laughter are all that I've made.

To leap or to linger? It's hard to decide,
But I spin like a top with a grin and a slide.
Oh, the world is a whirl, with surprises in store,
And I dance like a nobody, who just wants to soar.

With each silly shuffle, no worries in view,
I'll wait for the rhythm, the cue and the hue.
For dancing in circles is always a thrill,
And who knows what comes next? It's never a drill!

Shadows of the Future’s Light

In the valley of shadows, where whispers play neat,
I peek around corners, and trip on my feet.
The future looks fuzzy, like cotton candy fluff,
Should I grab a handful, or is that just too tough?

The paths start to tangle like yarn in a cat,
As I ponder my choices, “What’s next in the hat?”
But the sun spills its laughter, creating a glow,
And I grin, feeling silly, as wanderers go slow.

With a dance from the dusk to dawn's early gleam,
I embrace the unknown, a wild, wacky dream.
For shadows are sneaky, but they’re friends in disguise,
Hiding the golden surprise in the skies.

So I tiptoe on trails, with mischief in mind,
And the lessons of waiting become ever so kind.
In the dance of the shadows, I leap and I sway,
For tomorrow’s still coming, and who knows? It may
play!

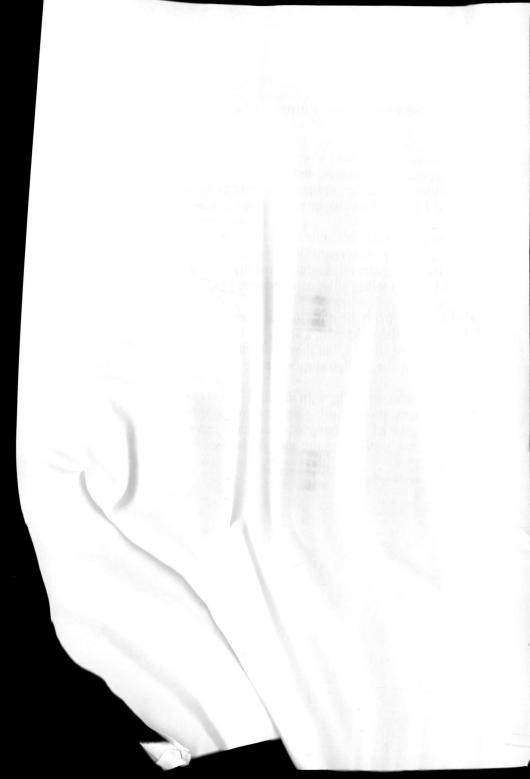

GW01180104

TASCABILI BOMPIANI

688

I LIBRI DI
ALBERTO MORAVIA

Di Alberto Moravia
presso Bompiani

LA MASCHERATA
AGOSTINO
LA ROMANA
LA DISUBBIDIENZA
GLI INDIFFERENTI
L'AMORE CONIUGALE
IL CONFORMISTA
RACCONTI 1927-1951
RACCONTI ROMANI
IL DISPREZZO
RACCONTI SURREALISTI E SATIRICI
LA CIOCIARA
NUOVI RACCONTI ROMANI
LA NOIA
L'AUTOMA
LE AMBIZIONI SBAGLIATE
L'UOMO COME FINE
L'ATTENZIONE
IO E LUI
A QUALE TRIBÙ APPARTIENI?
BOH
LA BELLA VITA
LA VITA INTERIORE
1934
L'INVERNO NUCLEARE
L'UOMO CHE GUARDA
LA COSA
VIAGGIO A ROMA
LA VILLA DEL VENERDÌ
PASSEGGIATE AFRICANE
LA DONNA LEOPARDO
UN'IDEA DELL'INDIA
DIARIO EUROPEO
TUTTO IL TEATRO
STORIE DELLA PREISTORIA

Alberto Moravia
La bella vita

Introduzione di Simone Casini

TASCABILI BOMPIANI

Realizzazione editoriale: ART Servizi Editoriali s.r.l. - Bologna

ISBN 88-452-4944-1

V edizione Tascabili Bompiani febbraio 2002

INTRODUZIONE

Alle origini di Moravia

Chi voglia risalire alle origini dell'opera di Alberto Moravia, insieme agli *Indifferenti* deve anche aprire o riaprire *La bella vita*. Primogenita delle sue diciotto raccolte di racconti, fu pubblicata nel 1935, pochi mesi prima del secondo romanzo *Le ambizioni sbagliate*, ma le sue radici affondano nella preistoria della narrativa moraviana, comprendendo tre racconti che precedono *Gli indifferenti* e altri otto che ne accompagnano la fortuna e ne sviluppano le implicazioni.

Rileggere oggi *La bella vita* non significa però confinarla in un ruolo meramente funzionale e contestuale al romanzo d'esordio. Grazie a studi e recuperi recenti, è infatti possibile ripensare più complessivamente il momento originario della narrativa moraviana, togliendo *Gli indifferenti* al loro splendido ed enigmatico isolamento, e ricostruendo intorno al romanzo il fermento di tentativi, di progetti, di letture e di amicizie, che il giovane Alberto Pincherle visse al suo ritorno dai solitari anni della malattia e del sanatorio. Alla luce delle nuove ricerche, inaugurate da Umberto Carpi, *La bella vita* ci introduce infatti nel vivace mondo delle riviste romane di letteratura della fine degli anni venti e nelle ancora poco note collaborazioni dell'apprendista scrittore. Agli undici racconti che da riviste come "900", "Pegaso", "Caratteri" e da giornali come "La Stampa" confluirono nella *Bella vita*, vanno aggiunti altri undici racconti dello stesso periodo, scartati dalla raccolta e abbandonati su riviste note e meno note come la già citata "900" e come "L'Interplanetario" o "I Lupi" e che si è convenuto chiamare "racconti dispersi".[1]

[1] Umberto Carpi, *'Gli Indifferenti' rimossi*, in "Belfagor," vol. XXXVI, 6, novembre-dicembre 1981, pp. 696-707. I racconti dispersi sono stati raccolti

Un consistente drappello di testi e di collaborazioni accompagna dunque il gran romanzo d'esordio e modifica la fisionomia dello scrittore da giovane. Come ha sottolineato recentemente Enzo Siciliano, parafrasando il famoso inizio degli *Indifferenti*, Carla è entrata come un fatto nuovo, come protagonista, nel romanzo italiano.[2] Ma con lei è entrata anche la folla dei personaggi moraviani, sin dal primo racconto della *Bella vita*, che inizia con la stessa situazione: "Lentamente chiudendo la porta, con una spinta del dorso e guardando fisso all'amante, il giovane entrò nella stanza".

La bella vita chiude il periodo biografico e letterario degli esordi, in concomitanza con l'uscita del secondo romanzo e con il viaggio dello scrittore negli Stati Uniti. Poco sappiamo delle ragioni che portarono Moravia a pubblicare il libro presso l'editore abruzzese Carabba, anche se è probabile, come vedremo, che l'intermediario sia stato Corrado Alvaro, già autore di un volume di novelle presso l'editore di Lanciano e direttore della collana "Novellieri italiani moderni" in cui fu ospitato *La bella vita*.[3] Il libro però ebbe scarso successo. Lo stesso Moravia, negli anni seguenti, preferì smembrare la raccolta, salvando solo quattro racconti, i 'migliori' o i più rispondenti alle sue nuove scelte narrative, all'interno di altre raccolte come *L'amante infelice* del 1943, *L'amore coniugale e altri racconti* del 1949, *Cortigiana stanca* del 1965, e soprattutto nell'antologia *Racconti 1927-1951* uscita nel 1952. Gli altri sette racconti non furono più ristampati fino al 1976, quando Oreste Del Buono inaugurò la nuova collana "Tascabili Bompiani" rispolverando per l'occasione la prima e dimenticata raccolta di Moravia.

Sulle ragioni di questa singolare sfortuna della *Bella vita* rispetto a tutte le altre raccolte moraviane, nessuna delle quali venne parimenti smembrata dall'autore, si possono solo fare delle ipotesi: forse l'evidente distacco tra testi lunghi apparsi su riviste e testi

in due volumi complementari: ALBERTO MORAVIA, *Romildo e altri racconti*, a cura di E. Siciliano, Milano, Bompiani, 1993 e ALBERTO MORAVIA, *Racconti dispersi 1928-1951*, a cura di S. Casini e F. Serra, Milano, Bompiani, 2000. L'intera produzione narrativa moraviana, compresa quella dispersa, è in corso di pubblicazione nella collana *Opere* diretta da Enzo Siciliano, di cui è uscito finora il primo volume, *Romanzi e racconti 1927-1940*, a cura di F. Serra, Milano, Bompiani, 2000.

[2] ENZO SICILIANO, *Indifferenza e speranza*, introduzione a ALBERTO MORAVIA, *Romanzi e racconti 1927-1940*, cit., p. VII.

[3] FRANCESCA SERRA, *Nota al testo*, ivi, p. 1668.

brevi pubblicati su quotidiani; oppure la scarsa circolazione, o la censura che proprio in quell'anno colpì *Le ambizioni sbagliate*, o ancora la crisi irreversibile che di lì a poco colpì l'editore; e anche il titolo, piuttosto eccentrico rispetto alla successiva opera di Moravia: "un titolo come questo," osservava già nel 1935 Pietro Pancrazi, "ce lo immaginiamo in testa a un volume di novelle di trent'anni fa. Avrebbero potuto adottarlo allora Rovetta, De Roberto, Bracco, Zuccoli, Ojetti...".[4]

L'ipotesi più convincente però è un'altra. *La bella vita* documenta una fase ancora sperimentale, aperta e incerta tra suggestioni diverse, ancora discontinua nei modi e nei risultati. Per questo fu abbandonata dallo scrittore, che in seguito vigilò attentamente sulla compattezza interna dei propri libri, a cominciare dalla successiva raccolta di racconti, *L'imbroglio* del 1937, esemplare in questo senso. Ma la ricchezza peculiare de *La bella vita* risiede proprio nella sua varietà, nel suo carattere sperimentale, nella sua disponibilità ad accogliere testi di fattura e impostazione molto diverse. È un libro importante e non solo per la presenza dei racconti più antichi e di alcuni tra i più riusciti dello scrittore romano. Nasconde molte altre sorprese, a cominciare da un capitolo splendido espunto dagli *Indifferenti*, come vedremo. E nonostante i suoi squilibri, è anche un libro ben costruito e a suo modo coerente: oltre ad essere il frutto di un'accorta selezione tra i racconti già pubblicati, presenta un'intelligente struttura circolare, in cui l'ultimo racconto, *Fine di una relazione*, riprende e svolge il tema narrativo del primo, *Cortigiana stanca*.

Personaggi in cerca di azione

Ricordando le origini della sua attività, Moravia racconta come scrivere per lui significasse essenzialmente inventare personaggi: "mi ero convinto che non mettesse conto di scrivere se lo scrittore non rivaleggiava col Creatore nell'invenzione di personaggi indipendenti, dotati di vita autonoma; l'idea che l'arte potesse essere altra cosa che creazione di personaggi non mi sfiorava neppure la mente".[5] Ma non si creda che questi personaggi indipendenti e

[4] Pietro Pancrazi, *La bella vita*, in "Corriere della Sera", 21 marzo 1935.

[5] Alberto Moravia, *Ricordo de "Gli indifferenti"*, 1945, in Id.; *L'uomo come fine e altri saggi*, Milano, Bompiani, 1963 (ma si cita dall'edizione ridotta: Milano, Bompiani, 2000, p. 11).

dotati di vita autonoma siano tali perché desunti dalla realtà, secondo il modello realistico e veristico in cui Moravia non si è mai riconosciuto. Uno scrittore verista muove da un sentimento di fiducia e di confidenza nella realtà, come chi sente di farne in qualche modo parte e trova appunto nel mondo i personaggi e le storie dei suoi racconti. Al contrario, il giovane Alberto Pincherle dalla realtà si sente escluso come un personaggio del suo autore prediletto: "mi sentivo un emarginato e Dostoevskij è stato appunto il romanziere degli emarginati";[6] l'impulso che muove l'apprendista scrittore è piuttosto un informe e prepotente sentimento "tragico", poi dirà "esistenziale", della vita che fino allora aveva vissuto: "volevo scrivere una tragedia in forma di racconto".[7] La realtà non è il punto di partenza, dunque, ma il punto di arrivo: "il problema della realtà", la sua difficile conquista, e il superamento di un soggettivismo personale e culturale sono infatti al centro della sua precoce, originale, eppur poco nota riflessione intorno al romanzo.

Siamo nel 1927, nella preistoria moraviana. Il romanzo è ancora in gestazione e uscirà due anni dopo. Il giovane scrittore, che fino a quel momento ha pubblicato soltanto un racconto, *Cortigiana stanca*, uscito su "900" nella primavera del 1927, si avventura in riflessioni di grande impegno con un articolo dal titolo *C'è una crisi del romanzo?* per il numero di ottobre della "Fiera Letteraria"[8] A chi non sapeva da quale fucina provenisse, poteva sembrare uno dei tanti vaniloqui letterari (tale parve forse al noto storiografo delle religioni Alberto Pincherle, che in quell'occasione chiese al giovane di chiarire l'imbarazzante omonimia ed è così che lo scrittore adottò il secondo cognome di famiglia e divenne Moravia). Ma alla luce del cantiere narrativo *in fieri* e di una riflessione che negli anni seguenti si svolge in sostanziale continuità, nei saggi densi del 1939-1941 su "Prospettive" e poi nella più matura e già retrospettiva saggistica del dopoguerra, l'articolo del 1927 risulta tutt'altro che un fatto episodico. Con lucida tempestività lo scrittore mostra di aver già fatto i conti con il romanzo sog-

[6] ALBERTO MORAVIA-ALAIN ELKANN, *Vita di Moravia*, Milano, Bompiani, 1990, p. 34.

[7] ALBERTO MORAVIA, *Ricordo de "Gli indifferenti"*, cit., p. 12.

[8] ALBERTO MORAVIA, *C'è una crisi del romanzo?*, in "La Fiera Letteraria", III, 41, 9 ottobre 1927, p. 1 (parzialmente ristampato in *Il punto su Moravia*, a cura di C. Benussi, Bari, Laterza, 1987, p. 81).

gettivo e interiore allora in auge, che egli chiama "cerebrale", e con i maestri di quel nuovo Novecento europeo: Pirandello, Proust, Joyce, Freud. Ma pur distinguendo "le stelle fisse" dai loro numerosi "satelliti", sottolinea il pericolo che tale tendenza costituisce per la narrativa. Il pensiero, il monologo, il commento, lo psicologismo, la memoria, insomma la sfera della soggettività rischia di travolgere e sommergere la "realtà", che in un'opera narrativa corrisponde in sostanza all'azione e ai personaggi: "il commento da qualche tempo ha superato di gran lunga, per la sua mole, il testo cioè l'azione; dopo Raskolnikoff è venuto Leopold Bloom; dopo l'allucinante analisi del delitto quella non altrettanto interessante della defecazione o d'altre simili... atrocità; oppure il pensiero sostituisce addirittura l'azione ed abbiamo i monologhi più o meno ampi, più o meno freudiani". Occorre dunque "tornare indietro, ad un equilibrio rigoroso del pensiero e dell'azione, equilibrio che nei tempi passati ha permesso la creazione di tutti i capolavori della letteratura europea".[9]

Può sorprendere il fatto che l'autore degli *Indifferenti*, impegnato su riviste d'avanguardia come "900", proponga di "tornare indietro". L'invito certo dovette piacere a Borgese, il quale da tempo predicava ai romanzieri il "tempo di edificare" e più di ogni altro, con una tempestiva e acuta recensione sul "Corriere della Sera", contribuì nel '29 al successo del primo romanzo moraviano. Ma è evidente che la realtà invocata e difensa dall'autore della *Bella vita* non è quella ingenuamente naturalistica, ma semmai quella dostoevskiana: "il mio maestro è stato Dostoevskij. ... io sono un allievo di Dostoevskij. ... Dostoevskij è stato per me un modello. Ne ho fatto una malattia. Ancora oggi non riesco a uscire dai suoi schemi".[10] Basta osservare come il "tornare indietro" si traduca negli *Indifferenti* in un inedito equilibrio di pensiero e di azione, con il caratteristico sdoppiamento della realtà tra ciò che i personaggi fanno e ciò che pensano. Il rifiuto del romanzo soggettivo e della scrittura dell'io è spesso ribadito nella successiva riflessione di Moravia, per esempio contro l'invadenza della memoria e la moda del proustismo.[11] Ma nasce con ogni probabilità da

[9] ALBERTO MORAVIA, *C'è una crisi del romanzo?*, cit.

[10] ALBERTO MORAVIA, *Intervista sullo scrittore scomodo*, a cura di N. Ajello, Bari, Laterza, 1978, pp. 25, 27, 100.

[11] ALBERTO MORAVIA, *Memoria e romanzo*, in "Prospettive", 6, 20-21, 15 agosto-15 settembre 1941, pp. 3-5, a firma "Pseudo"; il saggio apre poi la rac-

una tentazione superata. Per il sentimento "tragico" e il senso di "emarginazione" che spingevano il giovane a scrivere, infatti, sarebbe stato naturale approdare proprio a una scrittura di tipo soggettivo e intimistico ("Sentivo che mi sarebbe stato relativamente facile fare dei personaggi semplici portavoci dei miei sentimenti e delle mie idee") e può darsi che in tale direzione si muovessero le prime stesure, perdute, degli *Indifferenti*.

Ecco dunque la mossa originaria, peculiare della narrativa moraviana: era necessario "marcare la distanza tra *sé* e i *suoi* personaggi", oggettivarli, costituirli come esseri autonomi, rispondenti alla logica della realtà e non più a quella dell'io. Dar loro ciò che è essenziale alla vita e alla narrativa: la facoltà di agire liberamente. "Io avevo indubbiamente molte cose da dire," ricorda lo scrittore, "ma non volevo assolutamente dir nulla fuori dai canali obbligati dei personaggi".[12] Vi sono molti punti di contatto, com'è evidente, con la problematica di Pirandello, e più volte è stata sottolineata, dallo stesso Moravia, l'ispirazione teatrale della sua opera esordiente. La differenza è che in Pirandello il personaggio è portatore di una sua storia, di una sua vita, di una sua rete di relazioni di cui è gelosissimo, e cerca l'autore disposto a raccontare tutto ciò senza rinchiuderlo in una definizione; il personaggio che esce dalla penna di Moravia, invece, nasce astrattamente, come un carattere fortemente definito che "entra in scena" ancora privo di storia, più incline a pensieri e a fantasticherie tragiche che ad agire, e in cerca perciò non di un autore ma della propria storia.

Azione e personaggi devono dunque rispondere alla logica della realtà, ma non la conoscono spontaneamente; occorre perciò impararla, reinventarla. Da qui discende il carattere intellettuale e moralistico della narrativa moraviana, anche quando il risultato appare più prossimo al realismo. Se guardiamo ai racconti e ai romanzi successivi, è facile notare come non sempre Moravia abbia saputo o voluto mantenere il personaggio e l'azione aderenti alla logica della realtà. Talora troviamo personaggi che sin dal titolo tradiscono la loro origine astratta e intellettuale, quasi fossero "caratteri" morali considerati *a priori*, indipendentemente da una vicenda narrabile (*L'avaro*, *Il goloso*, *L'entusiasta*, *L'invidioso*, *Il mal-*

colta *L'uomo come fine ed altri saggi*, Milano, Bompiani, 1964; cfr. anche *L'uomo e il personaggio*, in "Prospettive", 6, 22, 15 ottobre 1941, pp. 3-6, a firma "Pseudo", poi di seguito al precedente in *L'uomo come fine e altri saggi*, cit.

12 Alberto Moravia, *Ricordo de "Gli indifferenti"*, cit., p. 12.

dicente, *Il conformista* ecc.), come lo stesso Moravia ha riconosciuto: "Volevo rifare La Bruyère, avevo in mente i moralisti francesi. Mi sentivo votato alla descrizione e invenzione di caratteri".[13] Oppure, troviamo un'azione narrativa poco rispettosa della verisimiglianza realistica, intrecci che rispondono piuttosto a un gusto dell'avventura, che lo scrittore farà risalire al modello stendhaliano e coltiverà soprattutto tra la fine degli anni Trenta e i primi anni Quaranta.

Il problema dei personaggi e dell'azione, dunque, costituiscono per Moravia non soltanto due funzioni della narrativa pertinenti al mestiere di scrittore, ma anche due nodi concettuali all'interno di una riflessione non sistematica ma comunque originale, che non è inesatto definire (come piaceva a Moravia) esistenzialista *ante litteram*, nella misura in cui dal problema dell'azione dipende quello della realtà. Ma quale azione era mai possibile? Non più la tragedia che inizialmente aveva vagheggiato: "dato l'ambiente e i personaggi, la tragedia non era possibile, e se avessi cambiato ambienti e personaggi avrei voltato le spalle alla realtà";[14] neppure il romanzo dostoevskijano di emarginazione, poiché le premesse culturali e ambientali dello scrittore russo erano troppo lontane. Il giovane scrittore si trova d'istinto ad affrontare il più delicato e importante tema della cultura novecentesca: l'uomo solo, senza più modelli, di fronte alla scelta di azione. Paradossalmente, non è soltanto un problema del narratore, ma anzitutto, e forse più, dei personaggi; azione intesa come problema narrativo per l'autore che vuol scrivere un romanzo e come problema morale e motivazionale per il personaggio che vuol superare l'intollerabile *impasse* esistenziale... Data la situazione storico-ambientale, dati i "caratteri", quale azione è ancora possibile? Il dramma di Michele e di Carla negli *Indifferenti* è appunto questo: che cosa occorre fare, in teoria e in pratica, per porre fine a una situazione intollerabile?

Al centro della narrativa moraviana sembra esserci una sorta di aporia e paradosso: il personaggio chiede all'autore di farlo agire, ma l'autore sa dar vita soltanto a personaggi incapaci di agire. Chi dei due allora prenderà l'iniziativa, chi saprà sciogliere al tempo stesso il dramma del personaggio e la macchina narrativa? Moravia non disdegnò mai il modello "avventuroso" stendhaliano in cui predomina l'arbitrio dell'autore a livello di intreccio, ma sin

[13] *Vita di Moravia*, cit.
[14] Alberto Moravia, *Ricordo de "Gli indifferenti"*, cit., p. 13.

dall'inizio predilige l'altra soluzione, assai più vicina alle ragioni profonde della sua ispirazione. Cerca dunque l'azione necessaria che scaturisca dal personaggio; aspetta con pazienza e talora invano che il personaggio prenda l'iniziativa; sceglie la via dell'analisi e l'indagine dell'animo umano, come insegnano i suoi modelli: Dostoevskij, Pirandello, Proust, La Bruyère.

Soprattutto elabora un tipo di personaggio definito appunto da questo rovello tormentoso: arrivare all'azione necessaria, reale, sincera, motivata dai sentimenti che la situazione dovrebbe ispirare; riuscire ad agire nonostante il sentimento di indifferenza che lo assedia e rende tutto inutile, tutto vano, tutto assurdo. "Bisognava appassionarsi, agire, soffrire, vincere quella debolezza, quella pietà, quella falsità, quel senso del ridicolo; bisognava essere tragici e sinceri," pensa Michele negli *Indifferenti* mentre si dirige con la rivoltella verso la casa di Leo, "sarebbe bastato un solo atto sincero, un atto di fede, per fermare questa baraonda". Come Michele tanti altri personaggi moraviani vivono questo rovello e, come negli *Indifferenti*, in tanti altri racconti alla fine "non è successo niente".

Ma se è vero che nel primo Moravia "piove sempre", come osservarono con arguta malizia Emilio Cecchi e Pietro Pancrazi, la sua narrativa non si chiude nel cerchio di questa negatività disperata. A fronte del personaggio "attivo", che come Michele non accetta il suo destino, e che l'astrattezza delle sue scelte condanna al fallimento, Moravia oppone un personaggio "passivo", che invece accetta il proprio destino, un personaggio-natura che non ha storia perché non ha un piano o un impegno, come la protagonista della *Romana*.[15] Non si tratta necessariamente di un personaggio più positivo, ma la sua aderenza tutta femminile alla realtà è per l'altro un miraggio incomprensibile, irraggiungibile, appena intravisto dentro piccole abitudini, dietro le lacrime di un pianto, in un umile e impossibile sogno di banale felicità borghese. È l'agognata "realtà", che esiste nonostante tutto, fuori dalle astrazioni e dall'arido tormento dei protagonisti maschili.

In molti dei migliori racconti della *Bella vita*, come *Cortigiana stanca*, *Apparizione*, *Fine di una relazione*, troviamo personaggi e situazioni in qualche modo archetipici dell'opera e dell'immaginario di Moravia.

[15] ALBERTO MORAVIA, *Perché ho scritto 'La romana'*, in "La Fiera Letteraria", n.s., II, 27, 3 luglio 1947, p. 3.

Prima degli *Indifferenti*: gli esordi su "900"

Com'è noto, il giovane Alberto Pincherle non esordì con *Gli indifferenti*, ma con *Lassitude de courtisane*, traduzione francese di *Cortigiana stanca*, che apparve nella primavera del 1927 sul terzo numero di "900", la rivista di Massimo Bontempelli. Il francese era imposto dalla linea programmatica del periodico, sottotitolato "Cahiers d'Italie et d'Europe", che nella sua prima serie trimestrale inseguiva la ribalta europea e fondava sulla traducibilità il criterio del valore artistico. Così spiegava infatti Bontempelli in una lettera del 1926: "Uscirà in francese. Nella giustificazione preliminare spiegherò che siamo antilirici, antisurreali, antipsicologi ecc., e che per noi il criterio di un'opera d'arte è di essere traducibile e raccontabile: e perciò rinunciamo al vantaggio che ci può dare lo scrivere nella nostra lingua e ci presentiamo tradotti: così otteniamo anche maggiore diffusione".[16]

Come il giovane Pincherle, ancora sconosciuto e inedito, appena uscito da una terribile malattia e dall'esperienza del sanatorio, fosse approdato a questa prestigiosa ribalta e al combattivo e dinamico ambiente culturale che veniva formandosi intorno a Bontempelli non è ben chiaro. Più che i cugini Rosselli, il canale fu probabilmente Andrea Caffi, figura intellettuale di riferimento per il giovane sin dai primi anni Venti. "Era russo, del tipo dostoevskiano, generoso e inconcludente," ricorderà poi lo scrittore, che proprio a lui oltre che al cugino Carlo doveva appunto la scoperta di Dostoevskij.[17] Caffi era in contatto con Corrado Alvaro, allora segretario di "900". "Andai da Alvaro," ricorda allora Moravia, "mi disse di scrivere qualche cosa, e gli portai *Cortigiana stanca*";[18] il racconto fu quindi passato a Emmanuel Audisio, antifascista, amico del noto critico Benjamin Cremieux, al quale erano affidate per contratto le traduzioni in francese per "900". La redazione della rivista ebbe spesso da lamentarsi di Audisio. Alvaro,

[16] Lettera del 1926 (s.d.) a Nino Frank, in Corrado Alvaro-Massimo Bontempelli-Nino Frank, *Lettere a "900"*, a cura di M. Mascia Galateria, Roma, Bulzoni, p. 106. Si veda inoltre il saggio di Eraldo Affinati, *Moravia e "900"*, "Nuovi Argomenti", s. III, n. 37, gennaio-marzo 1991, pp. 52-55.

[17] *Vita di Moravia*, cit., p. 28. Su Andrea Caffi (Pietroburgo 1887-Parigi 1955), si veda l'introduzione di Moravia al libro di Gino Bianco, *Un socialista "irregolare": Andrea Caffi intellettuale e politico d'avanguardia*, Cosenza, Lerici ed., 1977.

[18] Enzo Siciliano, *Alberto Moravia*, Milano, Bompiani, 1971, 1982, p. 31.

desolato per la versione di una sua novella, affermò: "Audisio me l'ha assassinata e quasi senza rimedio", e il 25 aprile 1927 propose "Ho trovato un traduttore buono: Caffi".[19] Non sappiamo se Moravia rimanesse contento della traduzione di Audisio. Certo è che nel 1935, per allestire *La bella vita*, egli dovette ritradurre la novella dal francese in italiano, poiché il maldestro Audisio ne aveva perduto il manoscritto originale (o fu invece il primo episodio della proverbiale noncuranza di Moravia per i suoi scritti?); la ritraduzione italiana presenta, come vedremo, significative differenze.

Il posto d'onore nella raccolta non è dovuto solo a ragioni cronologiche; *Cortigiana stanca* tocca subito temi e figure centrali della narrativa moraviana, come ha rilevato Laura Desideri in un'attenta analisi del racconto.[20] La perfezione della sua parabola narrativa, racchiusa nello spazio esatto di un'unica scena tra l'"entrare" e l'"uscire" del protagonista, costituisce una pietra di paragone per l'intera novellistica successiva; i due personaggi, il giovane e la sua matura amante Maria Teresa, hanno la consistenza di figure archetipiche nell'opera di Moravia. La rapidità e la sapienza con cui il giovane scrittore stese il suo primo racconto, rispondendo all'invito di Alvaro, sono talmente mirabili che destano un sospetto. Si può infatti ipotizzare che *Cortigiana stanca* nascesse non come racconto per "900", ma come scena o capitolo degli *Indifferenti*, espunto e rielaborato come testo autonomo durante la lenta gestazione del romanzo. Molti sono infatti gli elementi in comune, a partire dai personaggi e dal loro rapporto, così simile a quello tra Michele e Lisa nel romanzo; molti i particolari che nella vicenda degli *Indifferenti* assumono una funzione narrativa e ideologica più salda, come la rivoltella posseduta dalla "cortigiana", o il suo pianto finale, tanto vicino a quello, ancora vivo nel ricordo di Michele, di una povera prostituta: "Ora quel pianto gli tornava alla memoria come un esempio di vita profondamente intrecciata e sincera". Se non a quest'ultimo episodio, rievocato al capitolo XIII degli *Indifferenti*, possiamo comunque riferire la scena a una prima versione del capitolo XIV, dove identica è la situazione, con

[19] Lettera di Corrado Alvaro a Nino Frank, 25 aprile 1927, in *Lettere a "900"*, cit., p. 29.

[20] LAURA DESIDERI, *Realtà e immaginazione nei primi racconti di Moravia*, in "Filologia e Critica", III, fascc. II-III, maggio-dicembre 1978, pp. 352-78. Per il testo francese, cfr. *Romanzi e racconti 1927-1940*, cit., pp. 1501-10, e relativa nota di Francesca Serra, p. 1724.

il giovane Michele deciso a lasciare la più matura amante, anche se la caratterizzazione del personaggio femminile, che nel romanzo è Lisa, sembra nel racconto ancora incerta in rapporto alla trama. Se l'ipotesi fosse confermata, avremmo un'importante testimonianza sulla genesi degli *Indifferenti*, di cui già si conosce, grazie a Umberto Carpi, un altro capitolo espunto e pubblicato come racconto indipendente, ovvero il testo intitolato *Cinque sogni* sul numero di febbraio 1928 dell'"Interplanetario". Casi simili sono noti anche per altri e successivi romanzi di Moravia, come *Le ambizioni sbagliate* e *Il conformista*.

La "cortigiana" è per eccellenza il personaggio "passivo", il personaggio-natura, che nell'accettazione del proprio destino d'infelicità conserva qualcosa di umano e di positivo, rispetto alla fredda inquietudine del personaggio maschile. La Maria Teresa del racconto è la primogenita di una lunga serie di splendide figure, dalla prostituta sopra ricordata degli *Indifferenti*, alle *Due cortigiane* del racconto omonimo del 1945, alle numerose ragazze che affollano il dopoguerra narrativo moraviano, in racconti come *L'ufficiale inglese* o *La messicana*, fino alla figura maggiore della *Romana*. Il pianto sommesso della donna, a fronte dell'aridità sentimentale del giovane, attraversa come un brivido la narrativa di Moravia: "Piangeva senza rumore, senza scosse, silenziosamente, come scorre il sangue da un corpo ferito a morte. Egli la guardava [...]. La guardava e gli pareva di vedere la faccia stessa dell'esistenza".

Merita notare come la professione di "courtisane" risulti più esplicita nella traduzione francese del 1927 (la persona al telefono è un "protecteur", non un "ex amante"), mentre nel testo italiano del 1935, per ragioni di convenienza, sfuma in "mantenuta", termine adoperato nello stesso anno per il personaggio di Andreina nelle *Ambizioni sbagliate*. Anche la bellissima immagine su cui si apre il racconto, "una Maria Teresa carica d'autunni, dai seni pesanti", rivela nella versione francese chiare risonanze baudelairiane, "une Marie Thérèse chargée d'automnes, aux seins lourds", illuminando così altre importanti ascendenze letterarie nel primo Moravia: Baudelaire e Rimbaud. Il sospetto diviene certezza, quando nella versione francese si trova un passaggio interamente cassato nella ritraduzione del 1935, forse perché troppo soggettivo ed esplicito: "O souvenirs enfantins, la bonne d'enfants aux bras en fleur et aux cheveux blonds d'orge, souvenirs tièdes comme les galettes dorées qui sortent du four!; ô géographie, ô vaisseaux navigant sur les mers des planisphères anciens, entre la rose des vents et le Capricorne!".

La collaborazione a "900" riprende un anno dopo il primo contributo, con altri cinque pezzi pubblicati tra il luglio 1928 e il 1929, tutti in italiano stavolta, data la veste bilingue assunta dalla rivista nella nuova serie mensile. Con il secondo racconto della *Bella vita* Moravia abbandona decisamente il cantiere degli *Indifferenti* e sperimenta ambienti, personaggi e modi narrativi nuovi. Se *Cortigiana stanca*, privo di intreccio, ruotava lentamente intorno a due personaggi, in *Delitto al circolo di tennis*, pubblicato nel novembre del 1928, gli eventi precipitano rapidamente. Causa di tutto è lo scherzo che durante una festa un gruppo di amici della "grossa borghesia" improvvisa ai danni di una donna anziana, beffeggiata nella sua patetica illusione di avvenenza finché il gioco si muta in grottesco delitto. Ma è evidente che anche il nuovo racconto affonda le radici nella stessa riflessione: all'omicidio mancato degli *Indifferenti* fa qui riscontro un delitto che non ha alcun movente e alcuna giustificazione logica, come ha osservato Laura Desideri.[21] Perché Ripandelli uccide la disgraziata "principessa"? Il modello dostoevskijano, sia pure in miniatura, traspare con evidenza, mentre la motivazione del gesto delittuoso si perde nel frastuono ottuso della festa e nell'assurdità senza risposte di una misera cronaca cittadina.

Ma prima di riprendere a scrivere su "900", Moravia collabora assiduamente in qualità di redattore, tra il febbraio e il giugno del '28, ad altre due riviste, anch'esse di chiara ispirazione bontempelliana: "L'Interplanetario" diretto da Libero de Libero e Luigi Diemoz, sul quale pubblicò quattro racconti, e la rivista gemella "I Lupi" di Gian Gaspare Napolitano e Aldo Bizzarri, dove compare un intervento nel febbraio dello stesso anno. Tali collaborazioni costituiscono un episodio di grande importanza nella biografia di Moravia, poco studiato dalla critica e forse rimosso dall'autore, sul quale per primo ha richiamato l'attenzione Umberto Carpi nel 1981: le due riviste, che pur nella loro breve durata si muovevano "tra novecentismo bontempelliano ed eclettismo avanguardistico di Bragaglia", focalizzano secondo Carpi una ricerca artistica più aperta e sperimentale rispetto

[21] Laura Desideri, *Realtà e immaginazione nei primi racconti di Moravia*, cit., p. 368.

a quelle in cui si è soliti circoscrivere il dibattito culturale di quegli anni.[22]

È difficile valutare il peso che tale esperienza *lato sensu* bontempelliana ebbe nell'evoluzione di Moravia. Anche *Gli indifferenti*, com'è noto, pur nascendo da altre esigenze e letture, incontrarono nel *milieu* novecentista, e soprattutto nella redazione dell'"Interplanetario", un forte appoggio e decisive suggestioni durante la loro elaborazione. Per quanto riguarda le novelle, un fatto s'impone con evidenza: al momento di allestire nel 1935 *La bella vita* lo scrittore salvò soltanto tre degli undici racconti pubblicati sulle riviste del suo esordio: oltre a *Cortigiana stanca* e a *Delitto al circolo di tennis*, entra a far parte della raccolta soltanto *Apparizione*, anch'esso pubblicato su "900" nel numero del maggio 1929. Tutti gli altri vengono lasciati dall'autore in un abbandono che risulterà poi definitivo e saranno recuperati solo molto tempo dopo o addirittura postumi. Eppure si tratta di testi spesso di notevole qualità letteraria, come il dittico *Caverne* e il racconto *Il ladro curioso* su "900", come l'intera collaborazione a "L'Interplanetario" (*Cinque sogni*, *Assunzione in cielo di Maria Luisa*, *Albergo di terz'ordine*, *Villa Mercedes*) e ai "Lupi" (*Dialogo tra Amleto e il principe di Danimarca*).

A che cosa si deve questa scelta? Più che a una censura nei confronti di collaborazioni divenute scomode, come sembra suggerire Carpi, la selezione compiuta nella *Bella vita* va intesa probabilmente come un rifiuto del novecentismo bontempelliano, nel quale indubbiamente rientrano quasi tutti i racconti esclusi, costruiti su una formula molto affine al "realismo magico" promosso da Bontempelli, per cui una situazione quotidiana si sviluppa in direzione fantastica. Paola Masino, che di quell'ambiente fece parte, ha rimproverato a Moravia una deliberata rimozione della figura e del sostegno di Bontempelli, senza il cui assenso non si pubblicava niente su "900".[23] È certo eccessivo attribuire al titolo *La bella vita*, piuttosto eterogeneo rispetto agli altri di Moravia, un significato velatamente polemico, quasi in antitesi a *La vita intensa* e a *La vita operosa* di Bontempelli; ma la raccolta del 1935 opera di fatto una decisa scelta di tipo realistico verso temi, personaggi e

[22] Umberto Carpi, *"Gli indifferenti" rimossi*, cit.; e Id., *L'esordio 'avanguardistico' di Moravia*, in "Critica Letteraria", 34, X, fasc. I, gennaio-marzo 1982, pp. 78-90.

[23] Paola Masino, *Io, Massimo e gli altri*, Milano, Rusconi, 1995, p. 183.

ambienti che hanno preoccupazioni e genealogie letterarie molto diverse da quelle propugnate nelle tre riviste. Solo in *Apparizione*, tra i racconti salvati nella *Bella vita*, permane uno scarto visionario riconducibile, ma solo in parte, alla "magia" novecentista.

Dopo *Gli indifferenti*

Se dunque i primi tre racconti della *Bella vita* provengono dalla preistoria della narrativa moraviana, gli altri invece appartengono tutti, almeno per data di pubblicazione, al periodo che segue il successo imprevisto e immediato degli *Indifferenti*. Anche l'avventura di "900" si conclude in quella primavera del 1929, ed è "Pegaso", la neonata rivista di Ugo Ojetti, a ospitare nell'ottobre seguente un racconto di Moravia, *Una domanda di matrimonio*, al quale seguirono sulle stesse pagine il testo chiave *Inverno di malato* (scritto nell'estate 1929 e pubblicato nel giugno 1930) e infine *Morte improvvisa* (dicembre 1930), tutti e tre confluiti poi nella *Bella vita*. Nei racconti di "Pegaso" è già evidente la ricerca di nuove vie narrative, che tormenterà lo scrittore negli anni seguenti. Di fronte a un pubblico fattosi attento, l'autore degli *Indifferenti* ha il compito arduo di confermare il successo del romanzo, e di fronte a se stesso l'impegno non meno difficile di sviluppare le implicazioni spesso oscure del suo esordio senza ripetersi e senza tradirne la necessità interiore.

Non vi è dubbio che i tre racconti di "Pegaso" costituiscano già risultati di grande interesse, seppure di valore discontinuo. *Una domanda di matrimonio* sembrava confermare le attese di chi, come Pietro Pancrazi, scommetteva sull'ispirazione "veristica" di Moravia, mentre *Morte improvvisa* veniva incontro a chi, come Francesco Jovine, aspettava un segno di "speranza" dal moralista fustigatore del vizio.[24] Questi due racconti, come già *Delitto al circolo di tennis*, puntano sulla distanza tra l'autore e i suoi personaggi e sull'intreccio. Ma l'esito più convincente, a giudizio della critica e dello stesso scrittore ("è una delle cose migliori della mia vita"), è *Inverno di malato*, che al contrario riduce la distanza autore-personaggio ai limiti dell'autobiografia e scava nei contraddit-

[24] Si tratta delle due recensioni al volume di racconti: PIETRO PANCRAZI, *La bella vita*, cit.; FRANCESCO JOVINE, *Novelle di Moravia*, in "L'Italia Letteraria", 2 marzo 1935, p. 3.

tori sentimenti del suo protagonista. L'esperienza del sanatorio, vissuta dal giovane Pincherle nel 1924-1925 a Cortina d'Ampezzo, sfiora un grande tema della letteratura europea novecentesca, la malattia come condizione esistenziale o iniziatica nella *Montagna incantata* di Thomas Mann, ma si configura soprattutto come momento rappresentativo della narrativa moraviana. Nel goffo e disperato tormento del protagonista, quasi un *adolescente* dostoevskijano, si intravede nella sua radice autobiografica e tematica il Michele degli *Indifferenti*, e in prospettiva tutta la serie dei personaggi adolescenziali nei quali Moravia saprà gettare uno scandaglio di inaudita lucidità (*Agostino*, il Luca della *Disubbidienza*, il Marcello del *Conformista*). Le umiliazioni intollerabili subite dal compagno di stanza e la seduzione della piccola Polly compiuta come un gesto disperato, nella precisa consapevolezza del baratro inarrestabile di conseguenze che avrebbe determinato, costituiscono un'altra sequenza propria della narrativa e dell'immaginario moraviano.

Dopo tanti racconti impegnativi, che hanno la durata di un romanzo, salta agli occhi nella *Bella vita* la diversa misura di quattro racconti più brevi. È infatti un formato giornalistico da terza pagina: i quattro racconti, nell'ordine di pubblicazione *La noia*, *Visita crudele*, *Lo snob* e *La bella vita*, erano usciti su "La Stampa" tra l'agosto e il settembre del 1930, prima di aggiungersi ai tre di "900" e ai tre di "Pegaso" nella raccolta del 1935. Nella presa di distanza di Moravia dal novecentismo bontempelliano aveva giocato un importante ruolo Curzio Malaparte, che di "900" era stato co-fondatore e quasi condirettore nella prima serie, ma da cui si era poi allontanato polemicamente; proprio a Malaparte, divenuto nel 1929 direttore de "La Stampa", Moravia deve l'approdo al quotidiano torinese, sulla cui terza pagina continuò a scrivere per qualche anno, realizzando i suoi primi *réportages* di viaggio, primi di una lunga serie nella vita dello scrittore.

A partire dai primi anni Quaranta, il racconto "giornalistico" (per la "Gazzetta del Popolo", per vari quotidiani della Liberazione, fino alla trentennale collaborazione al "Corriere della Sera") assumerà un ruolo di notevole importanza nella produzione moraviana, costituendo, oltre che una cospicua fonte di reddito, un esercizio narrativo particolarmente congeniale allo scrittore, che dalle collaborazioni alle terze pagine dei quotidiani seppe ricavare interi libri. I racconti del 1930 su "La Stampa" sono perciò un precedente significativo. Anche la formula narrativa di *Visita cru-*

dele, *Lo snob* e *La bella vita*, in cui il narratore in prima persona descrive il carattere di un "amico" o ne racconta un episodio rivelatore, è all'origine di una vastissima produzione novellistica per così dire minore, ma tutt'altro che spregevole, e coltivata assiduamente da Moravia dagli anni quaranta. Non si tratta, ovviamente, di scrittura dell'io, quanto invece di un procedimento narrativo che favorisce una disposizione caratteristica di Moravia: l'osservazione della realtà.

Tuttavia, i racconti pubblicati su "La Stampa" all'interno della raccolta della *Bella vita* risultano qualitativamente minori e piuttosto eterogenei rispetto agli altri. Se Moravia volle inserirli, proprio mentre escludeva, come si è detto, testi narrativamente più costruiti di "900" e dell'"Interplanetario", significa che in essi lo scrittore aveva focalizzato con maggior precisione l'area tematica verso cui stava rivolgendosi. Non è un caso che il titolo della raccolta derivi da uno di essi. Il carattere ozioso, annoiato, perplesso dei personaggi e la loro singolare indifferenza per i sentimenti propri e altrui, al limite del gioco crudele, ferma l'obiettivo su quel male oscuro, che nel romanzo e nei racconti maggiori Moravia aveva saputo cogliere con spietata eppur dolorosa lucidità. I quattro racconti de "La Stampa" fissano inoltre un aspetto o una fase della biografia moraviana cui la critica non ha mai dedicato l'attenzione che merita, l'adozione di atteggiamenti snobistici; uno snobismo di forti ascendenze letterarie, *in primis* baudelairiane e dostoevskiane,[25] nel quale si può riconoscere una prima consapevolezza delle problematiche sociali da parte del giovane Moravia, sospeso tra emarginazione e alta società.

A compiere il quadro de *La Bella vita*, l'ultimo racconto, *Fine di una relazione*, è anche l'ultimo apparso in ordine di tempo: fu pubblicato infatti il 19 novembre 1933 sul settimanale "Oggi", fondato e diretto da Mario Pannunzio, l'amico che nel dopoguerra seguirà anche nell'impresa de "Il Mondo". Il racconto, uno dei migliori, chiude circolarmente la raccolta riproponendo la stessa situazione d'apertura di *Cortigiana stanca*. Ancora una volta il protagonista, Lorenzo un "giovane ricco e ozioso" in preda a un

[25] "- *Moravia*: Dopo *Gli indifferenti* ho avuto un momento quasi di snobismo. È durato pochissimo. - *Elkann*: Prima non eri snob? - *Moravia*: No, semmai dostoevskizzavo la vita. Io avevo come ideale di vivere come i personaggi di Dostoevskj, tra i quali ci sono molti emarginati ma anche molte duchesse e molti salotti" (*Vita di Moravia*, cit., p. 34).

"arido tormento", raggiunge l'amante, più matura di lui, con l'intenzione disgustata e malcerta di interrompere la relazione: "Finirla con tutto questo", le stesse parole che in maniera ossessiva agitano la mente di Carla negli *Indifferenti*. Diversamente da *Cortigiana stanca*, Lorenzo ottiene il suo scopo, ma solo in virtù di un automatismo indifferente che non trova alcun riscontro nella ragione o nella volontà: "Sentiva che assurdità e realtà si confondevano strettamente così da non potere essere distinta l'una dall'altra".

Simone Casini

NOTA

Il testo è ripreso dall'edizione nelle *Opere*, vol. I: *Romanzi e racconti 1927-1940*, a cura di F. Serra, pp. 305-471, conforme alla prima edizione della *Bella vita*.

Bibliografia dei racconti della *Bella vita*

ALBERTO MORAVIA, *Cortigiana stanca*, con il titolo *Lassitude de courtisane*, in "900", 3, printemps 1927, pp. 134-145; in *La bella vita*, Lanciano, Carabba, 1935, 1976²; in *L'amante infelice*, Milano, Bompiani, 1943; in *Racconti 1927-1951*, "Opere Complete di Alberto Moravia", vol. I, Milano, Bompiani, 1952; in *Cortigiana stanca*, "I Delfini", Milano, Bompiani, 1965.

Delitto al circolo di tennis, in "900", III, n. s., 3, settembre 1928, pp. 125-131; in *La bella vita*, Lanciano, Carabba, 1935, 1976²; in *L'amore coniugale e altri racconti*, Milano, Bompiani, 1949; in *Racconti 1927-1951*, "Opere Complete di Alberto Moravia", vol. I, Milano, Bompiani, 1952.

Apparizione, in "900", IV, n. s., 5, maggio 1929, pp. 215-222; in *La bella vita*, Lanciano, Carabba, 1935, 1976².

Una domanda di matrimonio, in "Pegaso", I, 10, ottobre 1929, pp. 401-413; in *La bella vita*, Lanciano, Carabba, 1935, 1976²; in *Carosello di narratori italiani*, a cura di O. Vergani, Milano, Martello, 1955, pp. 103-122; con il titolo *La domanda di matrimonio* in "L'Illustrazione del Medico", XXX, 198, aprile 1963, disegni di G. Tabet, pp. 5-7.

Inverno di malato, in "Pegaso", II, 6, giugno 1930, pp. 708-736; poi in *La bella vita*, Lanciano, Carabba, 1935, 1976²; in *L'amante infelice*, Milano, Bompiani, 1943; in *Racconti 1927-1951*, "Opere Complete di Alberto Moravia", vol. I, Milano, Bompiani, 1952; in *Cortigiana stanca*, "I Delfini", Milano, Bompiani, 1965; *Pegaso–Pan*, a cura di G. Pullini, Treviso, Canova, 1976, pp. 179-200.

Visita crudele, in "La Stampa", 20 agosto 1930; in *La bella vita*, Lanciano, Carabba, 1930, 1976².

Lo snob, in "La Stampa", 17 settembre 1930; in *La bella vita*, Lanciano, Carabba, 1930, 1976².

La bella vita, in "La Stampa", 30 settembre 1930; in *La bella vita*, Lanciano, Carabba, 1930, 1976[2].

La noia, in "La Stampa", 9 agosto 1930; in *La bella vita*, Lanciano, Carabba, 1930, 1976[2].

Morte improvvisa, in "Pegaso", II, 12, dicembre 1930, pp. 706-729; in *La bella vita*, Lanciano, Carabba, 1930, 1976[2]; in "Je suis partout", 11 agosto 1941.

Fine di una relazione, in "Oggi", 19 novembre 1933, pp. 3-4; in *La bella vita*, Lanciano, Carabba, 1935, 1976[2]; in *L'amante infelice*, Milano, Bompiani, 1943; in *Racconti 1927-1951*, "Opere Complete di Alberto Moravia", vol. I, Milano, Bompiani, 1952; in *Cortigiana stanca*, "I Delfini", Milano, Bompiani, 1965.

Articoli e saggi di critica su *La bella vita* e sugli esordi letterari di Moravia

F. Jovine, *Novelle di Moravia*, in "L'Italia Letteraria", XI, 9, 2 marzo 1935, p. 2.

P. Pancrazi, *La bella vita*, in "Corriere della Sera", 21 marzo 1935.

G. De Robertis, *La bella vita*, in "Pan", III, 1 maggio 1935, pp. 136-138; *Scrittori del Novecento*, Firenze, Le Monnier, 1940.

A. Benedetti, *I personaggi drammatici di Moravia*, in "Caratteri", I, 4, giugno-luglio 1935, pp. 333-336.

A. Bocelli, *La bella vita*, in "Almanacco letterario Bompiani", Milano, Bompiani, 1936.

E. De Michelis, *Moravia, o l'intreccio*, in "Civiltà moderna", XI, 1, gennaio-febbraio 1939, pp. 34-39.

F. Virdia, *Racconti di Moravia*, in "La Voce Repubblicana", 10 giugno 1952, p. 3.

A. Romanò, *I Racconti*, in "Il Mulino", I, 9, luglio 1952, pp. 461-463.

O. Sobrero, *Moravia novelliere*, in "Inventario", VI, 3-6, maggio-dicembre 1954, pp. 156-160.

A. Debenedetti, *'Quel mio primo racconto...'. Recensione-intervista con Alberto Moravia*, in "Corriere della Sera", 16 maggio 1976.

G. Raboni, *La siccità del romanzo italiano*, in "Tuttolibri", 24 luglio 1976.

T. Ughetti, *La bella vita*, in "Il Narciso", settembre 1976, pp. 27-28.

A.P. Lanapoppi, *Letteratura e sublimazione: le prime novelle di Moravia*, in "Italica", vol. LIII, 1, 1976, pp. 29-56.

L. Desideri, *Realtà e immaginazione nei primi racconti di Moravia*, in "Filologia e critica", III, fascc. II-III, maggio-dicembre 1978, pp. 352-378.

U. Carpi, *Bolscevico immaginista. Comunismo e avanguardie artistiche nell'Italia degli anni Venti*, Napoli, Liguori, 1981, pp. 140-45.

U. Carpi, *'Gli indifferenti' rimossi*, in "Belfagor", vol. XXXVI, 6, novembre-dicembre 1981, pp. 696-707.

U. Carpi, *L'esordio 'avanguardistico' di Moravia*, in "Critica letteraria", 34, X, fasc. I, gennaio-marzo 1982, pp. 78-90.

E. Affinati, *Moravia e "900"*, in "Nuovi Argomenti", s. III, n. 37, gennaio-marzo 1991, pp. 52-55.

F. Serra, *Nota ai testi*, in Alberto Moravia, *Opere*, vol. I: *Romanzi e racconti 1927-1940*, introduzione di E. Siciliano, cronologia di S. Casini, "Classici Bompiani", Milano, Bompiani, 2000, pp. 1667-1677.

S. Casini-F. Serra, *Introduzione*, in Alberto Moravia, *Racconti dispersi 1927-1951*, Milano, Bompiani, 2000, pp. V-XXII.

CRONOLOGIA

1907

Alberto Pincherle nasce a Roma il 28 novembre in via Sgambati. Il padre Carlo Pincherle Moravia, architetto e pittore, era di famiglia veneziana. La madre, Gina de Marsanich, di Ancona. La famiglia aveva già due figlie, Adriana e Elena. Nel 1914 nascerà un altro figlio, Gastone, il quale morirà a Tobruk nel 1941. Alberto Pincherle "ebbe una prima infanzia normale benché solitaria".

1916-1925

All'età di nove anni si ammala di tubercolosi ossea, malattia che gli dura, con alternative di illusorie guarigioni e ricadute, fino a sedici anni.

Moravia parlando di questa malattia disse "che è stato il fatto più importante della mia vita". Passa cinque anni a letto: i primi tre a casa (1921-1923), gli ultimi due (1924-1925) nel sanatorio Codivilla di Cortina d'Ampezzo. Durante questo periodo i suoi studi sono irregolari, quasi sempre a casa. Frequenta, un anno soltanto, a Roma, il ginnasio "Tasso", più tardi vi ottiene "a mala pena" la licenza ginnasiale, "solo mio titolo di studio". Per compensare l'irregolarità degli studi, legge molto. Al sanatorio Codivilla si abbona al Gabinetto Vieusseux di Firenze. "Ricevevo un pacco di libri ogni settimana e leggevo in media un libro ogni due giorni." In quel periodo scrive versi, in francese e in italiano, che definirà bruttissimi, e studia con ostinazione il tedesco. L'inglese lo sapeva già.

1925-1929

Nel 1925, definitivamente guarito, lascia il sanatorio Codivilla e si trasferisce a Bressanone, in provincia di Bolzano, in convalescenza. A causa di un apparecchio ortopedico che porta per alcuni anni cammina con le grucce. Legge molto: prima del sanatorio aveva già letto Dostoevskij, *Delitto e castigo* e *L'idiota* (che gli erano stati regalati da Andrea Caffi), Goldoni, Manzoni, Shakespeare, Molière, Ariosto, Dante. Dopo il soggiorno in sanatorio, legge *Una stagione all'inferno* di Rimbaud, Kafka, Proust, i surrealisti francesi, Freud e l'*Ulisse* di Joyce, in inglese.

Nell'autunno del 1925 cessa del tutto di comporre versi e inizia la stesura de *Gli indifferenti*. Si dedica al futuro romanzo per tre anni, dal 1925 al 1928, essendo "ormai troppo indietro per continuare gli studi".

La salute ancora fragile lo porta a vivere in montagna passando da un luogo all'altro, sempre in albergo.

Nel 1926 incontra Corrado Alvaro che lo presenta a Bontempelli. Nel 1927 pubblica la sua prima novella, *Cortigiana stanca*, nella rivista "900" che Bontempelli aveva fondato un anno prima. La novella uscì in francese con il titolo *Lassitude de courtisane*, perché la rivista veniva allora stampata in edizione bilingue italiana e francese.

1929

Gli indifferenti doveva uscire presso l'editore della rivista "900": "I novecentisti (Marcello Gallian, Aldo Bizzarri, Pietro Solari, Paola Masino, Margherita Sarfatti) si erano impegnati con Bontempelli a scrivere ciascuno un romanzo. Ma il solo che scrisse un romanzo fui io. Però l'editore di '900' che avrebbe dovuto pubblicare i nostri romanzi rifiutò il mio, dopo averlo letto, con la motivazione poco lusinghiera che era una 'nebbia di parole'".

Moravia parte per Milano per portare il romanzo a Cesare Giardini, allora direttore della casa editrice Alpes (il cui presidente era Arnaldo Mussolini). Pensando a una risposta in breve tempo, soggiorna a Stresa sul Lago Maggiore per un mese. Poi, non avendo ricevuto risposta, torna a Roma. Lì dopo sei mesi riceve una lettera "entusiasta" di Giardini, seguita poco dopo da una richiesta di pagare le spese dell'edizione: "non è possibile – scriveva Giardini – presentare in consiglio d'amministrazione un autore completamente ignoto". Moravia si fa prestare 5000 lire dal padre e fa uscire il romanzo nel luglio del 1929.

Il libro ebbe molto successo: la prima edizione di 1300 copie fu esaurita in poche settimane e fu seguita da altre quattro fra il 1929 e il 1933. Il libro poi venne ripreso dalla casa editrice Corbaccio dell'editore Dall'Oglio che ne pubblicò 5000 copie.

La critica reagì in modi diversi: Borgese, Pancrazi, Solmi furono molto favorevoli; Margherita Sarfatti sul "Popolo d'Italia" recensì il libro con grande simpatia, pur avanzando riserve d'ordine morale che accomunarono tutti coloro che si occuparono del libro. Sempre nel 1929 s'intensificarono le sue collaborazioni su riviste: Libero De Libero gli chiede di scrivere per "Interplanetario". Moravia vi pubblicherà alcuni racconti tra cui *Villa Mercedes* e un brano de *Gli indifferenti* che era stato omesso al momento della pubblicazione del volume e che s'intitola *Cinque sogni*.

1930-1935

Continua a scrivere novelle: *Inverno di malato* è pubblicata nel 1930 su "Pegaso", rivista diretta da Ojetti.

Incomincia a viaggiare e a scrivere articoli di viaggio su vari giornali: per "La Stampa", allora diretta da Curzio Malaparte, va in Inghilterra dove incontra Lytton Strachey, E.M. Forster, H.G. Wells, Yeats. Fra il 1930 e il 1935 soggiorna a Parigi e a Londra. "Frequentavo sporadicamente a Versailles il salotto letterario della principessa di Bassiano, cugina di T.S. Eliot, allora editrice della rivista 'Commerce', più tardi, a Roma, di 'Botteghe oscure'. Mi era stata presentata dal mio amico Andrea Caffi. Nel salotto incontravo Fargue, Giono, Valéry e tutto il gruppo destinato a chiamarsi 'Art 1926'".

I suoi rapporti con il fascismo peggiorano.

Nel 1933 Moravia fonda con Pannunzio la rivista "Caratteri" (ne usciranno quattro numeri). "Feci collaborare molti scrittori poi divenuti noti tra i quali Landolfi e Delfini." Nello stesso anno insieme con Pannunzio fonda la rivista "Oggi", destinata attraverso vari passaggi a divenire l'attuale testata omonima.

Nel 1935 escono *Le ambizioni sbagliate*, un libro al quale lavorava da ben sette anni: "in questo romanzo c'erano senz'altro cose sentite e autentiche ma in complesso vi mancava il carattere spontaneo e necessario che avevano avuto *Gli indifferenti*". E infatti il libro, oltre a non avere successo, venne ignorato dalla critica per ordine del Ministero della Cultura Popolare.

Moravia passa da "La Stampa" alla "Gazzetta del Popolo".

1935-1939

Per allontanarsi da un paese che incomincia a rendergli la vita difficile, Moravia parte per gli Stati Uniti. È invitato da Giuseppe Prezzolini alla Casa Italiana della Cultura della Columbia University di New York. Vi rimane otto mesi, tenendovi tre conferenze sul romanzo italiano, discutendo di Nievo, Manzoni, Verga, Fogazzaro e D'Annunzio. Parentesi di un mese in Messico. Breve ritorno in Italia dove scrive in poco tempo un libro di racconti lunghi intitolato *L'imbroglio*. Il libro fu proposto alla Mondadori che lo rifiutò. Moravia allora incontrò Bompiani e glielo propose. L'editore si consultò con Paola Masino che fu favorevole alla pubblicazione. Iniziò così una collaborazione praticamente ininterrotta con la casa editrice milanese.

Nel 1936 parte in nave per la Cina (vi rimarrà due mesi). Compra a Pechino *The Waste Land* di T.S. Eliot. Cerca di avere un visto per la Siberia e Mosca ma non l'ottiene.

Nel 1937 vengono assassinati in Francia Nello e Carlo Rosselli, cugini di Moravia.

Nel 1938 parte per la Grecia dove rimarrà sei mesi. Incontra saltuariamente Indro Montanelli.

1939-1944

Torna in Italia e vive ad Anacapri con Elsa Morante che ha incontrato a Roma nel 1936 e che sposa nel 1941. Il matrimonio venne celebrato da padre Tacchi-Venturi, testimoni Longanesi, Pannunzio, Capogrossi e Morra.

Nel 1940 pubblica una raccolta di scritti satirici e surrealisti intitolata *I sogni del pigro*.

Nel 1941 pubblica un romanzo satirico, *La mascherata*; "basato da una parte su un mio viaggio al Messico e dall'altra sulla mia esperienza del fascismo", il romanzo mette in scena "un dittatore coinvolto in una cospirazione provocatoria organizzata dal suo stesso capo della polizia". Il libro, che aveva ottenuto il nulla osta di Mussolini, fu sequestrato alla seconda edizione. Moravia cerca di far intervenire, a favore del libro, Galeazzo Ciano, allora Ministro degli Esteri. "Questi prese il libro dicendo che lo avrebbe letto durante un viaggio che stava per intraprendere. Andava a Berlino, da Hitler. Non se ne seppe più niente." In seguito alla censura de *La mascherata* non poté più scrivere sui giornali se non con uno pseudonimo. Scelse quello di Pseudo e sotto questo nome collaborò frequentemente alla rivista "Prospettive" diretta da Curzio Malaparte.

Nel 1942 scrive *Agostino* che verrà pubblicato nel 1943 a Roma presso la casa editrice Documento, da un suo amico, Federico Valli, in un'edizione di 500 copie con due illustrazioni di Renato Guttuso; l'edizione era limitata perché l'autorizzazione alla pubblicazione era stata negata. Poco dopo, "fu diramata una 'velina' con l'ingiunzione di non farmi scrivere più affatto". E contemporaneamente gli si impedisce di lavorare per il cinema, sua unica fonte di guadagno: infatti due sceneggiature, entrambe scritte per Castellani, *Un colpo di pistola* e *Zazà*, non portano la sua firma. Durante i 45 giorni, collabora al "Popolo di Roma" di Corrado Alvaro. "Poi il fascismo tornò con i tedeschi e io dovetti scappare perché fui informato (da Malaparte) che ero sulle liste della gente che doveva essere arrestata." Fugge con Elsa Morante verso Napoli ma non riesce a varcare il fronte e deve passare nove mesi in una capanna, presso Fondi, tra sfollati e contadini. "Fu questa la seconda esperienza importante della mia vita, dopo quella della malattia, e fu un'esperienza che dovetti fare per forza, mio malgrado."

Il 24 maggio 1944, nell'imminenza della liberazione di Roma, la casa editrice Documento stampa *La Speranza, ovvero Cristianesimo e Comunismo*, un saggio che testimonia un primo approccio alle tematiche marxiste.

Con l'avanzata dell'esercito americano, Moravia torna a Roma dopo aver trascorso un breve periodo a Napoli.

1945

"Subito dopo la guerra, vivacchiavamo appena." Al mattino scrive romanzi, come al solito. Al pomeriggio scrive sceneggiature per guadagnare. Scrive due sceneggiature: *Il cielo sulla palude*, per un film di Augusto Genina su Maria Goretti; e, più tardi, lavorerà alla sceneggiatura de *La romana* che sarà diretta da Luigi Zampa. Esce presso l'Acquario il volumetto illustrato da Maccari intitolato *Due cortigiane e Serata di don Giovanni.*

Nello stesso anno Valentino Bompiani, tornato a Milano, gli propone di ripubblicare *Agostino*, riprendendo così i legami interrotti dalla guerra. Il romanzo vince il Corriere Lombardo, primo premio letterario del dopoguerra. Ricomincia la collaborazione con diversi giornali fra cui "Il Mondo", "Il Corriere della Sera", "L'Europeo".

1946

Iniziano le traduzioni dei suoi romanzi all'estero. Ben presto sarà praticamente tradotto in tutti i paesi del mondo. Nello stesso anno inizia la fortuna cinematografica di Moravia: da romanzi e racconti vengono tratti film. Alcuni esempi: *La provinciale* con la regia di Mario Soldati, *La romana* di Luigi Zampa, *La ciociara* di Vittorio de Sica, *Gli indifferenti* di Francesco Maselli, *Il disprezzo* di Jean-Luc Godard, *Il conformista* di Giuseppe Bertolucci e via via fino alla *Vita interiore* di Gianni Barcelloni.

1947

Moravia pubblica *La romana*. Il romanzo riscuote, vent'anni dopo, lo stesso successo de *Gli indifferenti*. Inizia una ininterrotta fortuna letteraria.

1948-1951

Nel 1948 esce *La disubbidienza*; nel 1949 *L'amore coniugale e altri racconti*; nel 1951 *Il conformista*.

1952

Tutte le opere di Moravia sono messe all'indice dal Sant'Uffizio in aprile (nello stesso anno vengono messe all'indice le opere di André Gide). In luglio Moravia riceve il Premio Strega per *I racconti* appena pubblicati.

1953

S'intensificano le collaborazioni per il "Corriere della Sera" sotto forma di racconti e di reportage.

Nello stesso anno Moravia fonda a Roma con Alberto Carocci la rivista "Nuovi Argomenti". Vi scriveranno Jean-Paul Sartre, Elio Vittorini, Italo Calvino, Eugenio Montale, Franco Fortini, Palmiro Togliatti. Nel 1966 inizierà una nuova serie diretta da Moravia, Carocci e Pasolini (che aveva già pubblicato le *Ceneri di Gramsci* nella rivista), a cui si aggiungeranno Attilio Bertolucci e Enzo Siciliano. Ci sarà nel 1982 una terza serie, a Milano, i cui direttori sono Moravia, Siciliano e Sciascia.

1954-1956

I *Racconti romani* vincono il Premio Marzotto. Esce *Il disprezzo*. Su "Nuovi Argomenti" appare il saggio *L'uomo come fine* che Moravia aveva scritto fin dal 1946.

Moravia scrive una serie di prefazioni: nel 1955, al volume del Belli, *Cento sonetti*; nel 1956, a *Paolo il caldo* di Vitaliano Brancati e a *Passeggiate romane* di Stendhal.

1957

Moravia inizia a collaborare all'"Espresso" fondato da Arrigo Benedetti nel 1955: vi curerà una rubrica cinematografica. Nel 1975 raccoglierà in volume alcune di queste sue recensioni: *Al cinema*. Esce *La ciociara*.

1958

Scrive per il teatro: *La mascherata* e *Beatrice Cenci*. La prima fu rappresentata al Piccolo di Milano, con la regia di Strehler. La seconda, con la regia di Enriquez, in America Latina.

Esce *Un mese in URSS*, frutto di un primo viaggio nell'Unione Sovietica.

1959

Escono i *Nuovi racconti romani*, "ispirati, in fondo, dai sonetti del Belli".

1960

L'uscita de *La noia* segna un successo simile a quello de *Gli indifferenti* e de *La romana*.

1961

Vince il Premio Viareggio con *La noia*. Va in India con Elsa Morante e Pier Paolo Pasolini.

1962

Esce *Un'idea dell'India*. In aprile Moravia si separa da Elsa Morante; lascia l'appartamento romano di via dell'Oca e va a vivere in Lungotevere della Vittoria con Dacia Maraini.

Pubblica un'intervista a Claudia Cardinale che gli era stata chiesta dalla rivista americana "Fortune". "Applicai la tecnica della fenomenologia chiedendo a Claudia di descriversi come se fosse un oggetto... So che l'intervista fu imitata."

Esce un libro di Oreste del Buono su Moravia per la Feltrinelli.

Moravia pubblica una raccolta di racconti: *L'automa*.

1963

Raccoglie in un volume intitolato *L'uomo come fine e altri saggi* alcuni scritti a partire dal 1941.

Compie il viaggio in Africa che dà il via ai suoi reportage dal Continente nero.

1965

Moravia pubblica *L'attenzione*, tentativo di romanzo nel romanzo.

1966

Viene rappresentato *Il mondo è quello che è* in occasione del Festival del teatro contemporaneo, con la regia di Gianfranco De Bosio.

Nello stesso anno Moravia si occupa sempre più di teatro. Con Enzo Siciliano e Dacia Maraini fonda la compagnia teatrale "del Porcospino" che ha come sede il teatro di via Belsiana a Roma. Le prime rappresentazioni saranno *L'intervista* di Alberto Moravia, *La famiglia normale* di Dacia Maraini e *Tazza* di Enzo Siciliano. Seguiranno opere di C.E. Gadda, Wilcock, Strindberg, Parise e Kyd. L'esperimento, all'inizio mal visto dalla critica, viene interrotto nel 1968 per mancanza di fondi.

1967

Moravia pubblica su "Nuovi Argomenti" *La chiacchiera a teatro* in cui spiega le sue idee sul teatro moderno. Nello stesso anno si reca in Giappone, Corea e Cina insieme con Dacia Maraini. Quell'estate è presidente della XXVIII mostra del cinema a Venezia: vince *Belle de jour* diretto da Luis Buñel.

Esce *Una cosa è una cosa.*

1968

"I giovani del Sessantotto, e quelli che sono venuti dopo, pensano che il mondo vada cambiato, cambiato con la violenza, ma non vogliono sapere perché, e come cambiarlo. Non vogliono conoscerlo, e dunque non vogliono conoscere se stessi." Moravia è contestato in varie occasioni, all'Università di Roma, a Bari, alla sede dell'"Espresso" e al teatro Niccolini di Firenze dagli studenti del '68. Esce *La rivoluzione culturale in Cina.*

1969

Moravia pubblica *La vita è gioco*, rappresentato al teatro Valle di Roma nell'autunno del 1970, con la regia di Dacia Maraini.

Moravia commenta l'attentato della Banca Nazionale dell'Agricoltura di Milano con un intervento su *L'informazione deformata*.

1970

Esce *Il paradiso*, prima raccolta di racconti su donne che parlano in prima persona. Seguiranno *Un'altra vita* e *Boh*.

1971

Esce *Io e lui*.

Enzo Siciliano pubblica presso Longanesi un libro-intervista a Moravia.

1972

Dopo numerosi viaggi in Africa, Moravia scrive tre libri: il primo è *A quale tribù appartieni?*, al quale seguiranno *Lettere dal Sahara* e *Passeggiate africane*. Enzo Siciliano suggerisce che Moravia "è affascinato dall'Africa da un duplice aspetto: la sua arcaicità, il suo primitivismo, e per il modo in cui essa fa sperimentare la degradazione della modernità, quella civile modernità nella quale siamo immersi".

1973-1975

Escono *Un'altra vita* e una ristampa di racconti con il titolo *Cortigiana stanca*.

Il 2 novembre 1975 muore Pier Paolo Pasolini. Moravia pubblica sul "Corriere della Sera" un articolo nel quale Pasolini è confrontato ad Arthur Rimbaud.

1976-1982

Pubblica una raccolta di racconti, *Boh* (1976); una raccolta di testi teatrali; un romanzo, *La vita interiore* (1978), a cui ha lavorato per ben sette anni, la sua maggiore fatica narrativa dopo *Le ambizioni sbagliate*; e, nel 1980, una raccolta di saggi, *Impegno controvoglia*, scritti tra il 1943 e il 1978.

Dal 1979 al 1982 è membro della Commissione di Selezione alla mostra del cinema di Venezia. La commissione era stata creata da Carlo Lizzani.

Dal 1975 al 1981 Moravia è "inviato speciale" del "Corriere della Sera" in Africa. Nel 1981 raccoglie in volume i suoi articoli: *Lettere dal Sahara*. "Finora non mi era mai accaduto di fare un viaggio fuori del tempo, cioè fuori della storia, in una dimensione come dire? astorica, religiosa. Il viaggio nel Sahara ha colmato, come si dice, questa lacuna."

1982

Escono il romanzo *1934* e la raccolta di fiabe, tutte su animali parlanti, *Storie della Preistoria*.

Fa un viaggio in Giappone e si ferma a Hiroshima. "In quel preciso momento, il monumento eretto in memoria del giorno più infausto di tutta la storia dell'umanità, ha 'agito' dentro di me. Ad un tratto, ho capito che il monumento esigeva da me che mi riconoscessi non più cittadino di una determinata nazione, appartenente ad una determinata cultura bensì, in qualche modo zoologicamente ma anche religiosamente, membro, come ho detto, della specie."

Moravia farà tre inchieste sull'"Espresso" sul problema della bomba atomica. La prima in Giappone, la seconda in Germania, la terza in URSS.

1983

Vince il Premio Mondello per *1934*. Esce *La cosa*, dedicato a Carmen Llera.

Il 26 giugno rifiuta la candidatura al Senato italiano: "Ho sempre pensato che non bisogna mischiare la letteratura con la politica; lo scrittore mira all'assoluto, il politico al relativo; soltanto i dittatori mirano insieme al relativo e all'assoluto".

1984

L'8 maggio accetta la candidatura per le elezioni europee come indipendente nelle liste del PCI. "Non c'è contraddizione", scrive in un'autointervista, "tra il rifiuto d'allora e la tua accettazione d'adesso? Ho detto che l'artista cerca l'assoluto. Ora il motivo per il quale pongo la mia candidatura al Parlamento europeo non ha niente a che fare, almeno direttamente, con la politica e, appunto, comporta la ricerca dell'assoluto. È stato un particolare aspetto, purtroppo, di questa ricerca a determinare la mia candidatura."

Diventa deputato al Parlamento europeo con 260.000 voti.

Inizia sul "Corriere della Sera", con una corrispondenza da Strasburgo, il *Diario europeo.*

1985

Esce *L'uomo che guarda.*

Vengono rappresentate, tra le ultime commedie di Moravia, *L'angelo dell'informazione* e *La cintura.*

1986

Esce in volume *L'angelo dell'informazione e altri scritti teatrali.*

Il 27 gennaio si sposa con Carmen Llera.

Escono *L'inverno nucleare*, a cura di Renzo Paris, e il primo volume delle *Opere (1927-1947)*, a cura di Geno Pampaloni.

1987-1990

Escono in questi anni: *Passeggiate africane* (1987), *Il viaggio a Roma* (1988), *La villa del venerdì* (1990) e *Vita di Moravia* (1990), scritto assieme a Alain Elkann.

Nel 1989 esce il secondo volume delle *Opere (1948-1968)*, a cura di Enzo Siciliano.

1990

Il giorno 26 settembre muore nella sua casa romana, alle 9 del mattino.

Escono postumi: *La donna leopardo* (1991), *Diario Europeo* e *Romildo* (1993), *Viaggi. Articoli 1930-1990* (1994) e *Romanzi e racconti 1929-1937* (1998).

(*a cura di Eileen Romano*)

CORTIGIANA STANCA

Lentamente chiudendo la porta, con una spinta del dorso e guardando fisso all'amante, il giovane entrò nella stanza. Per strada la sua fantasia si era accanita con una specie di rabbiosa volontà a immaginare una Maria Teresa carica di autunni, dai seni pesanti, dal ventre grasso tremolante sulle giunture allentate dell'inguine, dai fianchi impastati e disfatti; una Maria Teresa insomma ormai giunta alla soglia della vecchiaia, che sarebbe stato agevole abbandonare ora che non aveva più denaro per mantenerla. Queste immagini di decadenza, aggravate e incrudelite fino alla caricatura dalla sua immaginazione compiacente, gli avevano dato un po' di coraggio mentre se ne era andato di strada in strada con l'animo pieno di angoscia e i pugni stretti in fondo alle tasche vuote.

Ma ora, pur tenendo l'amante sopra le ginocchia, sul divano profondo del salotto, si accorgeva che quell'immagine inventata apposta per la separazione imminente non resisteva di fronte alla realtà. Finita la vagheggiata ripugnanza per quel corpo che gli era piaciuto di pensare stanco e slombato, finita sopratutto la rottura fredda che aveva premeditato: "Maria Teresa sono venuto per dirti...".

Ora, come tutti gli altri giorni, il desiderio lo riassaltava, guardava la cara testa dai tratti duri e fini e si accorgeva di essersi sbagliato. Né maturità, né stanchezza. Un panno bianco e molle le circondava il capo come un turbante, disotto, il viso ovale appariva già tutto incrostato del suo belletto. Essa era uscita appena allora dal bagno e aveva avvolto il corpo umido in una vestaglia spugnosa simile a quelle che vengono buttate sulle spalle dei pugilatori stanchi. Ma sul suo viso calmo c'era aria di vittoria. Vedendola così insensibile alla propria nudità e alla sfavorevole impressione che egli avrebbe potuto trarne (la vestaglia era scivolata dalle sue spalle sulle ginocchia dell'amante, ma essa non si curava di rimontarla e piegando il capo da parte accendeva una sigaretta) così lontana dai suoi meschini calcoli di maturità e di giovinezza (cosa importano gli anni, pareva significare quella sua noncurante impudicizia, cosa importa il tempo ad un corpo consacrato da tanto oro e tanta ammirazione?) così diversa dall'immagine egoista che si era voluto creare, un malessere indicibile invadeva il giovane. 'È l'ultima volta che sto con lei' non poteva fare a meno di pensare con rammarico; e avidamente abbracciava quelle membra inerti.

Non se lo confessava, ma l'avrebbe amata di più, mille volte di più, di un amore intero seppure tutto mescolato di compassione (sei vecchia mia povera Maria Teresa, ma ti resto io) se avesse sentito sotto le sue mani irrequiete una carne ancora più stanca di quella, una pelle ancora più vizza e sfiorita. Tutto il suo amore avrebbe dato ad una povera donna matura che non senza disgusto avrebbe tenuta sopra le sue ginocchia e stretta contro il proprio petto. E infatti quei seni che ad ogni respiro parevano tentare invano di risalire alla sommità del petto donde l'età li aveva scacciati, quelle anche possenti e comode che gli indolenzivano le ginocchia, quel dorso vasto ed opulento, deserto antico di carne che non spartiva più il solco dei reni, lo rassicuravano sulla decadenza della donna. Finita Marité, pensava osservandola, finita la giovinezza e la bellezza.

Ma se levava gli occhi dal corpo seduto, intravvedeva nell'ombra il viso duro e fermo sotto lo smalto vivace del belletto; dubitava allora dei suoi occhi e una rabbia puerile e avara lo invadeva al pensiero di dover lasciare ad altri amanti la donna ancora desiderabile.

"Sarà ora di uscire" disse finalmente stanco e deluso, respingendola "vestiti." Subito essa si levò in piedi ravvolgendosi con un gesto teatrale nella sua vestaglia; come se fosse stato un ermellino regale. "No, non mi vestirò" rispose dopo un momento "stasera si mangia a casa... e poi... poi ho da dirti qualcosa..."

Ora sorrideva e pareva contenta, era lo stesso sorriso impacciato e perfido che avrebbe potuto avere se, precedendo l'amante nelle sue stesse intenzioni, fosse stata sul punto di dargli il benservito. Assai inquieto seppure controvoglia, il giovane le domandò che cosa fosse accaduto. Essa esitò, poi gli rispose che aspettava una comunicazione telefonica della massima importanza. 'Tutto qui' egli non poté fare a meno di esclamare dentro di sé; ed era come se avesse veramente temuto di venir licenziato dall'amante che aveva deliberato di abbandonare. E chi era la persona che le avrebbe telefonato, le domandò dopo un poco. Un uomo che l'aveva molto amata, rispose Maria Teresa sempre un poco esitante. Quando? molti anni addietro; e aggiunse che l'aveva incontrato il giorno prima per strada, che si erano riconosciuti e avevano parlato del tempo passato, che aveva appreso che egli era diventato assai ricco, non aveva capito se per un'eredità o col suo lavoro. Ma già il giovane non l'ascoltava più, ripreso a queste notizie da un'irragionevole e malinconica gelosia: dunque c'era stata un'altra Maria Teresa, pensava, giovane, fanciulla, senza quel sorriso stanco e quella vestaglia eternamente discinta, pudica; e altri l'avevano amata prima di lui!

Trasalì udendo la porta chiudersi; la donna era uscita. Poi seguirono dieci minuti di silenzio e di immobilità; dieci minuti di malessere odioso e intollerabile.

Essa rientrò portando il vassoio del tè. Ci fu ancora silenzio mentre disponeva sulla tavola le tazze, la teiera e i biscotti, il giovane la guardava e non poteva fare a meno di sorridere controvoglia, invaso da uno scontroso senso di amore vedendola così scrupolosa e attenta in ogni suo gesto, non più amante ma donna di casa. Poi essa gli domandò quanto zucchero desiderasse ed egli ebbe ad un tratto un gran desiderio di abbracciarla. Due pezzi, cara, due pezzi, rispose invece nervosamente. Ora il calore della bevanda scioglieva il gelo che lo possedeva; masticava il pane abbrustolito e inghiottiva grandi sorsate di tè bollente; e pur mangiando e bevendo non staccava gli occhi dalla figura della donna chinata sopra il vapore della teiera. Così, nel silenzio, come l'umidità di un mantello bagnato steso ad asciugare sopra la stufa, evaporava il suo geloso malessere.

Appena ebbero finito di sorbire il tè, improvvisamente si fece notte; ma restavano entrambi muti e immobili in quella grigia penombra con gli occhi fissi sopra le tazze vuote. Poi Maria Teresa si alzò, accese una lampada e andò a sedersi presso il telefono, dal quale doveva venire trappoco la voce stessa della sua giovinezza come dall'antro oscuro di una sibilla. Anche il giovane si alzò, mosse qualche passo per la stanza. C'era uno stipo in un angolo, egli aprì distrattamente un cassetto, l'occhio annoiato gli cadde in quella fessura. Vide allora che il cassetto conteneva molte facce mescolate e confuse come i giuochi di carte quando la partita è finita e i conti sono stati regolati; e subitamente interessato sedette presso lo stipo. "Guarda, guarda" proferì piano traendo un pacco di fotografie scolorite e osservando la donna di sotto in su "guarda quanta gente... i miei predecessori."

Senza parlare né dare a vedere per alcun segno se quell'indiscrezione le dispiacesse, la donna lo guardava con un suo sguardo inespressivo e tranquillo che gli faceva male come un ferro aguzzo che si vede frugare in una piaga anestetizzata. Eppure non c'era davvero di che essere tanto calma, egli pensava con dispetto, un'altra che Maria Teresa gli avrebbe strappato quelle fotografie dalla mano e le avrebbe rinchiuse in fretta nello stipo. Tutti quei ritratti anemici la contemplavano infatti come tante facce smunte di prigionieri che rivedano alfine la luce; a nulla era servito di seppellirli in quel cassetto come nel ricordo; adesso, redivivi, dovevano apparirle inseparabili dagli anni lontani che avevano attraversato a fianco del suo corpo giovane; erano tutti lì anni ed uomini, nelle mani ironiche del giovane; e l'accusavano. Di che? di non essere più quella di un tempo. Testimoni e giudice, nessuno mancava, il processo incominciava.

Accusata riconosci quest'uomo? avevi diciott'anni quando lo incontrasti. I capelli li portavi alti e gonfi sulla fronte scoperta; il maschile collettone inamidato ti indolenziva il collo e le mascelle; il busto giovane e splendido, sostenuto dalle stecche di balena, scoppiava roseo sotto le cascate di pizzi della camicetta; il corpo aveva un bel torcersi e ondeggiare tra le spire della gonna, avevi un bel correre e buttare i piedi in aria, gli sguardi indiscreti non potevano mai attentarsi più in alto degli stivaletti abbottonati fino a mezzo polpaccio. Ma nei caffè-concerti floreali e fumosi, ai suoni prestigiosi e melanconici del cancan le ballerine alzavano in cadenza fino alle fronti arricciolate le gambe calzate di nero; e tutt'intorno le cosce strette con legacci rossi si agitava la schiuma vorticosa dei merletti mai abbastanza folti, candidi e profondi. Diciott'anni, e le guance non conoscevano belletto, ma, pudiche, sapevano tingersi di rossore; le labbra non erano dipinte ma lustre e tumide tentavano gli sguardi; gli occhi non sapevano di collirii né di finte ciglia, ma, innocenti, le prime stanchezze li cerchiavano di un alone colpevole. Quest'uomo ti fece ballare l'ultimo valzer e il primo tango. E quest'altro? e quest'altro ancora?

Il giovane aveva preso alcune di quelle fotografie e

le andava mostrando alla donna domandandole i nomi e le date, né più né meno come si fa coi pezzi d'accusa quando un imputato è renitente a confessare il suo delitto. E come appunto un accusato che non voglia riconoscersi colpevole, essa tendeva il collo, aguzzando gli occhi su quelle facce dimenticate; scrutava i visi impalliditi e uno a uno si rassegnava a nominarli con voce annoiata e riottosa. Questo era B. un attore di teatro, ora lavorava per il cinema; quell'altro era un conte, morto in guerra; quell'altro ancora era S. un banchiere, fallito dipoi o morto anche lui, non avrebbe saputo dirlo. Alla fine egli trasse dal mucchio con la punta delle dita la fotografia di un uomo grasso, dalle palpebre pesanti, vestito in frak. E costui chi era? un cameriere?

Per la prima volta sotto quella sua apatica e astratta indifferenza parve destarsi non si capiva che commozione. Era un industriale milanese, essa rispose con accento di rammarico, il più ricco di tutti. "Mi aveva regalato una villa" soggiunse dopo un momento con aria trasognata "una bella villa a due piani circondata da un giardino"; e guardava davanti a sé con occhi affascinati come se avesse veduto disegnarsi davanti a lei, pietra su pietra, l'architettura della sua antica dimora. Quindi dopo un momento di silenzio: "Sì, sì, sarei molto ricca ora" concluse come parlando a se stessa "se avessi conservato tutto ciò che mi è stato donato". Il giovane taceva, un tale rimpianto gli pareva mostruoso, tutta una vita vissuta pensava, e non rammaricarsi che per il denaro troppo goduto, null'altro rimpiangere che di non essere stata previdente e avara. La vide poi alzarsi, e mormorando "che freddo" e rabbrividendo per tutto il corpo, andare a mettersi con il dorso contro la stufa. Era la fine del processo. Accusata non hai più nulla da aggiungere? no? e allora vattene, sei condannata, sì, condannata a diventare vecchia, condannata alle rughe, ai capelli grigi, alle passioni spente, ai ricordi gelati. Tutto era veramente finito, case, amanti, feste, vestiti e sorrisi. Maria Teresa affondava nelle ceneri del suo passato come una nave nella notte.

Egli frugò ancora nel cassetto. C'erano delle stampe giapponesi di una oscenità composta e quasi rituale; delle fotografie pornografiche di quelle che si vendono nei porti di mare e nei sobborghi equivoci delle grandi città; delle vecchie cartoline illustrate con le strade e le piazze di Parigi, di Berlino, di Vienna, di Pietroburgo e tutta la gente di lì a qualche anno impazzita, rovinata, trucidata, scomparsa, fotografata ancora viva e verde a spasso per i marciapiedi, con i cappellini, gli ombrelli, le carrozze a due cavalli e tutte le altre cianfrusaglie; c'erano finalmente pacchi e pacchi di lettere d'amore scritte con calligrafie ancora pretenziose, con inchiostri sbiaditi e mai più visti, legate insieme da nastrini scoloriti. Tutte queste vecchie cose il giovane le guardò appena. Ma trasse soppesandola sul palmo della mano una minuscola rivoltella di acciaio nichellato e madreperla.

"E questa" le domandò "a che cosa ti serve?" "Per difendermi" essa rispose con molta naturalezza, stornando senza fretta la testa dall'arma che egli le puntava per giuoco contro la tempia. "Del resto" riprese dopo un momento con una rassegnazione compiaciuta "sono sicura che morirò di morte violenta." Queste parole vennero proferite con convinzione. Evidentemente la tragedia moderna, tra quattro mura, lusingava la sua immaginazione di avventuriera stanca e sfiduciata; era la sola cosa che le rimanesse da fare: una fine da romanzo poliziesco. Una camera di albergo di terz'ordine all'alba, i mobili rovesciati, il letto disfatto e insanguinato, le impronte digitali, l'aria viziata dai profumi dal sonno e dalla morte; e poi le brevi cronache dei giornali; tale sarebbe stata la sua fine.

Dicendo queste cose, ora guardava il giovane, ora la rivoltella, con quei suoi occhi brillanti e tentatori che avrebbero voluto sedurre anche la morte. Poi smise di parlare di sé e raccontò la storia di una sua conoscente che due anni addietro era stata ammazzata in circostanze oscure; e concluse un po' melodrammatica, abbassando la testa, guardando alla propria persona seduta e traendo un sospiro "anch'io finirò in quel modo".

Ma il giovane si mise a ridere, "Marité che idea!" esclamò, e ributtata la rivoltella nel cassetto, le sedette accanto e la prese per la cintola. No, continuò cercando malignamente di rassicurarla, essa non sarebbe morta violentemente, ma nel suo letto, di malattia, vecchia e sola. Non era una donna fatale, non doveva farsi illusioni, le donne fatali del resto non esistevano più, non si vedevano più che nei film.

Tra queste parole cattive cercava di abbracciarla; ma, fermamente, dissimulando appena la sua contrarietà, essa lo respinse. "Ora mi dici delle cose sgradevoli" proferì a denti stretti. E alzatasi andò a prendere una bottiglia di cognac e un bicchiere. "Vecchia e sola" egli continuava intanto a ripetere. La vide alzare le spalle con noncuranza, e inarcando le sopracciglia e abbassando le palpebre per non ricevere negli occhi il fumo della sigaretta incollata al labbro inferiore sturare la bottiglia versare e poi bere. Fu in questo momento che il campanello del telefono risuonò.

Senza fretta essa posò il bicchiere e staccò il ricevitore. "Chi parla?" domandò subito. "Ah" soggiunse delusa "il suo segretario?" Dopodiché tacque ascoltando e guardando intorno a sé con aria irresoluta e ansiosa come per cercare un appiglio per le sue ragioni. "Così, non posso parlargli?" chiese finalmente "neppure un minuto? un minuto solo?" Ma evidentemente la persona all'altro capo del filo aveva interrotto la comunicazione. Essa ripeté: "un minuto solo..."; quindi trasognata riposò lentamente il ricevitore e guardò davanti a sé.

"Ebbene" domandò il giovane "hai avuto ciò che volevi?" A questa domanda essa trasalì e lo guardò curiosamente come se l'avesse veduto per la prima volta; ma non rispose nulla. Il bicchierino conteneva ancora un po' di liquore, lo sorbì, ne guardò il fondo, e dicendo lentamente "bisognerà andare a preparare la cena", si levò in piedi. Uno dietro l'altro uscirono entrambi dal salotto pieno di fumo.

Nel corridoio oscuro, egli la prese per le spalle, la strinse a sé, la baciò. Gli parve che essa si abbandonasse e gli rendesse il bacio, se non con affetto, con desiderio, come chi abbia bisogno di confortarsi e si aggrappi ai gesti che gli sono più familiari. E gli parve anche che tremasse. Ma giunti nella cucina la vide chinarsi sopra i fornelli e accendere il fuoco con il solito viso riflessivo e duro.

Era la prima volta che mangiavano in casa, e il giovane ignaro delle virtù domestiche di Maria Teresa aveva creduto ad una cena fredda con le vivande comperate nei negozi. Grande fu perciò il suo stupore vedendo la donna accingersi senz'altro a cucinare. D'altra parte la cucina non pareva essere mai stata adoperata. Le pareti di maiolica bianca non portavano ombre né incrinature, il camino non conservava traccia alcuna di fumo, i tre fornelli di ghisa non parevano conoscere il fuoco, né sale, né pepe, né zucchero, né cannella, né zafferano erano mai stati attinti dai vasi di porcellana allineati sopra le mensole, come cappelli da un portamantelli pendevano fiammanti dagli uncini le pentole di rame e di alluminio. La cucina era vergine e gelata. Si indovinava la casa deserta all'ora del pranzo, la padrona sempre invitata, l'assenza di cuoca o di altri servitori. Era una cucina modello, di quelle che si vedono nelle vetrine dei negozi di supellettili casalinghe; per completare l'impressione non mancava che la cuoca di ferro smaltato, dall'immobile profilo di infermiera dall'occhio fisso e inespressivo, che va da un fornello all'altro con piccoli passi stecchiti di automata.

Ma senza scomporsi, con certi gesti precisi ed esperti che rivelavano una pratica perfetta seppure lontana, Maria Teresa preparò da sola il pranzo di quella sera. Una minestra di verdure tagliate fini, due bistecche panate e fritte, spinaci e patate, e per finire un budino di cioccolatte che aveva già preparato al mattino e riposto nella ghiacciaia. Seduto al tavolo dal piano di marmo, nel mezzo della cucinetta abbagliante di luce bianca, il giovane la guardava disorientato, mentre con le maniche rimboccate sopra le braccia e il suo viso più duro e più attento, si muoveva intorno i fornelli. La vide così prendere una manciata di sale, buttarlo con precauzione nel brodo e poi gustarne il sapore sulla punta del mestolo di legno con quella stessa bocca dipinta che pochi minuti avanti nel corridoio essa aveva abbandonato alla sua. Ogni tanto tra queste azioni pratiche la vestaglia mal trattenuta le si apriva davanti: era allora una donna ignuda che si chinava sopra le pentole con un ramaiuolo in una mano, una forchetta nell'altra esponendo il petto ai vapori delle vivande, tingendosi sul ventre dei riflessi rossi dei fornelli accesi.

La lampada illuminava nel mezzo la stanza, e tutte le mattonelle di maiolica lucente ne riverberavano i riflessi; la stanza era un cubo di luce bianca coi due amanti dentro come, dentro un blocco di ghiaccio mortuario, due salme ben conservate. Tra queste quattro mura Maria Teresa andava e veniva; seduto al tavolo dal piano di marmo il giovane la guardava. Era sconcertato quasi scandalizzato. Ogni tanto abbassava gli occhi sul pavimento a losanghe gli pareva di aver perduto sopra questa scacchiera la sua regina dal viso duro e avvenente. Egli non era portalettere o portiere, pensava, per potere versarsi allegramente da bere e attirare sopra le sue ginocchia la cuoca con i suoi mestoli e il suo grembiale. Non era questa la donna che amava. Ma già Maria Teresa sedeva a tavola, non senza vantare vanitosamente le sue virtù di massaia.

In silenzio senza guardarsi mangiarono. A vederla cucinare, egli disse finalmente, si avrebbe potuto pensare che non avesse mai fatto altro in vita sua. "Ho fatto tante cose" essa rispose sordamente, senza levare gli occhi dal piatto. Ora la sua vestaglia si era di nuovo aperta, si vedevano ad ogni movimento i seni tremare come animati da una loro vita indipendente.

Ci fu di nuovo un lungo silenzio. "Ti ho detto che quel signore al quale ho telefonato" essa riprese finalmente asciugandosi la bocca con il tovagliuolo e riposandolo sopra le ginocchia nude "mi aveva molto amato... a dir la verità è stato il primo... e avevo sedici anni..." A queste parole tornò al giovane la confusa gelosia di poco prima, ma questa volta tutta mescolata di un acerbo e melanconico senso di pietà. Dunque era proprio vero, Maria Teresa aveva avuto sedici anni; quella stagione fiorita l'aveva veramente posseduta; aveva sorriso, pianto, ballato e amato, si era goduta quella sua bella età; e ora taceva raccogliendo le molliche di pane con le dita incerte; e pareva stanca.

"È molto ricco" essa concluse "ma mi rifiuta anche quel poco denaro che oggi gli chiedo." Il giovane la guardava, gli pareva di dovere esser commosso come per qualche sventura, ma non sapeva quale. "Hai dunque tanto bisogno di denaro" le domandò alfine con dolcezza. Subito essa ebbe una risata sonora, secca, sprezzante. "Se ho bisogno di denaro!" ripeté poi tra i singhiozzi di quella sua amara risata. "Se ho bisogno di denaro! certo che ne ho bisogno... un estremo bisogno!" "Ma per che farne?" egli insistette "per comprarti dei vestiti, per pagarti dei viaggi?" La vide scuotere la testa un po' imbarazzata, no, aveva bisogno di denaro per andarsene dalla città, ritirarsi in campagna. Era stanca di vivere in questa maniera disordinata, tra troppa gente. Voleva isolarsi in una città piccola, magari quella dove era nata, vivere sola in una casetta di poche stanze con un giardino. Così dicendo chinava da parte la testa e si accarezzava la spalla nuda con la guancia.

Egli l'interruppe a questo punto, con un sorriso incredulo: un giardino? allora anche dei fiori. Sì essa rispose, certamente anche dei fiori, ma perché? Per niente, disse il giovane e levatosi in piedi incominciò a passeggiare in su e in giù per la stanza. "Ma siccome non vuol darmi il denaro" essa concluse con una voce chiara e tremante che le empì la bocca di saliva "vuol dire che ne farò a meno." Il pranzo era finito. Maria Teresa si alzò a sua volta, fece una pila dei piatti e li rovesciò con fracasso nell'acquaio. Rattristato il giovane restò in piedi guardando alla donna che col solito viso attento, pur stuzzicandosi i denti con l'unghie aguzze e dipinte, contemplava senza disgusto il getto dell'acqua cadere sui fondi sporchi dei piatti e portar via le creme coagulate degli intingoli e gli altri residui del pranzo.

Più tardi nella notte, egli la vide voltarsi verso la sponda del letto e rannicchiarsi come per dormire. Allora le augurò un buon sonno e si alzò per andarsene. Era stata sua per più di due mesi, ora che non aveva più denaro doveva lasciarla. Ma nel momento che liberava con precauzione le membra dal viluppo delle coperte, si accorse ad un tratto che piangeva. Non era più raggomitolata ma distesa sul dorso con un braccio sugli occhi come fanno i bambini. L'ombra impediva di scorgere le lagrime, ma un riflesso di luce giuocava sopra la grossa smorfia puerile che le contraeva gli angoli della bocca. Piangeva senza rumore, senza scosse, silenziosamente, come scorre il sangue da un corpo ferito a morte.

Egli la guardava; poi si chinò, le tolse il braccio dagli occhi e le domandò che cosa fosse accaduto. Niente, essa rispose, non le era accaduto proprio niente: soltanto pensava a quella telefonata. La vide reclinare la testa verso la spalla con un gesto che gli parve flebile e rassegnato e ripetere con ostinazione desolata "non mi è accaduto proprio nulla". Ma dopo un momento, chiudendo gli occhi, amaramente, come se si fosse veduta accoccolata all'angolo di una strada porgere la mano ai passanti: "però è duro" soggiunse con voce lenta "è duro essere costretti per la prima volta a mendicare la vita".

Il giovane non sapeva cosa dire. Considerava il viso di nuovo duro e fermo come un profilo di medaglia, gli occhi vogliosamente chiusi quasi ad invocare il sonno, la spalla bianca e grassa sotto le ciocche aguzze e corte dei capelli della nuca. Gli pareva di fronte a questa immobilità che essa non avesse mai parlato; dubitava dei suoi occhi e delle sue orecchie, avrebbe voluto rivedere la smorfia lacrimosa riudire la voce piangevole. La guardava e gli pareva di vedere la faccia stessa dell'esistenza, un momento rivelata e parlante, ora di nuovo muta e immobile. Questa contemplazione durò poco. Poi senza sforzo egli si raddrizzò, andò nel bagno, si rivestì, in punta di piedi tornò nella stanza. "Me ne vado Marité, addio" disse con voce forte. "A domani" essa gli rispose senza aprire gli occhi.

Egli uscì dalla stanza, poi dall'appartamento, discese la scala, aprì il portone della casa. Sulla soglia si fermò irresoluto e ascoltò la campana di una chiesa vicina battere i colpi nel silenzio di quel quartiere deserto. 'Le dieci e mezza' pensò quindi 'ho ancora il tempo di andare a ficcarmi in un cinematografo.' Questa idea gli piacque, non sapeva neppur lui perché, lo entusiasmò. Ora provava un desiderio insaziabile di quella promiscua oscurità popolata di avventure facili e di paesaggi lontani. Al diavolo Maria Teresa, pensò a mo' di conclusione; e sforzandosi di dominare il profondo malessere che l'opprimeva, richiuse dietro di sé il portone e si incamminò verso il centro della città.

(1927)

DELITTO
AL CIRCOLO DI TENNIS

Verso la metà dell'inverno il comitato direttivo di uno dei più noti circoli di tennis della nostra città, decise di dare un gran ballo di gala. Il comitato, composto dei signori Lucini, Mastrogiovanni, Costa, Ripandelli e Micheli, dopo aver stanziato la somma di lire 3000 per l'acquisto dello champagne, dei liquori, della pasticceria e per il noleggio di una buona orchestrina, passò alla compilazione della lista degli invitati. I membri del circolo appartenevano per la maggior parte a quella classe molto diffusa chiamata grossa borghesia; erano dunque tutti figli di famiglie ricche e stimate, e poiché bisogna pure lavorare, esercitavano tutti più o meno qualche parvenza di professione; così non fu difficile tra parenti, amici e conoscenze radunare un numero abbastanza elevato di nomi, molti dei quali preceduti da titoli nobiliari di secondaria importanza, ma decorativi, avrebbero poi dato, nei resoconti mondani dei giornali, un lustro aristocratico alla festa. Ma all'ultimo momento, quando non restava altro da fare che diramare gli inviti, ecco come il solito, sorgere una difficoltà imprevista:

"E la *principessa* non l'invitiamo?" domandò Ripandelli, un giovane sui trent'anni, d'una bellezza alquanto meridionale, capelli neri e lucidi, occhi neri, volto ovale, bruno, dai tratti perfetti; era noto per la sua rassomiglianza con uno dei migliori artisti cinematografici americani, lo sapeva, e ne aveva saputo trarre ogni sorta di vantaggi.

Mastrogiovanni, Lucini, e Micheli approvarono l'idea di invitare la 'principessa', sarebbe stato un divertimento di più, dissero, forse il solo divertimento, e con grandi scoppi di risa e colpi sulle spalle si ricordarono a vicenda quel che era successo l'ultima volta: la 'principessa' ubbriaca, lo champagne nei capelli, le scarpette nascoste, e lei costretta ad aspettare la partenza dell'ultimo invitato per potersene andare a piedi scalzi, etc... etc...

Soltanto Costa, l'uccello di malaugurio come lo chiamavano, alto, dinoccolato, dai grossi occhiali cerchiati di tartaruga appoggiati sul lungo naso, e dalla barba sulle guance magre mai abbastanza rasa, soltanto Costa protestò:

"No" disse "la principessa questa volta lasciatela a casa sua... ne ho avuto abbastanza dell'ultimo ballo... se volete divertirvi andate a farle una visita, ma qui no..."

I compagni insorsero, gli dissero chiaramente quel che pensavano di lui, e cioè che era un guastafeste, uno stupido, che in fin dei conti il padrone del circolo non era lui.

Erano due ore che sedevano nella stanzetta della direzione, il fumo delle sigarette annebbiava l'aria, faceva un caldo umido a causa della calce ancor fresca dei muri, tutti portavano sotto le giacche delle grosse maglie policrome; ma, là, attraverso i vetri della finestra si vedeva un sol ramo di abete sporgere così immobile e malinconico contro il fondo grigio del cielo, che non c'era bisogno di andare a vedere per capire che stava piovendo. Costa si alzò:

"Io lo so" disse con forza "che avete intenzione di fare chissà quali porcherie con quella disgraziata... ebbene ve lo dico una volta per tutte... è una vigliaccheria e dovreste vergognarvene."

“Costa ti credevo più intelligente” affermò Ripandelli senza muoversi dal suo posto.

“E io te meno malvagio” rispose Costa; staccò il pastrano dall’attaccapanni e uscì senza salutare. Dopo cinque minuti di discussione il comitato decise all’unanimità di invitare anche la principessa al ballo.

Il ballo incominciò poco dopo le dieci pomeridiane. Aveva piovuto tutto il giorno, la notte era umida e nebbiosa, dal fondo del viale suburbano sul quale era stata costruita la casina del circolo si poteva vedere, laggiù, in quella buia lontananza tra due file oscure di platani, uno splendore, un movimento confuso di luci e di veicoli; erano gli invitati che arrivavano; nel vestibolo un servitore preso a nolo li liberava dei loro mantelli, dopodiché, le donne nei loro leggeri vestiti, gli uomini in frak, passavano tutti discorrendo e ridendo nella grande sala sfarzosamente illuminata.

Questo salone assai vasto, era alto quanto la casina; una specie di ballatoio dalla balaustrata di legno tinto di turchino faceva il giro della parete all’altezza del secondo piano; su questo ballatoio si aprivano alcune camerette usate come spogliatoi e depositi di strumenti sportivi; un enorme lampadario dello stesso stile, dello stesso legno, dello stesso colore della balaustrata pendeva dal soffitto e per l’occasione ci erano stati attaccati dei festoni di lampioncini veneziani che andavano a raggiungere i quattro angoli della sala; parimenti verniciato di turchino era lo zoccolo; e in fondo, sotto l’angolo della scaletta che saliva al piano superiore era stato incastrato il banco del bar con le sue colorate file di bottiglie e la sua brillante vaporiera.

La ‘principessa’ che non era principessa, ma a quel che si diceva soltanto contessa (e si raccontava anche che a suo tempo aveva fatto vita di società, e che ne era stata esiliata per una brutta storia di adulterio, di fuga e di rovina finanziaria) arrivò poco dopo le undici. Ripandelli, che sedeva in un gruppo di signore di fronte alla porta spalancata del vestibolo, vide la nota figura, bassa, piuttosto tozza, dai piedi voltati in fuori come quelli dei palmipedi mentre voltandogli il dorso un po' curvo porgeva la cappa al servitore; 'ci siamo' pensò e, col cuore pieno di esultanza, le si avventò incontro attraverso la folla danzante; la raggiunse appena in tempo per impedirle di schiaffeggiare il servitore col quale, per qualche suo futile motivo, aveva attaccato briga.

"Benvenuta, benvenuta..." le gridò ancor dalla soglia.

"Ah Ripandelli, mi liberi lei da questo animale" disse la donna voltandosi. La faccia della principessa non era bella; sotto una foresta di capelli crespi, tagliati molto corti, gli occhi neri, quasi rotondi e già contornati di rughe, brillavano pesti e spiritati; il naso era lungo, sensuale, con narici piene di peli; la bocca larga dalle labbra già un po' cincischiate dall'età, prodigava continuamente sorrisi brillanti, fatui e convenzionali. Come al solito la principessa era alquanto stracciona: sul vestito un po' fuori moda, dalla gonna lunga, dal corsetto così stretto che due riflessi giuocavano sui rigonfi lunghi e allampanati dei seni, anche per nascondere la scollatura indecente, ella aveva gettato uno scialle multicolore, con uccelli, fiori e bestie di tutti i generi; la fronte se l'era stretta in una fascia da cui scappavano d'ogni parte i capelli ribelli. Così acconciata, carica di gioielli falsi, osservando davanti a sé con un occhialino d'argento, ella fece il suo ingresso nella sala.

Per fortuna l'animazione del ballo impedì che ella fosse osservata. Ripandelli la guidò in un angolo: "Cara principessa" disse assumendo subito un tono sfacciato "che saremmo diventati se lei non fosse venuta?".

Gli occhi illusi della donna mostravano chiaramente che prendeva sul serio qualsiasi stupidaggine le venisse detta; ma per civetteria rispose: "Voialtri giovanotti gettate l'amo a più signore che potete... più ne abboccano meglio è... non è così?".

"Balliamo principessa" disse Ripandelli alzandosi.

Ballarono.

"Lei balla come una piuma" disse il giovane che sentiva quel corpo pesare per intero sul suo braccio.

"Tutti me lo dicono" rispose la voce stridula. Schiacciata contro il petto inamidato della camicia di Ripandelli, tutta palpitante, la principessa era rapita in estasi. Ripandelli si fece più ardito. "Ebbene principessa quando m'invita a casa sua?"

"Ho un cerchio molto stretto di amici" rispose la disgraziata che viveva notoriamente in completa solitudine "proprio l'altro giorno lo dicevo appunto al duca L... che mi pregava per lo stesso favore... un cerchio strettissimo di gente scelta... cosa vuole, di questi tempi non si può mai essere abbastanza sicuri."

'Brutta strega' pensò Ripandelli; "ma no" riprese ad alta voce "io non voglio essere invitato con tutti gli altri... lei mi deve ricevere nella sua intimità... per esempio nel suo boudoir... oppure... oppure nella sua camera da letto."

La frase era forte ma la donna l'accettò senza protestare: "E, se l'invito" domandò con voce tenera e un poco ansante a causa dell'emozione della danza: "mi promette di essere buono?".

"Buonissimo."

"Allora stasera le permetterò di accompagnarmi a casa... lei ha l'automobile, non è vero?"

Il ballo era finito e poiché la folla passava lentamente nella stanza del buffet, Ripandelli accennò ad un salottino particolare, al secondo piano, nel quale li aspettava una bottiglia di champagne:

"Di qui" disse mostrandole la scala "così potremo parlare con maggiore intimità."

"Eh, è un furfante lei" disse la donna salendo in fretta la scala e minacciandolo con l'occhialino "ha pensato a ogni cosa..."

Il salottino particolare era una stanzetta piena di armadietti bianchi, nei quali venivano di solito riposte le racchette e le palle. Nel mezzo sopra una tavola c'era una bottiglia di champagne tuffata nel suo secchio: non c'era altro. Quei due chiusero la porta, e il giovane versò subito da bere.

"Alla salute della più bella fra le principesse" brindò in piedi "della donna a cui penso giorno e notte."

"Alla sua salute" ella rispose completamente eccitata. Aveva lasciato cadere lo scialle e mostrava le spalle e il petto, come decomposti dalla maturità; davanti, la scollatura del vestito scendeva ora da una parte ora dall'altra e lo scolorimento della carne ingiallita annunziava il principio dei seni. Ripandelli con la testa appoggiata sulla mano le fissava addosso due occhi falsamente appassionati.

"Principessa mi ami?" le domandò ad un tratto con voce inspirata.

"E tu?" ella rispose con una straordinaria sicurezza. Poi come vinta da una tentazione troppo forte tese un braccio e posò una mano sulla nuca del giovane; "e tu?" ripeté.

Ripandelli diede un'occhiata alla porta chiusa; ora il ballo doveva essere ricominciato, se ne udiva il frastuono cadenzato.

"Io" rispose con lentezza "io mia cara mi consumo per te, sono impazzito, non connetto più." Si udì bussare alla porta; poi questa si aprì, e Lucini, Micheli, Mastrogiovanni e un quarto che aveva nome Jancovich irruppero nella stanza. Questo quarto imprevisto, questo Jancovich, era il più vecchio membro del circolo, poteva aver cinquant'anni ed era già tutto brizzolato; di persona era dinoccolato, con una faccia lunga, magra e malinconica, un naso sottile, e due rughe profonde e ironiche che gli solcavano il volto dagli occhi fino al collo. Industriale, guadagnava molto; la maggior parte della giornata, la passava al circolo del tennis, a giocare a carte; al circolo anche i ragazzi, lo chiamavano col suo nome di battesimo, Beniamino. Ora, appena Jancovich ebbe veduto Ripandelli e la principessa, come era stato prestabilito, cacciò un grido di dolore levando le braccia al soffitto:

"Come mio figlio qui? e con una donna? e precisamente con la donna che amo?"

Ripandelli si voltò verso la principessa: "Ecco mio padre... siamo perduti...".

"Esci di qui" continuava intanto Jancovich con la sua voce melensa "esci di qui, figlio snaturato."

"Padre mio" rispose fieramente Ripandelli "non obbedirò che ad una sola voce, quella della passione."

"E tu amore mio..." soggiunse Jancovich volgendosi con espressione triste e dignitosa verso la principessa che spaventatissima si era rifugiata in un angolo "non lasciarti abbindolare da quel mascalzone di mio figlio, vieni da me invece, appoggia la tua vezzosa testolina sul petto del tuo Beniamino che non ha mai cessato di amarti."

Mordendosi a sangue le labbra per non ridere, Ripandelli si scagliò contro il suo sedicente padre: "A me mascalzone, a me?". Dopodiché seguì una bella scena di confusione e di sdegno. Jancovich da una parte, Ripandelli dall'altra, trattenuti a stento dagli amici, fingevano di fare ogni sforzo per raggiungersi e azzuffarsi; cento grida di: "Teneteli, teneteli, sennò si ammazzano", si levavano dal tumulto insieme con risate mal dissimulate; rannicchiata in un angolo, atterrita, la principessa giungeva le mani. Finalmente fu possibile calmare quegli indemoniati.

"Qui non c'è rimedio" disse allora Lucini facendosi avanti: "Padre e figlio innamorati della stessa donna: bisogna che la principessa scelga."

Fu intimato alla principessa di dare il suo giudizio. Indecisa, lusingata, impressionata ella uscì dall'angolo con quel suo passo dondolante, un piede di qua e l'altro di là: "Io non posso scegliere" disse alfine dopo avere attentamente osservato i due contendenti "perché... perché mi piacete tutti e due".

Risa ed applausi; "ed io principessa ti piaccio?" domandò improvvisamente Lucini prendendola per la vita. Questo fu il segnale di una specie di orgia; padre e figlio si riconciliarono, si abbracciarono, la principessa fu fatta sedere in mezzo a loro, le fu abbondantemente versato da bere, in pochi minuti fu del tutto ubbriaca; rideva, batteva le mani, i capelli gonfi le formavano una testa enorme.

Gli uomini le facevano certe domande insidiose: "qualcuno ci ha informato" disse ad un certo punto Micheli "che non sei principessa, che non sei niente e che sei figlia del salumiere dell'angolo: è vero?".

La donna s'indignò: "Era una linguaccia ed era certamente lui il figlio del salumiere... dovete sapere che prima della guerra ci fu anche un principe del sangue che mi mandò un meraviglioso mazzo di orchidee e un biglietto... e nel biglietto c'era scritto: 'Alla sua Adelina il suo Gogò...' ".

Grandi scoppi di risa accolsero queste parole. Ai cinque uomini che nell'intimità si facevano chiamare dalle loro amanti, Ninì, Lulù, amorino e porcellino mio, quel nomignolo di Gogò, quel vezzeggiativo di Adelina parvero il massimo della ridicolaggine e della stupidità, dalle risa si tenevano i fianchi, erano indolenziti; "ah Gogò, cattivo Gogò" ripetevano. Inebriata, lusingatissima, la principessa prodigava sorrisi, sguardi e colpi di occhialino: "principessa quanto sei spassosa" le gridava in faccia Lucini e lei, come se le avessero fatto un complimento, rideva. "Ah, principessa, principessa mia" cantava sentimentalmente Ripandelli; ma a un certo momento il suo volto si indurì: allungò una mano e ghermì crudelmente un seno della donna. Ella si divincolò, tutta rossa, ma poi ad un tratto rise e lanciò un tale sguardo al giovane che questi lasciò subito la stretta: "Uh che petto floscio" gridò agli altri "sembra di stringere un cencio... e se la spogliassi?". Ormai il programma degli scherzi era pressoché esaurito, questa idea ebbe un grande successo: "Principessa" disse Lucini "ci hanno detto che hai un bellissimo corpo... ebbene sii generosa, mostracelo... dopo moriremo contenti".

"Su principessa" disse Jancovich con la sua voce seria e belante, mettendole senz'altro le mani addosso e sforzandosi di abbassare sulle braccia le bretelline del vestito "il tuo bel corpicino non deve restarci nascosto... il tuo bel corpicino bianco e roseo, tutto pieno di fossette come quello di una bambina di sei anni."

"Sfacciati" disse la principessa ridendo. Ma dopo molte insistenze, acconsentì ad abbassare il vestito fino a mezzo petto; i suoi occhi brillavano, il compiacimento faceva tremare gli angoli della sua bocca:

"Non è vero che sono ben fatta?" domandò a Ripandelli. Ma il giovane storse la bocca e gli altri gridarono che non bastava, che volevano vedere di più; Lucini diede uno strappo alla scollatura. Allora sia che ella si vergognasse di mostrare un corpo troppo maturo, sia che tra i fumi del vino un barlume di coscienza l'avesse illuminata ed ella si fosse veduta in quella stanzetta bianca, tra quegli uomini imbestialiti, rossa, indecente, col petto già mezzo nudo, ad un tratto resistette e si dibatté: "lasciatemi, vi dico, lasciatemi" intimò divincolandosi. Ma il giuoco aveva eccitato i cinque uomini, due la trattennero per le braccia, gli altri tre le abbassarono il vestito fino alla cintola, denudando un torso gialliccio, pieno di pieghe, dal petto ciondolante e bruno.

"Dio com'è brutta" esclamò Micheli "e quanta roba ha addosso... quanto è infagottata... deve avere addosso almeno quattro paia di mutande..."; gli altri ridevano rallegrati dallo spettacolo di quella nudità squallida e furiosa, e cercavano di liberare anche i fianchi dal viluppo delle vesti. Non era facile, la principessa si dibatteva con violenza, il volto rosso sotto il tosone dei capelli era compassionevole, tanto chiaramente esprimeva il terrore, la disperazione e la vergogna. Ma questa resistenza invece di impietosire Ripandelli, lo irritava come i sussulti di una bestia ferita che non si decidesse a morire: "brutta strega, vuoi star ferma sì o no?" le gridò a un certo momento e per dar più forza alle sue parole prese dalla tavola un calice e gettò quel vino ghiacciato sul volto e sul petto della disgraziata. Una specie di grido lamentoso e amaro, una frenetica rivolta seguirono questa brusca aspersione. E liberatasi non si sa come dalle mani dei suoi tormentatori, nuda fino alla cintola, con le braccia levate sopra la testa fiammeggiante di capelli, trascinando dai fianchi in giù tutta una massa di panni rivoltati, la principessa si slanciò verso la porta.

Per un istante lo stupore impedì ai cinque uomini di agire. Ma Ripandelli gridò "afferratela che ci scappa sopra il ballatoio" e tutti e cinque si precipitarono sulla donna a cui la porta previdentemente chiusa a chiave aveva ritardato la fuga. Micheli la afferrò per un braccio, Mastrogiovanni per la vita, Ripandelli addirittura per i capelli; la trascinarono daccapo alla tavola, quella resistenza li aveva imbestialiti, provavano un desiderio crudele di battere, di punzecchiare la donna. "Ma questa volta ti vogliamo nuda" le gridò in faccia Ripandelli "nuda ti vogliamo." Ella spalancava degli occhi atterriti, si dibatteva, poi ad un tratto incominciò a gridare.

Prima un grido rauco, poi un altro simile ad un singhiozzo, alfine inaspettato, un terzo acutissimo, lacerante "Ahiii!!!". Spaventati Micheli e Mastrogiovanni la lasciarono. Forse soltanto in quel momento Ripandelli ebbe per la prima volta la netta sensazione della gravità della situazione nella quale coi suoi compagni si era cacciato. Fu come se una mano enorme gli avesse stretto il cuore, così, tra cinque dita, come si stringe una spugna. Gli venne un furore terribile, una specie di odio sanguinoso contro la donna che si era daccapo scagliata contro la porta e gridando la tempestava coi pugni, e nello stesso tempo lo colpirono un senso nero di irreparabilità, quell'angoscia che fa pensare 'non c'è più rimedio, il peggio è successo, meglio abbandonarsi alla china...'. Un istante di esitazione; poi con una mano che non gli sembrò sua tanto gli parve indipendente dalla sua volontà, afferrò sulla tavola la bottiglia vuota e l'abbatté con forza sulla testa della donna, un po' sopra la nuca, una sola volta.

Ella si accasciò in terra attraverso la soglia, in una maniera che non lasciava dubbi sull'efficacia del colpo: cioè sul fianco destro con la fronte contro la porta chiusa, nel mucchio largo dei suoi cenci. In piedi, con la bottiglia ancora in mano, Ripandelli concentrava tutta la sua attenzione sul dorso della donna. All'altezza dell'ascella c'era un neo della grandezza di una lenticchia; questo particolare, e forse anche il fatto che la folta capigliatura non lasciava vedere la faccia, gli fece per un secondo immaginare di aver colpito tutt'altra persona e per tutt'altra ragione: per esempio una splendida fanciulla dal corpo perfetto, troppo amata e invano, sulle cui membra esanimi egli si sarebbe gettato lagrimando, pentito, amaramente pentito, e che sarebbe forse stato possibile ricondurre in vita. Fu un attimo. Poi il torso ebbe uno strano sussulto, e bruscamente si rovesciò sulla schiena mostrando il petto, un seno di qua, l'altro di là e, orribile a vedersi, il volto. I capelli nascondevano gli occhi ('per fortuna' egli pensò) ma la bocca semiaperta in un modo particolarmente inespressivo gli ricordò troppo bene certi animali uccisi che aveva veduto da bimbo. 'È morta' pensò tranquillamente, e insieme spaventato della propria tranquillità. Allora si voltò, e posò la bottiglia sopra la tavola.

Gli altri quattro, seduti in fondo presso la finestra, lo guardavano incomprensivi. La tavola che era nel mezzo della stanza impediva loro di distinguere il corpo della principessa, non avevano veduto che il colpo. Poi, con una specie di macabra curiosità, Lucini si alzò, e sporgendosi in avanti guardò verso la porta. La cosa era là attraverso la soglia. I suoi compagni lo videro diventare bianco:

"Questa volta l'abbiamo fatta grossa" disse a bassa voce in tono spaventato, senza guardarli.

Micheli si alzò che era seduto nell'angolo più lontano, era studente di medicina, questa sua prerogativa gli dava come un senso di responsabilità: "forse è soltanto svenuta" disse con voce chiara "bisogna rianimarla... aspettate" prese un bicchiere mezzo pieno dalla tavola, si chinò sul corpo della donna, gli altri gli si raggrupparono intorno. Lo videro passare un braccio sotto quel torso, sollevarlo, scuoterlo, versare un po' di vino tra quelle labbra. Ma la testa dondolava, dalle spalle le braccia pendevano senza vita. Allora Micheli ridistese la donna in terra e scostando il seno sinistro appoggiò l'orecchio sul petto. Dopo un istante si rialzò.

"Credo che sia morta" disse ancora rosso per lo sforzo compiuto.

Ci fu un silenzio. "Ma copritela" gridò ad un tratto Lucini che non sapeva staccare gli occhi dal cadavere.

"Coprila tu."

Ancora silenzio. Dal basso il frastuono dell'orchestra arrivava distintamente, ecco adesso era più sommesso, doveva essere un tango. I cinque si guardavano. Ripandelli solo fra tutti si era seduto e curvo, con la testa fra le mani, guardava davanti a sé: vedeva che i pantaloni neri degli amici gli facevano circolo intorno, ma non erano abbastanza stretti, tra l'uno e l'altro ecco, laggiù sotto la porta laccata di bianco, impossibile non accorgersene, la massa di quel corpo disteso.

"Ma è roba da matti" incominciò Mastrogiovanni come per protestare contro qualche idea assurda, rivolgendosi a Ripandelli, "con la bottiglia... ma cosa ti ha preso in quel momento?"

"Io non c'entro" disse qualcheduno con voce tremante. Ripandelli immobile, riconobbe Lucini. "Siete tutti testimoni che io ero seduto presso la finestra."

Fu Jancovich, il più vecchio di tutti, dal volto malinconico, dalla voce melensa, a rispondergli: "sì, sì" disse "discutete ragazzi miei... chi è stato e chi non è stato... poi nel bel mezzo dell'interessante discussione entra qualcuno e andiamo tutti a finir di discutere in qualche altro posto...".

"E tanto ci andremo in tutti i modi" disse Ripandelli cupamente.

Jancovich fece un gesto violento e comico: "questo è pazzo... perché lui vuole andare in prigione, vuole che anche gli altri ci vadano". Un riso per un istante gli corrugò profondamente tutto il volto magro.

"Piuttosto state a sentire quel che vi dico..."

"???"

"Ecco... la principessa viveva sola, non è vero? dunque non s'accorgeranno della sua sparizione prima di una settimana... noi ora andiamo a ballare, e facciamo come se nulla fosse successo... quando il ballo sarà finito la caricheremo sopra la mia automobile e la porteremo in qualche posto, fuori di città... oppure... possiamo gettarla nel fiume... così crederanno che si sia uccisa... viveva sola... in un istante di sconforto... son cose che accadono... in tutti i casi se ci domandano qualche cosa diremo che a un certo momento è uscita dalla sala e non è stata più riveduta... siamo intesi?"

Gli altri impallidirono, spaventati: la donna era morta, questo lo sapevano, ma l'idea di aver commesso un delitto, di aver ucciso, e di essere perciò in istato di colpa, non aveva ancora sfiorato la loro coscienza. La complicità che sentivano di avere con Ripandelli era quella del divertimento, non quella dell'assassinio. Questa proposta di buttare a fiume il cadavere li mise bruscamente di fronte alla realtà. Lucini, Micheli e Mastrogiovanni, protestarono, affermarono che non c'entravano, che non volevano entrarci, che Ripandelli si sbrigasse da sé.

"E va bene" rispose allora Jancovich che mentalmente aveva soppesato le possibilità giuridiche del delitto "vuol dire che ci rivedremo in Tribunale...: Ripandelli sarà condannato per omicidio ma noi qualche annetto per complicità necessaria lo prenderemo lo stesso." Silenzio costernato. Lucini che era il più giovane di tutti, era bianco, aveva gli occhi pieni di lagrime; improvvisamente agitò il pugno per aria:

"Lo sapevo che doveva finir così, lo sapevo... ah non ci fossi mai venuto!"

Ma Jancovich aveva troppo evidentemente ragione. E poi bisognava decidersi: da un momento all'altro qualcuno poteva entrare. Il parere del più vecchio venne approvato, e a un tratto, come se avessero voluto con l'azione soffocare il loro pensiero, i cinque uomini vestiti di nero si diedero con alacrità a far disparire le traccie del delitto. Bottiglia e bicchieri furono chiusi in un armadietto; il cadavere fu trascinato non senza difficoltà in un angolo e coperto con un panno spugnoso; c'era uno specchietto inchiodato alla parete, ciascuno di essi andò ad esaminarsi per vedere se era in ordine. Poi uno dopo l'altro uscirono dalla stanzetta, la luce fu spenta, la porta venne chiusa e la chiave la prese Jancovich.

In quel momento il ballo raggiungeva il massimo grado del suo splendore. La sala era più che affollata, folti gruppi di persone sedevano intorno alle pareti, ce n'erano perfino appollaiati sopra i davanzali delle finestre, nel mezzo la moltitudine dei ballerini si agitava in tutti i sensi, mille stelle filanti volavano da ogni parte, lievi pallottole multicolori di ovatta venivano lanciate con grande abbondanza, da ogni angolo salivano i fischi acuti dei cetrioli di gomma e i suoni stridenti dei pifferi di cartone; palloncini di ogni tinta oscillavano sopra le teste dei ballerini, tra i filamenti di carta pendenti dal lampadario, ogni tanto qualcuno ne scoppiava con asciutta sonorità, le coppie se li contendevano, cercavano di strapparseli, e facevano ressa intorno a chi aveva conservati intatti i suoi. Risa, voci, suoni, colori, forme, e azzurre nuvolette di fumo di tabacco, tutto questo agli occhi estatici dei cinque curvi lassù dal ballatoio sopra la caverna luminosa si confondeva in una sola nebbia dorata di irraggiungibile Mille e una Notte, faceva l'effetto di un paradiso di incoscienza e di leggerezza, perduto, per sempre perduto. Per quanti sforzi facessero, il pensiero li tirava indietro, li ricacciava nella stanzetta piena di armadietti, con la tavola sparsa di bicchieri, le sedie in disordine, la finestra chiusa, e là in un angolo, quel corpo. Ma alfine si scossero, discesero la scala.

"Ancora mi raccomando" disse un'ultima volta Jancovich "animazione, ballate, divertitevi come se nulla fosse accaduto." Poi Mastrogiovanni per primo, e gli altri dietro, entrarono tutti e cinque nella folla e vi si confusero, indistinguibili ormai da tutti gli altri ballerini che come loro vestiti di nero, a passo di danza, abbracciati alle loro dame sfilavano lentamente davanti al palco dei suonatori.

(1928)

APPARIZIONE

Da quasi due ore Gaspare giaceva sul suo sofà, il fumo delle sigarette aveva cambiato colore all'aria, la testa a forza di tabacco e di pensiero gli doleva. Stava supino cogli occhi fissi al soffitto, s'era tolto le scarpe, e aveva l'impressione, non sapeva se a causa della luce giallastra della lampada centrale e della piccolezza della stanza o piuttosto della sua stessa posizione, di esser da due ore in viaggio; e i suoi pensieri erano anch'essi quelli di un viaggiatore che lascia definitivamente un paese dove, bene o male, per qualche tempo ha vissuto. Anche lui era costretto a rinunziare a questa grande città dove ora si trovava, i denari dell'eredità paterna erano finiti, era venuta l'ora della resa dei conti. Mentalmente, un po' per una falsa melanconia di uomo che non aspetta più nulla dal mondo, un po' per veder davvero come fossero stati spesi tempo e quattrini, Gaspare cominciò a ruminare con lentezza, con una dolorosa testardaggine, uno per uno tutti gli avvenimenti occorsi in quei sei mesi di vita cittadina.

Era arrivato in settembre, era febbraio. Per sommi capi i fatti erano questi: discesa alla miserabile pensioncina dove tutt'ora si trovava; dopo qualche giorno incontro del gruppo Davanzo, Mastri e compagnia del quale non s'era a tutt'oggi liberato; cene, divertimenti varii, balli, molti quattrini buttati al vento; seduzione della figlia del padrone della pensione (ma era stato poi veramente lui il primo?), ragazza di ventiquattr'anni, sentimentale, né brutta, né bella. Tutte le notti ella era venuta a trovarlo in camera sua; quando era rincasato tardi l'aveva aspettato nell'anticamera, ma era così stupida che Gaspare un po' per crudeltà, un po' perché oppresso da altre miserie, aveva finito per odiarla. Aspro litigio con Davanzo del quale, però, non aveva potuto fare a meno, era andato a ricercarlo, s'era riconciliato con lui. Improvvisi dolori di Maria, l'amante della pensione, che, a notte alta, era venuta a supplicarlo di sposarla per legittimare quel figlio che sarebbe nato; tutto era finito invece nel nulla, il figlio era stato un frutto dell'immaginazione sentimentale e interessata della ragazza. Incontro con Andreina sedicente vedova di guerra; egli ne era diventato l'amante ma non aveva osato abbandonare Maria. Inevitabile collegamento di Andreina e del gruppo: ora, lo sapeva, Andreina lo tradiva con Davanzo, ma non lo lasciava: amore o avidità di denaro?... Così, pressapoco, l'inverno era passato, egli l'aveva percorso come una talpa percorre la sua nera galleria sotterranea, con gli occhi chiusi, senza mai vedere il sole... pioggia, dolori, spettacoli, facce, lampade: questa sensazione di oscurità, indubbiamente nasceva dal fatto che durante questo periodo egli era sempre rincasato tardi, e non gli era quasi mai accaduto di uscire prima del crepuscolo dalla sua cameretta.

L'uscio si aprì e qualcuno entrò: Andreina. Indossava un elegante vestito coi lembi di pelliccia attillato alla cintola, largo in fondo, che le dava un aspetto aggressivo; un cappellino a forma di elmo le nascondeva gli occhi; quella consueta espressione non si sapeva se stupida o dignitosa era su quel suo volto stranamente piatto, tutto di faccia, niente di profilo, dalle ossa mascellari grosse, dalla bocca larga, dagli occhi inespressivi.

"Mia cara" cominciò subito Gaspare senza muoversi "debbo parlarti seriamente."

Ella non rispose subito; si voltò, cercò un posto, la cameretta era angusta, si poteva appena passare tra il letto ed il sofà, un buon terzo di essa era occupato dal paravento che nascondeva il lavabo.

"Parla ti ascolto." Andreina aveva la mania delle frasi teatrali e dei soggetti elevati. "Purché non si tratti di qualche nuovo pettegolezzo, tu sai quanto io disprezzi ogni meschinità."

"Altro che pettegolezzi" disse Gaspare con un sorriso amaro "si tratta della verità... anzi di due verità: prima di tutto che so ogni cosa di te e Davanzo..."

"Tutto quello che puoi sapere dagli altri" ella rispose guardando sdegnosamente verso il soffitto "non mi tange, sono superiore a queste cose."

"... e in secondo luogo" continuò Gaspare "che ora come mi vedi non mi resta abbastanza denaro per vivere fino a domani."

"Non dirmi questo" ella intimò, inorridita, voltandosi.

"È la pura verità" Gaspare prese una sigaretta, l'accese "e ora deciditi. Bisogna che tu scelga tra me e Davanzo: io senza un quattrino, Davanzo se non ricco, almeno non affamato: scegli."

"Non posso crederci" ella cominciò, evidentemente per guadagnare tempo "non mi hai detto ancora l'altro giorno che avevi del denaro alla banca?"

"È finito."

Si guardarono: Andreina alzava, abbassava gli occhi come chi cerca la frase e l'atteggiamento più adatti. Gaspare senza muoversi la spiava. Pareva calmissimo ma le labbra gli tremavano, dal disagio che provava avrebbe voluto gridare.

"Ebbene" ella disse alfine "l'amore che ti porto non mi fa dimenticare certi doveri seppure dolorosi. Mio povero Gaspare, so quel che debbo fare: mi separerò da te. Quando avrai trovato lavoro mi riavrai, sarò lo scopo della tua vita."

Egli la guardò come chi non è sicuro di avere bene

udito. Allora bruscamente, fu come se qualche cosa si fosse spezzata in lui. Si ricordò di tutto il denaro speso per quella donna che ora così ipocritamente lo abbandonava, dell'amore e delle illusioni prodigate con una ingenuità, che ora al ricordo gli bruciavano come un'umiliazione, una rabbia cieca gli devastò l'animo. 'Almeno si scomponesse' pensò 'ma no, niente.' "Sai cosa sei tu?" sibilò tendendo verso la donna quella sua faccia, nera di barba, dalla fronte e dagli zigomi pallidi: "una donnaccia... sì... e più svergognata di quelle che si incontrano di notte... almeno quelle non si danno tante arie..."

Ella si alzò: "Vedo che trascendi" disse "sarà meglio che io me ne vada".

"Ah sì?" Gaspare si alzò, l'afferrò per un braccio, vaghe idee gli passavano per la testa: 'Spogliarla' pensava 'cacciarla tutta nuda nel corridoio, che tutti sappiano chi è, fare uno scandalo, tanto io non ho più nulla da perdere' e già stava per intimarle di svestirsi, quando udì bussare alla porta.

Lasciò la donna, risedette sul sofà: "Chi è?" gridò con impazienza.

"Io... io" rispose una voce flautata, e prima ancora che l'avessero invitato a farsi avanti, lo sconosciuto visitatore entrò.

Poteva avere quarant'anni, era piuttosto basso, tarchiato, aveva larghissime spalle, mani enormi, una testa tozza dai capelli lisci e lunghi, una faccia quadrata e sonnolenta di fattore di campagna; un leggero soprabito gli ricadeva dalle spalle un po' curve sopra le gambe corte; stringeva con le dieci dita contro il petto un cappello nero dalle falde ampie.

Entrò un po' esitante, appuntò quei suoi piccoli occhi non si sapeva se più furbi o addormentati prima sulla donna, poi su Gaspare. Quest'ultimo osservò che alla vista del nuovo arrivato Andreina aveva avuto un sussulto di paurosa sorpresa e che ora lo guardava come chi si sente colpevole e non vorrebbe essere dove si trova.

“Mi chiamo Martinetti” proferì l’uomo rivolgendosi a Gaspare “Martinetti Giovanni... il marito della signora” soggiunse indicando la donna.

Da tempo Gaspare aveva l’abitudine di non meravigliarsi di nulla. Prese gli occhiali che aveva deposti sul sofà, tondi e cerchiati di tartaruga, e se li assestò con un gesto nervoso sul naso aguzzo:

“È vero quel che dice?” domandò alla donna.

La vide esitare: “Quest’uomo mente” ella protestò alfine malsicura “il mio povero marito è morto in guerra”.

“Signore, non le dia retta” disse Martinetti sempre rivolgendosi a Gaspare “suo marito sono io e non ho fatto la guerra perché il Governo non ha voluto che io lasciassi la mia fabbrica.”

“Ah, lei ha una fabbrica” disse Gaspare gettando un’occhiata espressiva alla donna “e di che cosa di grazia?”

“Di sapone.”

“Ah, di sapone... e pensare che mi era stato detto che lei, beninteso prima di morire in guerra, faceva l’architetto.” Gaspare guardò ancora una volta l’amante che non abbassò gli occhi; poi cambiando tono:

“E in che cosa posso servirla signor Martinetti?”

L’uomo gli si avvicinò: “Lei deve essere... deve esser l’amico della signora” proferì con quella sua voce mite che stranamente contrastava con la rozzezza della persona. Ma Gaspare lo vide, alla parola ‘amico’, stringere i grossi pugni come chi fa tutti gli sforzi possibili per mantenersi calmo “e per questo avrà su di lei più autorità di quel che io non abbia. È un anno che le corro dietro e la seguo per tutti i posti dove va. Le dica per me che le sue tre creature a casa domandano di lei e non aspettano che lei e che quando vorrà tornarci vi sarà accolta come se niente fosse successo, come una padrona, e che avrà tutto quel che vorrà e che nulla le sarà negato...”

“Hai... hai... hai sentito” disse Gaspare alla donna, con quel leggero balbuziamento che gli veniva quando per una ragione o per un'altra non era del tutto calmo. "Hai sentito... quel... quel... quel che dice tuo marito?"

"Ho sentito." Ella si alzò e con la consueta teatralità si avvolse più strettamente nel suo mantello: "e rispondo no".

"Ma questo è tuo marito sì o no" insistette Gaspare a cui tanta falsità metteva il diavolo in corpo "quelle... quelle creature sono tue o no?"

"Sono di una donna che non esiste più." E come chi vuol essere lasciata in pace ella voltò le spalle e andò alla finestra chiusa.

Gaspare strinse i pugni, gli venne un forte desiderio di tirare qualche oggetto duro, un poggiacarte, una scarpa, contro quello stupido dorso; ma non ne ebbe il tempo che già Martinetti gli si era avvicinato, e gli metteva quella sua enorme mano sopra la spalla:

"Signore" incominciò con una voce supplichevole che tradiva una grande impazienza "io sono buono, buono, ma se mi mettono colle spalle al muro divento cattivo anch'io. Mi dia retta, rinunzi ad Andreina, lei è giovane, di donne ne avrà chissà quante ancora, non porti via a un pover'uomo come me la sola che ha..."

Tanta ottusità finì di esasperare Gaspare: "Ma... ma... ma non ha sentito quel che le ha risposto sua moglie?".

L'altro scosse la testa: "Mi dia retta finché è in tempo" insistette con una feroce dolcezza "glielo consiglio per il suo bene... lasci Andreina... glielo ripeto, non mi metta alla disperazione... anzi, guardi, per mostrarle che non le voglio male, che capisco il suo sacrificio, guardi sono pronto a pagare tutte le spese che può avere sostenuto a causa di Andreina".

Lasciò alfine la spalla di Gaspare, si drizzò, trasse dal petto un voluminoso e sordido portafogli, e da questo una busta bianca che tese al giovane.

Questi attraverso le sue lenti di miope guardò l'oggetto, guardò l'uomo. 'Dunque si era preparato' pensò constatando che la busta era chiusa 'dunque era sicuro che io avrei accettato!!' In altri tempi, avrebbe riso, ma quel giorno la sua irritabilità era tale che una collera, un furore cieco rivolti più contro questa vita che d'ogni parte l'opprimeva che contro Martinetti, l'invasero.

Si toccò con un gesto violento la fronte:

"Ma... ma... ma lei è pazzo" gridò "lei ha creduto che io... che lei... ma io della sua Andreina non so che farmene, ma io gliela regalo, io gliela butto in faccia gliela... gliela" tacque per un istante soverchiato dalla balbuzie poi: "Sa cos'è lei?" proruppe protendendosi dal sofà "se nessuno gliel'ha detto glielo dico io... il più perfetto imbecille che sia dato d'incontrare... e ha fatto bene, Andreina, ha avuto non una ma mille volte ragione di tradirlo."

Ma il marito non si turbò.

"Signore" insistette con gentilezza "forse lei crede che io non le offra abbastanza... ma lei non ha ancora veduto cosa c'è là dentro..."

Gaspare lo guardò: "Mi dia quella busta" ordinò. Prese la busta, la lacerò, ne trasse il pacchetto dei biglietti di banca. "Ecco" gridò buttando per aria quei fogli azzurri e marroni "ecco cosa ne faccio del suo denaro."

I biglietti svolazzarono, alcuni andarono a posarsi sul letto, altri scivolarono sotto il sofà; stupefatto, addolorato, Martinetti li guardava. 'Come si fa a disprezzare questo ben di Dio?' pareva dicessero i suoi occhi.

Due colpi alla porta: "A-van-ti... avanti" gridò Gaspare. La testa gli girava, gli pareva di soffocare: 'è una fatalità' pensò 'tutti oggi debbono venire!...'.

La porta si aprì, il nuovo venuto entrò. Poteva avere trent'anni, era alto, di apparenza vigorosa e assai bello, ma di una bellezza guasta, volgare e piena di arroganza. Aveva occhi neri lunghi e stupidi, un naso diritto che continuava la linea della fronte, una bocca perfetta. I capelli li portava lisci e impomatati, vestiva con una eleganza di cattivo genere e in complesso, un po' per i suoi fianchi troppo larghi, un po' per le sue narici frementi, faceva pensare ad uno stallone.

“Me lo dovevi dire che avevi delle visite” egli incominciò appuntando degli sguardi sorpresi prima su Andreina, poi sui biglietti di banca.

Ma con un gesto Gaspare lo interruppe: “Ah sei tu...” gridò alzandosi e andandogli incontro “capiti proprio in buon punto... permetti:... Martinetti... Davanzo... questo è l’ultimo amante della sua signora... Davanzo questo è il marito di Andreina, è arrivato adesso... e questi quattrini sono per te... fate quel che volete, io non c’entro”.

“Un momento... un momento...” incominciò Davanzo chinandosi e raccattando a caso alcuni dei buoni sparsi in terra “io non capisco nulla. Di che cosa si tratta? Perché tutto questo denaro? Che cosa è accaduto?”

Andreina a sua volta si avvicinò: “la mia” disse con la consueta teatralità “non è carne che si vende. Se vorrò tornare con mio marito ci tornerò di mia spontanea volontà, se no, no”.

Ma il marito già parlava a Davanzo, già gli esponeva le stesse ragioni che aveva spiegato a Gaspare. L’altro, distratto e sorpreso in volto, l’ascoltava appena, i suoi occhi andavano dalla donna ai biglietti che teneva in mano.

“Capisco tutto...” disse alfine “lei mi offre questi denari perché io lasci stare la sua signora?”

“Non precisamente...” corresse il marito che i furori di Gaspare avevano fatto prudente “ma per le spese che eventualmente lei può aver sostenuto a causa di Andreina.”

A questo punto arrivò la voce di Gaspare che chino, là, sul sofà, si infilava le scarpe:

“Accettali Davanzo” gridò senza alzare la testa “accettali quei quattrinelli. Tanto non sarà la prima volta. Accettali e ringrazia.”

Seguì una scena piena di movimento: “Vorresti dire che faccio il mantenuto” gridava Davanzo e tentava di scagliarsi contro l’amico. Martinetti lo tratteneva esortandolo alla calma. Andreina si batteva una mano sul petto esclamando rivolta a Gaspare: “Ehi là!, piano con questi affari, ci sono anch’io...”.

Allora, approfittando del trambusto, Gaspare afferrò il cappello e il mantello, aprì la porta:

“Vedrai che accetterai...” gridò a mo’ di saluto. Poi scomparve nell’ombra del corridoio.

Fuori, nella notte, fuori, sotto la pioggia, nella strada affollata, piena di lumi e di veicoli. Era l’ora del massimo traffico, la gente dopo il lavoro di tutta la giornata tornava a casa. Giù, giù per quanto lunga era la strada, tra le facciate nere e illuminate dei palazzi, sotto la linea splendente delle lampade ad arco, non si vedevano che automobili, l’una dietro l’altra, in due file opposte. E sui marciapiedi nere e gocciolanti processioni di ombrelli e nella lontananza girandole luminose in continuo movimento, rossi richiami di cinematografi, fiammeggianti insegne sospese nell’oscurità. E sul lastrico bagnato, nelle pause del traffico, riflessi luccicanti. E ai due lati della strada, grandi caverne di luce, le vetrine delle botteghe. Fuori, all’aria libera.

Il primo impeto per il gran sollievo che quel freddo e quell’acqua gli avevano dato era stato di mettersi a correre; ma poi, subito, si calmò e seguì la corrente della folla. I suoi pensieri erano confusi e tristi, indovinava oscuramente di non aver fatto con quella sua partenza che un bel gesto e nulla di più. Capiva che i suoi problemi, da quello del denaro per campare, a quello della prossima solitudine (si era ormai convinto che alla notizia della sua povertà tutti gli avrebbero voltato le spalle) restavano tuttora insoluti. Come fare?... passo passo, dietro la folla, guardando senza vederlo, attraverso le grosse lenti, lo spettacolo della notte, egli percorse una strada, poi un’altra. Non c’era dubbio, le questioni erano due: i quattrini e la solitudine; se tra due giorni la provvidenza divina non gli fosse venuta in aiuto, non avrebbe potuto mangiare, se quella sera stessa fosse scomparso dalla città, se fosse stato ucciso o fosse partito nessuno lo avrebbe cercato o per lo meno l'avrebbe rimpianto. Era una frase ridicola e romantica ma era vera: solo al mondo. E il lato più strano della questione, pensò, stava nel fatto di non essersi accorto prima di questa solitudine, di questa mancanza di legami col mondo circostante; 'Si vive con un monte di gente' egli rifletté 'e poi a un certo momento ci si accorge di esser soli, di non conoscer nessuno, di non esser attaccato a nessuno... strano davvero!'.

Si toccò le guance, sentì che aveva la barba lunga, per associazione si ricordò della sua camera e delle persone che vi aveva lasciato: 'Chissà' pensò 'se Davanzo li avrà poi accettati quei quattrini o no?' gli tornò in mente Andreina: 'falsa e stupida (era poi veramente stupida? la falsità non denota già una certa intelligenza?) quanto si vuole, ma a letto una dea...: e dire che ha tre bambini'; e Maria, l'amante della pensione: 'Quella è la più buona di tutti' concluse. 'Ma a cosa serve esser buoni? Al diavolo la bontà.'

Era arrivato alla fine della strada, bisognava voltare. Allora, poiché ebbe alzato gli occhi, vide, inchiodata proprio sull'angolo del palazzo, una di quelle cassette vetrate nelle quali i fotografi espongono i loro più perfetti ritratti. Una lampadina ne illuminava l'interno, egli si avvicinò e guardò. Tre fotografie erano esposte: la prima era quella di un'avvenente signora vestita per la sera, di profilo: 'Ma le spalle le ha più belle Andreina...' egli pensò; la seconda raffigurava un cretino di giovanotto con una vistosa cravatta a strisce; la terza... alla terza quei suoi occhi miopi si fermarono come affascinati. Ritraeva quest'ultima una giovane madre col suo bambino; la madre poteva aver vent'anni, il bimbo un anno; la fotografia era leggermente ritoccata con dei colori tenui, ecco, un lieve rossore era su quei due volti, e in complesso era una buona fotografia; ma non furono questi pregi puramente tecnici ad attirare l'attenzione di Gaspare.

Lo colpirono invece l'espressione di quei due e i loro atteggiamenti. Il bimbo, assai bello, indossava una vesticciuola femminile, teneva i pugni chiusi, e spalancava due occhi stupefatti, serii, e in certo modo scandalizzati. La madre che doveva esser bionda lo si indovinava dalle chiare ondulazioni dei capelli, e aveva lineamenti molto delicati, stringeva al petto il bimbo e aveva gli stessi occhi serii stupiti e scandalizzati; ma un sorriso dalle labbra sottili, come se ella avesse voluto scusarsi di essere fatta a quel modo, attenuava quell'espressione di disgustata meraviglia.

Dopo qualche istante di fissa contemplazione Gaspare se ne andò. Era vagamente sconcertato e dentro di sé dava ragione a quei due di essere a tal punto stupiti: 'È il meno che possono fare' pensò attraversando con precauzione la strada 'con tutto quel che tocca loro di vedere giorno e notte, tra facce e avvenimenti...'. Si domandò quale sarebbe stata preferibile delle due, Andreina o la giovane madre? la seconda, si decise, indubbiamente la seconda, perché se il mondo era pieno di donne come la sua amante, difettava invece delle altre. Ma quella meraviglia doveva provenire da qualche cosa di più vero e profondo dell'ignoranza, lo indovinava, ma non sapeva spiegarselo; alfine dopo avere molto pensato, trovò: 'Se la Madonna e il Bambino' si disse 'tornassero in terra, guarderebbero il mondo proprio con quegli occhi lì'.

Tra questi pensieri era arrivato a una grande piazza oscura e piovosa: tornò indietro per un'altra strada parallela alla prima, ma deserta. Idee pazze si inseguivano nella sua testa; se per esempio quella madre e quel bambino fossero a un tratto entrati nella stanza, al momento della discussione per i quattrini, come sarebbero rimasti Davanzo, Andreina e quell'imbecille di Martinetti? 'Sarebbero restati come accecati' pensò 'sicuro... non sarebbero stati capaci di guardarli in faccia... si sarebbero tutti coperti gli occhi con un braccio; e forse sarebbero anche caduti in ginocchio'; sorrise a questa idea ma la sua esaltazione cresceva: 'dovrebbe invece apparire a me' pensò ancora 'allora non avrei più dubbii di nessuna sorta. Finiti Andreina, Davanzo e compagnia, mi ritirerei a vita privata: ma finché non mi apparisce...'

Gli era appena passato per la mente questo pensiero che un'enorme e sontuosa automobile sbucò da una stradicciuola secondaria e gli sbarrò il cammino. Allora poiché si tirava indietro per non rimanere schiacciato, così distintamente che quasi ne gridò, vide nell'interno illuminato della macchina quei due della fotografia, la giovane madre e il suo bambino; e quel che era ancor più straordinario nello stesso atteggiamento e con la stessa espressione. Fu un attimo. Poi la grossa automobile descrisse un semicerchio nella via vuota e si allontanò sotto la pioggia.

Stupefatto, quasi spaventato, Gaspare restò per un istante immobile nel mezzo della strada a guardare la macchina che rimpiccioliva a vista d'occhio nella lontananza piovosa. Poi a un tratto una idea frenetica gli passò per la testa: conoscer quella donna, quella madre. Non esitò tanto, un taxì vuoto passava in quel momento, vi salì:

"Ricca mancia" gridò al conduttore "se mi raggiungi quella automobile laggiù."

Il taxì partì. Rovesciato sopra i cuscini, Gaspare ripeteva dentro di sé: 'Ho visto la Madonna... la Madonna mi è apparsa'. Non avrebbe saputo spiegare il sentimento che provava, forse timore, forse commozione. Gli pareva di esser rimpicciolito di esser tornato bambino, come quando un giorno, dopo aver guardato fissamente, per due ore, in chiesa una statuetta della Vergine, gli era parso a un tratto, per una di quelle allucinazioni che danno le stanchezze infantili, di vederla sorridere, muovere gli occhi, muovere una mano. Ora riprovava lo stesso senso di commossa paura: e se poi fosse stata veramente la Madonna?

Si scosse, guardò la corsa. Ora il taxì, al seguito dell'automobile, saliva su per una strada stretta e oscura, s'inerpicava verso i quartieri alti, dove nelle loro ville circondate da grandi giardini, abitavano soltanto persone tra le più ricche della città. E difatti, ecco, dopo aver percorso un lungo viale alberato, ecco le due macchine, l'una dietro l'altra sbucare in una zona più deserta dalle vie vaste, vuote e male illuminate, disseminata di villini chiari e di cupe vegetazioni. 'Ora li raggiungiamo' egli pensò trepidante senza curarsi della pioggia che dal finestrino aperto gli spruzzava in faccia 'ora li raggiungiamo.' Non aveva alcuna idea di quel che avrebbe fatto se li avesse raggiunti, ma pensava vagamente che una tale persona non l'avrebbe respinto.

Ma contro queste sue previsioni, alla prima voltata, sia che l'automobile inseguita fosse entrata in qualche portone o in uno di quei giardini, sia che veramente, per un miracolo del Cielo si fosse ad un tratto dileguata, certo è che trovarono la strada vuota; "Deve aver preso qualche via traversa" si scusò il conduttore fermando il taxì e voltandosi verso Gaspare "la colpa non è mia, l'ho seguita finché ho potuto... e ora signorino, dove si va?".

Irresoluto, pieno di rammarico, Gaspare guardava la via deserta tutta battuta dalla pioggia; 'È scomparsa' pensava 'dovrò tornare a tutta quella gente...'; gli venne ad un tratto in mente che poteva aver l'indirizzo della giovane madre dal fotografo che l'aveva ritratta.

"Torniamo al luogo dove ti ho preso" ordinò.

Dopo dieci minuti erano daccapo nella strada deserta dove Gaspare aveva veduto per la prima volta l'automobile inseguita allontanarsi sotto la pioggia. Egli pagò, corse all'angolo del palazzo. Qui l'aspettava un'altra sorpresa: c'era la cassetta vetrata, c'erano le tre fotografie, ma nessuna delle tre raffigurava la giovane signora col suo bambino. Stupito, Gaspare guardò a lungo quei ritratti che non lo interessavano, la pioggia lo infradiciava, ma egli non si muoveva: 'È straordinario' pensava.

Poi tornò a casa. Varii pensieri s'incrociavano nella confusione della sua mente; tutto l'accaduto era stato così rapido e inconsueto che ora cominciava a dubitarne e pensava di aver sognato; quell'incontro, quella corsa erano veramente avvenuti, o erano state allucinazioni dovute alla sua febbrile sovreccitazione? non sapeva, e anche il significato dell'apparizione cominciava a sfuggirgli, esattamente come certi sogni di cui dopo un istante dal risveglio ci si accorge di aver perduto per sempre il filo conduttore. Avrebbe voluto rivedere ancora una volta la giovane madre, parlarle, convincersi che esistesse veramente se non come divinità almeno come donna: 'E in fin dei conti cosa significa tutto questo' concluse 'che l'automobile abbia preso una via traversa e che io quella fotografia l'abbia vista altrove che qui... ecco tutto'.

Tra questi dubbi arrivò alla pensione, entrò nel corridoietto buio, pieno di un intollerabile puzzo di cucina. La sua camera era vuota, un vecchio odore di fumo riempiva l'aria. Spalancò la finestra, si avvicinò allo specchio, si guardò. Allora, mentre esaminava la sua faccia pallida e nera di barba alla quale i grossi occhiali cerchiati di tartaruga davano un aspetto famelico e chissà perché studentesco, osservò nel riflesso, là, sotto il paravento uno di quei biglietti da banca che con tanto sdegno aveva gettato in faccia al marito di Andreina.

Lo raccolse: era un buono da cinquecento lire: 'Strano' pensò 'che Davanzo con quegli occhi di lince che ha se lo sia lasciato sfuggire'; poi esitò: doveva renderlo a Martinetti oppure tenerselo per sé? scelse il secondo partito: 'Tanto' pensò cacciandolo nel suo portafogli vuoto 'con la moglie ci sono stato anch'io'; ora la campana della cena risonava nel corridoio. Si lavò le mani e uscì dalla stanza.

(1928)

UNA DOMANDA DI MATRIMONIO

Verso la metà di gennaio, Gino Cattaneo, assicuratore di media importanza, fu costretto, per i suoi affari, a partire da Milano per fare un soggiorno di almeno una quindicina di giorni a R. piccola città medioevale dell'Italia centrale. Sia per la stagione, sia perché alquanto casalingo e amante delle proprie abitudini, un tale viaggio non gli faceva alcun piacere, partì dunque a malincuore; e prevedeva inoltre che le lunghe ore di ozio sarebbero state interminabili a forza di noia e di solitudine. Ma almeno da questo lato ebbe fortuna, che appena arrivato trovò subito gente di conoscenza.

Difatti, dopo aver fissato una camera all'albergo d'Inghilterra, aveva appena mosso i primi passi per il corso che a quell'ora del tramonto, com'è l'uso, nonostante il tempo freddo e piovoso, era discretamente affollato, quando, da quella moltitudine nera e mormorante, in quell'aria bruna, si sentì chiamar per nome; si voltò e vide un militare venirgli incontro, agitando in alto un braccio con un gesto festoso e un po' stupido; era un certo Catapano che il Cattaneo aveva conosciuto in guerra, e che, tuttora tenente, faceva parte della guarnigione stabile di R. Costui gli presentò altri ufficiali suoi amici: dopo molti discorsi venne alfine deciso che avrebbero tutti cenato insieme all'insegna dell'Aquila Nera e sarebbero poi andati ad un ballo di beneficenza che per un caso singolare quanto fortunato doveva aver luogo quella sera stessa nelle sale del circolo locale. Contento e tutto consolato il Cattaneo tornò all'albergo per rassettarsi e cambiare di vestito.

Il circolo, che s'intitolava all'antica accademia degli Incantati, era situato al secondo piano di uno di quei tanti palazzi scrostati e dignitosi del corso. L'assicuratore e gli ufficiali salirono una scala ripida e buia, entrarono per certi usci foderati di panno rosso, dal rumore soffice e angoscioso, e attraverso una fila di camerette tappezzate di stoffa scarlatta e male illuminate, quali adibite al giuoco, quali alla lettura, arrivarono al salone da ballo. Un certo numero di persone già occupavano le sedie allineate contro le pareti, altre ne arrivavano continuamente, si udivano gli usci, laggiù in fondo a quelle quattro o cinque salette, sbattere soffiando e soffiando per l'afflusso frettoloso degli invitati; quanto alla sala, era piuttosto un gran stanzone asimmetrico, dal soffitto basso, così trasandato e disadorno, che al Cattaneo quell'allegria che il vino e i discorsi della cena avevano ispirato, svanì come d'incanto. Per un istante, quei militari ammantellati, con quel solo borghese, stettero immobili sulla soglia guardando: lo stanzone pareva sdrucciolevole come un ponte di nave, il soffitto coi suoi tre piccoli candelabri schiacciava ogni cosa, e laggiù, dalla parete di fondo, un grande specchio rettangolare con certe scritte dorate, regalo di qualche ditta produttrice di vini, pendeva inclinato sulle teste degli invitati, e dava a tutta la sala un suo aspetto sgangherato e fuor di sesto; si udivano gli arpeggi dell'orchestra, si sentiva per l'aria un odore di tempo piovoso, di segatura, di chiuso; alfine quel gruppo si decise e trascinando spade e stivali sull'impiantito, parlando e ridendo forte, andò a sedersi proprio nell'angolo opposto, là, sotto lo specchio oblungo. Dopo un istante la festa cominciò.

Dapprima, come sempre succede in queste circostanze, la danza languì. Poi ad un tratto fu come se una ventata carnevalesca avesse invaso la sala, come se uno stuolo di diavoletti si fosse precipitato a punzecchiare e spronare la gioventù impacciata e un po' indolente che gremiva le sedie: tutti ballarono, lo specchio-reclame riflesse una selva di teste oscillanti, ballò soprattutto il Cattaneo che il tenente Catapano, come si fosse trattato di obbligo suo verso l'amico, presentò giovialmente in giro a tutte le ragazze della sala. La figura dell'assicuratore, alta, dalle spalle un po' ingobbite, dalla testa tonda, quel suo principio di calvizie, quelle sue grosse labbra tumide strette agli angoli, quei suoi occhi un po' a fior di testa, prudenti, furtivi, discreti, lo resero subito simpatico, se non forse alle ballerine, certo alle madri di queste, che accoccolate sui loro scanni contemplarono con compiacimento pieno di speranze quell'uomo serio, dolce, rispettoso, correttamente vestito, che con un passo di danza forse troppo semplice, e senza molto curarsi del ritmo, portava una dopo l'altra in giro per la sala le loro figliuole infagottate e attente. Ci furono molte domande su chi fosse, cosa facesse, donde venisse lo sconosciuto ballerino; "si segga... venga qui..., s'accomodi..." dissero più madri al tenente Catapano che a causa della sua riputazione d'uomo squattrinato era abitualmente tenuto in gran disprezzo da quelle accorte matrone; e tanti commenti finirono naturalmente per arrivare anche alle orecchie dell'assicuratore al quale, ad un certo momento, l'amico tenente disse con un riso malizioso: "Stai attento... ho un vago sospetto che tu abbia a prender moglie a R.".

Di tutti gli ufficiali, uno solo non ballava né prendeva parte alla conversazione, ma rovesciato sopra la sua sedia, colla testa appoggiata contro la parete, fissava gli sguardi neghittosi, annoiati e pieni di un crudele malcontento dei suoi occhi infossati e femminilmente cupi, ora sul soffitto, ora sulla folla dei ballerini. Poteva aver poco più di trent'anni, aveva una statura magnifica e robusta, con un non so che, nello stesso tempo, di morbido e sinuoso; la testa era piccola e lustra, l'orecchio minuscolo e perfetto come quello di una donna, i tratti del volto di una grande finezza ed atteggiati ad una specie di sobrio ed acerbo disprezzo e, alfine, particolare strano in un uomo di tale corporatura, le mani e, soprattutto, i piedi stupivano per la loro esiguità e la loro eleganza. Era stato presentato al Cattaneo col nome di Fausto-Maria Patti e l'assicuratore aveva anche osservato che gli altri ufficiali, tutti in fin dei conti bravi figliuoli, avevano per lui una specie di riguardoso e prudente rispetto. Incuriosito, il Cattaneo si avvantaggiò di un momento nel quale tutti ballavano e alla tavola deserta non erano restati che loro due, per attaccare discorso.

"Non balla, tenente?" gli domandò.

"No, non ballo" rispose l'altro senza staccare gli occhi dal soffitto, e d'altra parte senz'ombra d'insolenza.

"Non balla perché non sa ballare" insistette il Cattaneo con molta prudenza "o perché il ballo non le piace?"

L'altro ebbe un riso corto: "Io non saper ballare" ripeté "io che ho perfino preso dei premi... no" soggiunse dopo un istante "non ballo semplicemente perché non ne ho voglia".

Il più era fatto; dopo alcune altre domande il tenente accondiscese a staccare gli occhi dal soffitto e a mettersi a parlare coll'assicuratore; fu anzi quasi gentile, domandò all'altro se veniva da Milano, e dopo la risposta affermativa di questi, s'informò minutamente sullo stato attuale e sul numero dei locali notturni, tabarins, e altri siffatti luoghi di divertimenti in quella grande città.

"Ma veramente" rispose il Cattaneo che frequentava poco quei posti e, obbligato a destarsi presto per correre al suo ufficio, era solito andare a letto per tempo: "veramente me ne intendo poco..., ce ne sono cinque o sei tra questi, per esempio, l'Alhambra, che fanno certi buoni affari..."

"E il Bal-tic-tac c'è ancora?" domandò l'ufficiale che ora aveva appoggiato i gomiti sopra la tavola e lo guardava.

Il Bal-tic-tac era stato una sala notturna, famigerata per certi suoi scandali, che aveva avuto i suoi massimi e più tristi splendori parecchi anni addietro, cioè verso il 1919; l'assicuratore ne ricordava vagamente l'esistenza, ora non sussisteva neppure più il fabbricato dov'era situato.

"Non c'è più", rispose alfine.

"Ah!" fece il Patti, ed ebbe come un sospiro.

Per qualche istante tacquero ambedue, guardando la folla dei ballerini; poi:

"E a donne qui come state?" domandò il Cattaneo che con un tale personaggio stimava, se non indispensabile, per lo meno opportuno, un tono cinico e scanzonato: "c'è da fare?"

L'altro scosse la testa: "Meglio non parlarne... Del resto qui i più tra noi sono sposati..., quelli che non lo sono... ebbene: o hanno qualche contadinotta... oppure... oppure ne fanno a meno...".

"E con quella ragazza lì..." insistette l'assicuratore continuando a fare il cinico "non quella..., quella lì a destra, vestita di nero, con la madre anche lei vestita di nero..., sì, quella..., c'è qualche cosa da fare?"

Si trattava di una fanciulla che non ballava, e che il Cattaneo aveva già osservato da tempo. Vestiva di nero, con certe maniche trasparenti sulle braccia bianche e sottili, così da lontano pareva alquanto magra e alta, e aveva un volto patito, sparso di una specie di rossore, occhi grandi e oscuri, e un folto tosone di capelli castani e crespi, stretti in un nodo sulla nuca. L'ufficiale la guardò anche lui:

"Quella non si tocca..." disse; e subito parve volere correggersi: "voglio dire che non si lascia toccare...; del resto se vuol conoscerla" soggiunse ad un tratto "gliela presento io..., venga, venga che gliela presento"; e prima ancora che l'assicuratore avesse potuto rispondere, il Patti l'aveva già costretto ad alzarsi, e con quei suoi grandi passi da gigante flessuoso lo trascinava alla tavola di quella ragazza.

Questa li guardò venire senza muoversi, come senza fiatare, fissando un suo bianco sguardo, non si capiva se interrogativo o spaventato sulla persona dell'ufficiale. Il quale, giunto a pochi passi dalla tavola, fece un grande inchino piegando non la testa ma la cintola. Ella lo guardò con una espressione, che pensò il Cattaneo, sembrava domandare: 'perché fai questo?'; ma fu un attimo; poi:

"Signorina Giovanna, permette che le presenti questo mio amico?" disse l'ufficiale con una specie di lievissima insolenza nella voce troppo cortese.

Le due donne si chiamavano Busoni. La madre era una vecchietta magra e un po' sbilenca, dal volto lungo e falsamente bonario, dotata di quella particolarità delle pinzocchere di parlare molto e non dir mai nulla e di nascondere sempre e a tutti i costi dietro una maschera benigna i sentimenti che le agitano. I capelli pochi e unti convergevano in cima a quella testa in un piccolo groviglio, le palpebre gialle, ai due lati del naso a goccia, palpitavano pel grande sforzo che facevano di star sempre basse. Non guardò neppure il Patti, e domandò subito all'assicuratore se a Milano conosceva certo padre Guattani, dal Cattaneo mai sentito nominare.

Ma il Patti non sedette, e, altra stranezza, dopo qualche complimento tornò al gruppo degli ufficiali. Tutta la sera, finché la festa durò, finché le due donne non partirono, l'assicuratore restò a quella tavola; non si poteva forse parlare di quel che i francesi chiamano un '*coup de foudre*' ma certo la ragazza gli piaceva infinitamente. C'era in lei qualche cosa, a un tempo triste, fragile e fermo, che rispondeva del tutto al gusto che aveva il Cattaneo per certe qualità di bontà e di riflessione, anche il suo aspetto fisico, quei capelli secchi e leggeri, quegli occhi profondi, quelle macchie di rossore pudico sopra la pelle troppo bianca, andavano oltremodo a genio all'assicuratore, che, essendosi fatto un'idea relativamente precisa di se stesso, non aspirava alla bellezza assoluta ma cercava piuttosto gli elementi gentili e significativi che più rispondevano al suo limitato ideale. A tratti, però, certe osservazioni non maliziose ma addirittura crudeli proferite con una calma sotterranea, lo sorprendevano sgradevolmente come rivelazioni di una verità più segreta. Per esempio, sentirsi dire da una tale bocca che certa signora della sala era una "donnaccia". Ma erano cose da poco, e il Cattaneo le dimenticò subito e non doveva ricordarsene che molto più tardi. L'orchestra non cessava di suonare, le coppie non si stancavano di girare, stracci e volti se ne andavano a quel ritmo, tra quelle pareti squallide e senza colore con una sciatteria opaca di sogno. Ogni tanto la vecchia madre si scuoteva bruscamente dalla sua immobilità e voleva comunicare al Cattaneo certe sue osservazioni sulla gente e sul ballo; ma invariabilmente si decideva a parlare quando il fracasso era al colmo, così che il Cattaneo non capiva nulla. E in quanto alla fanciulla, per tutta la durata della festa ella restò nella stessa posizione, cioè colle gambe sottili accavallate e le mani riunite sulla borsetta, e mai, neppure una sola volta, pur parlandogli, rivolse gli occhi al Cattaneo.

I giorni che seguirono la festa, furono per il Cattaneo, pieni di quella intensità spietata e triste che fa poi pensare, quando si rivanga nella terra morta dei ricordi: 'ecco... allora ho vissuto...'. Poche ore del giorno gli bastavano per sbrigare i suoi affari, il resto del tempo lo passava con la fanciulla a cui un sentimento confidenziale e protettivo l'andava sempre più legando. Il clima continuava ad essere freddo e piovoso, di passeggiare non poteva essere questione, così il Cattaneo andava a rinchiudersi nella casa delle Busoni subito dopo pranzo, e non usciva che al tramonto. Abitavano le Busoni in un palazzotto che, tutto circondato di casupole e di terreni vaghi, sorgeva in una straducola strapiombante intitolata al Secchio. L'interno di questa dimora era quanto di più inabitabile e trasandato ci potesse essere: le camere vastissime nude e sonore parevano spelonche, i mobili erano tutti di nessun valore e sgangherati, la disposizione dei vani era stata fatta con tale discernimento che, nonostante la grandezza della casa, poche erano le stanze; c'erano insomma per l'aria, più che sudiceria, un disamore remoto, un lasciarsi andare senza speranza, una pigrizia tutta morale che colpirono l'assicuratore fin dalla sua prima visita. Ma d'altra parte la grazia martirizzata e un po' misteriosa della fanciulla non pareva al Cattaneo contrastare, ma anzi acquistare maggiore seduzione e inscrutabilità da una cornice tanto disastrosa.

Il luogo dei convegni era un immenso stanzone disadorno che fungeva da salotto, le pareti erano affumicate in alto dal caminetto che tirava male, attraverso la grande finestra senza tendine, i vetri della quale erano sempre pieni di mosche mezze morte e angosciosamente rissose, si vedeva un tetto di tegole rosse tagliare in diagonale il cielo piovoso. Quei due, l'assicuratore e la fanciulla, sedevano presso il caminetto; nell'angolo opposto, ben fornite di scaldini e tutte intente a certi loro lavori di ricamo, stavano la madre e un'altra vecchietta, una parente povera che abitava in casa, e che, il Cattaneo fece presto ad accorgersene, credeva, in cambio dell'ospitalità, di dover continuamente e non senza una sua comica e zelante impudenza, adulare la sua benefattrice. Quest'ultima che era bigotta, senz'alzare gli occhi dagli uncinetti, e dando ogni tanto uno strattone al gomitolo, non faceva che discorrere di vite di santi, di miracoli, di pettegolezzi di sacristia; l'altra ascoltava con deferenza, e ogni tanto interrompeva con dei "giusto", "dice bene", "ha ragione", "la penso così anch'io". Non si capiva bene se la signora Sofia, ché così si chiamava la madre di Giovanna, fosse o no lusingata da questa specie di cortigianeria; però il giuoco era sempre quello; la benefattrice per esempio diceva: "O ha sentito di quello storpio che pare abbia fatto tanti miracoli laggiù in quel di Napoli? ma sa cosa le dico?... che le son tutte storie... dei meridionali non c'è da fidarsi..."; e l'altra che pure non aveva nulla da rimproverare ai Napoletani, sollecita, infervorata: "Giusto, giustissimo..., dice bene lei signora Sofia...: dei meridionali non c'è da fidarsi..., lo dicevo anch'io proprio l'altro giorno al padre Tommasini...".

Queste diplomazie non parevano sfuggire alla fanciulla; e allora, nel bel mezzo di una conversazione blandamente confidenziale, fatta di domande forse un po' meno che discrete, proferite cogli occhi bassi e giuocando colle nappine della poltrona, e di risposte candide e calme, ecco, si intercalavano quelle frasi crudeli, troppo vere, tristemente spietate, che in tutt'altra persona non avrebbero forse meravigliato l'assicuratore, ma in questa fanciulla, di cui egli si era fatto un'idea tutta soavità e purezza, lo sbigottivano come altrettanti gridi di disperazione.

"Quella vecchietta che sta sempre con mia madre" ella disse per esempio un giorno "è un'ipocrita di prima forza... è cattiva poi... una vera peste..."; oppure: "mia madre crede di essere molto furba e invece è una cretina...; quando mio padre morì eravamo quasi ricche..., ora siamo quasi povere, e mia madre finirà per dare ai monasteri anche quel poco che ci resta...; d'altra parte" soggiunse a questo punto tranquillamente "poiché io non ci penso, è bene che ci pensi lei a salvare, oltre la sua, anche la mia anima..."

Al che l'assicuratore che l'aveva vista pregare in chiesa, inginocchiata e tutta velata di nero, con un fervore pentito e intenso ma nello stesso tempo così sobrio da escludere qualsiasi sospetto di ostentazione o di vanità, domandò: "Ma... ma lei crede in Dio?".

La vide con stupore guardare per un istante fissamente verso la finestra piovosa; poi: "Sì, ci credo" rispose alfine in fretta "certamente che ci credo ma questo non mi impedisce di peccare continuamente...".

'Ma cosa può essere, per una bambina come lei, peccare?' avrebbe voluto ingenuamente domandare il Cattaneo; ma, troppo prudente, si trattenne. Queste e altre frasi simili l'agghiacciavano, e gli facevano dubitare del suo sentimento; ma gli bastava poi guardare a quella nuca bianca ed esile, oppure alla bocca che, chissà per quale spavento o dolore infantile, aveva un continuo e malsicuro tremito agli angoli delle labbra, per risentirsi invadere da un affetto aspro e rattristato, da una passione quale da moltissimi anni non provava più. E finalmente questi sentimenti poterono più di qualsiasi dubbio. Fatti i suoi conti di casa, calcolate tutte le conseguenze di un tale passo, al termine dei suoi quindici giorni il Cattaneo decise di domandare la mano della fanciulla. Nel caso che la sua domanda fosse stata accolta, egli sarebbe partito il giorno stesso per Milano, per informare i parenti, fare i preparativi necessari e sbrigare alcuni affari; e sarebbe poi tornato a R. per rivedere la fidanzata.

Quel giorno pioveva, e all'ultimo momento, all'ansietà che inspirava all'assicuratore quella tale domanda da fare, s'aggiunsero le resipiscenze di un cliente pentito. Questa discussione, e una toletta oltremodo lunga e minuziosa fecero sì che era sull'imbrunire quando il Cattaneo tirò la campana al numero 4 di via del Secchio. Il cuore gli batteva, un'ansietà irragionevole gli stringeva la gola; 'Sarà', gli venne fatto di pensare, guardando alla viuzza che si perdeva nell'ombra piovosa tra due file di casupole, 'ma tutto questo è troppo bello per andare a finir bene'. Entrò, posò l'ombrello e il pastrano nell'anticamera, passò nello stanzone-salotto, udì dapprima parlottare senza vedere alcuno, poi scoprì proprio là, dietro la porta, le due vecchie che alla luce fiacca e gialla di una loro lampada a petrolio continuavano a lavorare.

"Com'è così tardi?" fece la signora Sofia senza alzare gli occhi "lei cerca di Giovanna... è salita un momento: verrà subito giù..."

Il Cattaneo si avvicinò di qualche passo: "Vorrei parlarle" disse in un soffio.

La vecchia alzò alfine gli occhi: "Parlare a me?" ripeté senza meraviglia, "s'accomodi... non là, quella poltrona ha le molle rotte... qui...: cosa ha da dirmi di bello?".

L'assicuratore che si era seduto aveva avuto il tempo di rinfrancarsi:

"Veramente..." incominciò guardando nella direzione dell'altra vecchia, la povera, che zitta e muta s'era fatta, nella sua poltrona di vimini, ancor più piccina di quel che già fosse, come per dare a vedere che non avrebbe recato alcun disturbo; "veramente..."

La signora Sofia capì alfine: "Oh, se è per questo" disse "parli pure... mia cugina ed io siamo tutta una stessa cosa...; è come se si fosse soli".

L'altra si svegliò: "Giusto" approvò guardando tutta risentita il Cattaneo "è quel che penso anch'io; noi due si fa una sola persona... dice bene la signora Sofia...".

"In tal caso" proseguì il Cattaneo un po' sconcertato "non mi resta che parlare...; ecco qui... sono venuto per chiederle la mano di sua figlia."

Il più era fatto. Egli guardò la vecchia, nessuna meraviglia era sul giallo volto illuminato, dalle grinze che serpeggiavano in giù come quelle di un sacchetto sgonfio. "Bisognerà sentire cosa ne dice Giovanna" proferì alfine senza alzare le palpebre; "e non ha proprio altro da dirmi?"

Quel che dava più fastidio al Cattaneo era la vecchietta cugina che ora, lasciata da parte ogni prudenza, con quel suo volto di mela vizza vivamente illuminato, appoggiato sopra una mano, fissava su di lui due occhi spiritati, pieni di una curiosità infernale. Ma vinse anche questo impaccio e con voce pacata d'uomo d'affari fornì quelle informazioni che gli sembravano utili: 60.000 lire di guadagno all'anno, buona posizione, buona famiglia, salute ottima...

Dopo che ebbe finito di parlare, ci fu un istante di silenzio. Poi la signora Sofia posò il lavoro, e, per la prima volta dacché lo conosceva, gli piantò addosso con risolutezza quei suoi occhi sempre bassi:

"È religioso lei?" gli domandò: "è un buon cattolico?"

"Ma sì..., certo..." rispose il Cattaneo un po' impacciato.

"E... figli ne vorrebbe?" domandò ancora la vecchia.

"Ah... quelli sì..." disse l'assicuratore senza esitare.

La signora Sofia parve un istante meditare, poi sospirò, alfine posò il lavoro e con una specie di fretta pensierosa e stizzita, fattasi sulla porta gridò alla figlia di scendere.

"C'è qui il signor Cattaneo che mi ha chiesto la tua mano" disse alla fanciulla appena la figura esile di lei si fu affacciata dall'oscurità della porta; "dice che vuole sposarti...; senti un po' tu..."

La ragazza sedette. Con voce malsicura, ché ora, per la presenza di lei, tutta l'emozione del primo momento gli era tornata, l'assicuratore ripeté la sua domanda, e ridiede tutte le informazioni. Egli parlava, e senza mai guardarlo, né interromperlo, la fanciulla volgeva verso la lampada un volto non si capiva se trasognato o pensoso: gli occhi erano spalancati fissi e tristi, la bocca non cessava di modificare l'atteggiamento delle labbra, ma quando il Cattaneo ebbe finito, fu con una specie di calore volenteroso che ella lo ringraziò, e gli disse che in linea di massima accettava; "ci sono forse due o tre difficoltà da appianare", concluse con tranquillità "ma sono cose da poco... e domani potremo essere del tutto sicuri...".

Dopo di che, la signora Sofia decise, e la vecchia cugina fervidamente approvò, che il Cattaneo per quella sera sarebbe restato a cena. La camera da pranzo era uno stanzone press'a poco altrettanto buio e squallido che il salotto, la cena fu improvvisata e cattiva, tutto andò come se niente di straordinario fosse successo, ci furono i soliti discorsi della vecchia sulle vite dei santi, sui fatti della parrocchia, sui miracoli, le solite imperterrite approvazioni della cugina. Sola novità tra tante abitudini fu, per il Cattaneo, un sorriso tra timido e mesto che ogni qual volta egli la guardava, la fanciulla credeva di dover rivolgergli. Era come se ella avesse voluto scusarsi di qualche cosa, ma, nonostante tutto il suo amore, pur mettendolo sopra un tutt'altro piano, il Cattaneo non poté fare a meno di paragonare quel sorriso, chissà perché, alle continue e non richieste approvazioni della vecchia cugina. D'altra parte, però, gli pareva d'essere quasi felice, mille pensieri mulinavano nella sua mente eccitata e stanca, solo tormento era avere la fanciulla così vicina e non saper parlare, non sapere esprimere tutti i confusi sentimenti che gli premevano l'anima.

La cena finì come era cominciata. Dopo la cena, ci furono alcune considerazioni della signora Sofia sui matrimoni d'oggi e quelli di ieri, la cugina colse la palla al balzo per fare un elogio nostalgico del padre di Giovanna, e fu tutto. Il Cattaneo restò ancora una mezz'oretta, e poi si congedò. La fanciulla l'accompagnò alla porta; sulla soglia accomiatandosi, egli le prese la mano e la baciò: vide la ragazza torcersi un poco e arrossire tutta, e credette che fosse di pudore. Poi la porta si chiuse ed egli fu solo.

Pioveva fitto e silenzioso, un'oscurità nera empiva la straducola, dove c'era la poca luce di un fanale, si vedevano luccicare ed occhieggiare in terra una quantità di pozze e di rigagnoli. Facendo un passo avanti e due indietro, il Cattaneo s'inerpicò su per la viuzza, attraversò la piazza dove il palazzo della Signoria, la cattedrale e gli altri monumenti scomparivano con tutte le loro facciate nella nera notte superiore, risalì il corso fino al caffè principale. Questo risplendeva di una luce gialla e ospitale; per un istante il Cattaneo guardò attraverso i vetri, domandandosi se doveva entrare o no: l'interno del caffè era semivuoto, c'erano i soliti giuocatori di scacchi o di dama, i soliti ufficiali intorno alla tavola carica di bicchieri, ma, e in quel momento egli non seppe spiegarsi perché osservasse proprio questo particolare, il Patti non c'era. Risolse alfine di andare a dormire e proseguì così fino al suo albergo. Ma quando fu nella camera, cambiò idea, non si spogliò; e seduto sulla sponda del letto, incominciò a meditare.

Ogni dubbio, ogni sospetto erano ormai sfumati; se ripensava a quel che aveva fatto, era soltanto per compiacersi in quel flusso e riflusso del sentimento che tanto rassomiglia una dolce marea, e per accarezzare le immaginazioni piene di speranza che gli avvenimenti di quei giorni avevano finito per inspirargli; 'la provincia l'ha un po' intristita', pensò ad un certo momento, 'ma ora, appena l'avrò portata a Milano, ridiventerà un fiore..., le farò conoscere tutti i miei amici, la porterò a teatro, al cinematografo, le comprerò dei bei vestiti, in modo che non sfiguri accanto a nessuno..., comprerò anche una piccola automobile..., d'inverno mia moglie darà i suoi ricevimenti..., avremo un appartamento... sarebbe meglio un villino, ma come fare? o sono brutti o sono troppo grandi...; d'estate andremo al mare o in montagna... e quando ci saranno i bambini...'; seduto sul letto, assorto, l'assicuratore non si stancava di immaginare quei giorni futuri. Come una macchina da cucire che non cessi mai il suo andare, la fantasia gli saltava frenetica da un'estremità all'altra di questa sua trama; ogni prudenza, in lui di solito così prudente, pareva scomparsa.

Queste e altre simili sue fantasticaggini lo portarono molto in là nella notte. Dovevano essere almeno l'una o le due del mattino quando, destato di soprassalto dall'alterco di due voci nella stanza accanto, s'accorse d'essersi addormentato, vestito com'era, là, sulla sponda del letto. La stanza attigua era quella del tenente Patti, una porta la divideva dalla sua; non ci avrebbe dato importanza e sarebbe andato a dormire, se ad un tratto, così nettamente che il respiro gli mancò, non avesse riconosciuta in una delle due voci, quella di Giovanna.

Fu per lui come se la stanza si fosse ad un tratto tutta rabbuiata. Per un istante, restò immobile guardando fissamente alla porta; il fatto che ella fosse a quell'ora nella camera del Patti gli bastava. "Non c'è dunque più innocenza a questo mondo?" si sorprese a mormorare. Poi una specie di risolutezza l'invase, s'avvicinò alla porta deciso di riuscire a tutti i costi a vedere cosa mai succedesse in quella stanza.

Con sua meraviglia, s'accorse che l'uscio non era fissato, ma soltanto inchiavato, e che la chiave era dalla sua parte. Gli bastò così girare la chiave, e pian piano aprire la porta; per non dar nell'occhio spense la luce nella sua stanza; tutte queste operazioni gli inspiravano un turbamento, un'eccitazione straordinari e quasi libidinosi, come se non avesse voluto spiare per risentimento, ma per un suo gusto malsano e scomposto; poi guardò.

Una sola lampada posata presso il capezzale illuminava la stanza del Patti; si riconosceva la stanza di un militare, colle sue tuniche appese, il suo mantello, i suoi stivali. Il Patti non si vedeva, doveva essere in piedi; là, presso la porta seduta di sghembo sulla sponda del letto, il Cattaneo vide la fanciulla.

Indossava un soprabitino dal bavero di pelliccia, non aveva cappello, doveva essere arrivata proprio in quel momento, l'ombrello bagnato stava appoggiato contro la poltrona a piè del letto; guardava, come smarrita, in direzione del Patti invisibile. Poi la voce di quest'ultimo parlò:

"Una bella imprudenza" disse "venire qui, a quest'ora... e tutto questo perché un imbecille di assicuratore s'è messo in testa di sposarti...; ebbene si dice no, soltanto no, e non si disturba la gente a un'ora dopo mezzanotte."

La voce era malcontenta, il Patti fece qualche passo, e ad un tratto fu completamente nel raggio visuale del Cattaneo; era senza tunica, aveva i calzoni e gli stivali, un largo cinturone gli stringeva la vita snella; il torso avvolto nella sola camicia, così controluce, era quello di un gigante.

Ci fu un istante di silenzio; poi la fanciulla parlò: "Ma Tino" ella disse quasi supplichevole "non essere così duro con me, debbo dare la risposta definitiva domattina..., sono venuta per chiederti il tuo consenso... si tratta..." ella soggiunse abbassando gli occhi "della mia felicità...".

"Il mio consenso?... cosa te ne fai del mio consenso?" brontolò l'ufficiale andando verso la finestra: "lo ami forse quell'uomo?"

"No" ella incominciò "ma..."

"Aspetta... non lo ami dunque... e sai anche che è uno sciocco, un imbecille, non è vero?... lo sai eh?..."

"Lo so" ella ammise con una naturalezza che andò dritta al cuore del Cattaneo là dietro la porta "ma in compenso è quello che non sei tu... è buono..., e poi è un uomo sicuro."

"Lo tradirai" disse l'ufficiale fermandosi e guardando la ragazza, "puoi star sicura che lo tradirai..."

"Non lo tradirò" ella rispose con una fermezza rassegnata: "perché dovrei tradirlo, Tino?... non ho più nulla da perdere e ho tutto da guadagnare."

L'ufficiale ebbe un gran scoppio di risa sarcastiche: "Ah... tu sposata a quell'uomo! ti ci vedo!" ripeté "ti ci vedo!". Poi bruscamente avvenne un fatto inaspettato, tutta quella durezza probabilmente non nascondeva che una furiosa disperazione, il Cattaneo vide quel grande corpo piegare ad un tratto le gambe e cadere in ginocchio davanti la fanciulla:

"Non mi lasciare..." disse il Patti con una voce molto diversa da quella di prima, premendo la fronte contro quelle gambe: "lo sai bene che non ho che te..."

Con uno stupore rabbioso l'assicuratore, dal suo

nascondiglio, vide la fanciulla stendere quella stessa mano che accomiatandosi le aveva baciato e accarezzare la testa china dell'uomo: "E cosa faresti" ella domandò con una tenerezza altrettanto improvvisa quanto brusca era stata la disperazione del suo compagno, "cosa faresti se ti lasciassi veramente?...".

Ci fu un lungo silenzio: "Lo sai bene" disse alfine a bassa voce, come vergognoso il Patti, che ora, senza muoversi dalla sua difficile posizione, aveva preso la mano della ragazza e se la passava pian piano sulla guancia, "lo sai meglio di me...".

Il Patti continuava a lamentarsi e a supplicare, guardando fissamente la lampada con quei suoi occhi tristi e trasognati, la fanciulla pareva meditare, e intanto continuava ad accarezzare l'inginocchiato...; finalmente parve al Cattaneo di aver visto abbastanza; si tirò indietro e chiuse la porta.

Tutta la notte egli vegliò senza mai riuscire a prender sonno. Al dispiacere s'aggiungevano le ferite fatte al suo amor proprio dalle ingiurie del Patti e dall'indifferenza della fanciulla. Avrebbe voluto andar dal tenente, gridargli: 'ah io sono un imbecille... e lei... lei di grazia cos'è? Io lavoro, guadagno... ma lei, cosa fa?...'. Tra questi pensieri rabbiosi e tristi, la mente gli andava ogni tanto a quei due: 'io sono qui...', pensava, 'e intanto quei due..., lei e il suo ufficiale, chissà cosa fanno, proprio qui vicino, a un passo da me...'. Avrebbe voluto andare di nuovo a spiare, oppure buttare all'aria le coperte e irrompere in quella stanza...; ma seppe vincere tutte queste tentazioni. Pareva che quelle ore non dovessero mai passare, ma finalmente un po' di luce cominciò a trapelare tra le imposte malchiuse ed egli udì qualcheduno, là, di fuori, nel corridoio, spazzare negli angoli: era l'alba. Al rumore lontano e familiare di quella granata che una serva mattutina menava con vigore sul pavimento, gli riuscì alfine di addormentarsi.

Venne destato che era ormai giorno pieno da un cameriere che portava una lettera. Era stata scritta, quella missiva, dalla signora Sofia, la quale, in uno stile concettoso e senza troppi riguardi, gli diceva che era meglio lasciare stare quella idea del matrimonio, e questo per un monte di ragioni, principale fra tutte che sua figlia non si sentiva di amarlo. E c'era anche un poscritto: 'Sono completamente d'accordo con mia madre. Giovanna Busoni'.

S'è detto che il Cattaneo era buono; ma non era temerario, né, in un certo senso, generoso; dipoi egli si rimproverò spesso di non avere insistito, di non avere almeno tentato di rivedere la fanciulla; ma quel mattino il collasso era stato troppo forte, non rifiatò, non si diede neppure il tempo di pensarci, fece le valigie e partì.

Qualche anno dopo, avvenne al Cattaneo di passare in viaggio, di notte, per la stazione di una piccola città della pianura padana. Poiché era stato fino allora seduto, l'assicuratore uscì dallo scompartimento e si affacciò al finestrino. Era una stazione come ce ne sono tante, colle sue tettoie, la sua fila di lumi, i suoi marciapiedi deserti. Allora, poiché i suoi sguardi passavano da destra a sinistra, s'incontrarono, là sul selciato illuminato, in due piedi evidentemente maschili, ma di una piccolezza, d'una perfezione tali da far meravigliare. Delle scarpe un po' sdrucite calzavano quei piedi che in un certo senso affascinavano l'assicuratore: 'Dove ho già visto dei piedi simili', egli si domandò, 'dove li ho già visti... ah ma non possono essere che i piedi di quel tenente... come si chiamava?... che ho conosciuto a R...'. Levò gli occhi su per la persona e riconobbe il Patti. Stesso sguardo cupo, malcontento, femminilmente torbido, stessa espressione di disprezzo; ma il vestito era mutato, il Patti doveva essere qualche cosa come ispettore ferroviario o sorvegliante e teneva pendente dalla mano una sua lanterna accesa. Per più di un minuto l'assicuratore lo guardò, tutti i ricordi di quella sola avventura della sua vita gli tornarono, gli parve ad un tratto di rivedere il volto un po' patito, dagli occhi profondi, circondato da capelli leggeri e crespi e chiazzato sulla pelle delicata di macchie di rossore; poi un campanello incominciò a suonare, e dal fondo stesso della sua anima gli salì questo pensiero preciso: 'Certo è morta, se no egli non sarebbe qui'. Gli venne ad un tratto un gran desiderio di parlare, di far dei segni al Patti che ora dava degli ordini a un piccolo manovale tutto sporco di carbone. Ma ecco, sbucato dalla notte fredda della stazione, ecco affrettarsi lungo il treno, chiudendo uno dopo l'altro gli sportelli, un ferroviere selvaggio e nero come il diavolo, dalla voce impaziente e funebre: "In carrozza, signori..., in carrozza... si parte...". Il treno si mosse, incominciò ad uscire dalla stazione. L'assicuratore vide il Patti guardare un istante davanti a sé, poi allontanarsi tra due file di colonnine di cemento armato, dondolando la sua lanterna, e alfine scomparire. Il treno cominciò a correre.

(1929)

INVERNO DI MALATO

Di solito quando nevicava o pioveva, e sospesa la cura del sole i due malati avevano da trascorrere intere giornate l'uno a fianco dell'altro, nella cameretta, il Brambilla per passare il tempo si divertiva a tormentare il suo compagno più giovane, Girolamo. Il ragazzo era di famiglia una volta ricca e ora impoverita e il Brambilla, viaggiatore di commercio e figlio di un capomastro, l'aveva a poco a poco convinto in otto mesi di convivenza forzata che un'origine borghese o comunque non popolare fosse poco meno che un disonore.

"Non sono mica un signorino io", diceva per esempio sollevandosi sul letto e guardando con un disprezzo ben recitato, con quei suoi occhi cilestri e falsi, il ragazzo mortificato; "non sono mica stato tirato su nell'ovatta io... a quindici anni già nei cantieri e mai un soldo in tasca e mio padre non era un fannullone..., non possedeva nulla mio padre..., ma scarpe grosse e cervello fino... Venne a Milano che era muratore e ora ha una ditta bene avviata... s'è fatto da sé mio padre...: cosa abbiamo da rispondere a tutto questo... Fatti ci vogliono, fatti e non parole..."

Col torso fuor delle coltri, appoggiato sopra un gomito, il ragazzo fissava quei suoi occhi sofferenti sull'uomo, la finzione gli sfuggiva, era profondamente umiliato.

"Ma che colpa ha mio padre se è nato ricco?" domandava con una voce tremante dove si tradiva una esasperazione antica.

"Colpevolissimo", rispondeva il Brambilla nascondendo un mezzo sorriso di crudele divertimento: "colpevolissimo...; anch'io sono nato per lo meno benestante, ma non un sol momento ho pensato di campare alle spalle di mio padre... Lavoro io!"

Convinto di aver torto, Girolamo non trovava nulla da rispondere e taceva; ma il Brambilla non per questo si placava, e dopo il padre passava a beffarsi della sorella del ragazzo. Nei primi tempi Girolamo aveva commesso l'imprudenza di mostrare al suo compagno una fotografia di sua sorella, graziosa fanciulla poco più che ventenne; ne era fiero di questa sorella elegante, maggiore di lui, e credeva, mostrandola al Brambilla, di esserne, in certo senso, accresciuto nella stima dell'uomo. Ma questo ingenuo calcolo dovette subito avverarsi sbagliato.

"E così?" domandava ogni tanto il viaggiatore di commercio, "come va la sorellina?... con chi fa all'amore in questo momento?..."

"Ma... non credo che mia sorella faccia all'amore", opponeva Girolamo troppo intimidito per protestare con sicurezza.

L'altro scoppiava a ridere:

"Eh... che razza di storie mi viene a raccontare...; ad un altro la vada a contare, non a me...: hanno tutte l'amante le ragazze come sua sorella..."

Una grande indignazione covava nell'animo del ragazzo: 'Mia sorella non ha amanti...' avrebbe voluto gridare; ma tale era la sicurezza dell'uomo, così persuasiva l'atmosfera di umiliazione nella quale da otto mesi era immerso, che quasi dubitava della sua memoria; 'e se poi avesse veramente un amante?' si domandava.

"Hanno tutte un amante le ragazze come sua sorella", continuava il Brambilla, "tengono gli occhi bassi, sono tutte contegnose, fanno le santarelle, ma appena papà e mammà hanno voltato le spalle, corrono dall'amante... eh vada là... sono anzi sicuro che sua sorella è una di quelle che si fanno meno pregare... con quegli occhi, quella bocca! certo va nelle garçonnières sua sorella!"

"Perché parlare così di una persona che non si conosce?" protestava allora Girolamo.

"Perché?" rispondeva il Brambilla, "ma perché è vero... Io, per esempio, una ragazza come sua sorella non la sposerei neppure per tutto l'oro del mondo...; non si sposano le ragazze come sua sorella!"

Senza pensare all'assurdità di queste affermazioni, Girolamo si sentiva molto umiliato dall'ipotetico disprezzo del commesso viaggiatore, e spingeva una viltà non del tutto incosciente fino al punto di dire:

"Ma in compenso mia sorella le porterebbe la sua bellezza e la sua intelligenza."

"Che m'importa", lo interrompeva il Brambilla, "no... no, moglie e buoi dei paesi tuoi..."

Il ragazzo subiva queste umiliazioni senza quasi risentirle, a tal punto era immerso nella deprimente atmosfera del sanatorio. A queste crudeltà il Brambilla aggiungeva un despotismo rallegrato e compiaciuto, al quale, del resto, Girolamo si sottoponeva con una buona volontà che era il risultato di una psicologia completamente traviata dalla malattia e dall'abbandono: oppresso dagli altri Girolamo si riconosceva colpevole e volontariamente si univa al gruppo dei suoi oppressori. Gli succedeva in tal modo di provocare i sarcasmi del suo compagno con frasi volutamente ingenue e goffe; non era raro che egli stesso cominciasse a parlar della sua famiglia per il gusto non piacevole di vedersela bistrattare dal commesso viaggiatore; oppure ostentava le sue manie di ragazzo ricco e viziato, inventava magari frivolezze mai conosciute, sicuro di provocare subito un'eco docile nell'ironia del Brambilla. Quest'ultimo, d'altra parte, non indovinava mai queste tristi malizie e abboccava immancabilmente all'amo. Il repertorio dei tormenti, in un clima tanto favorevole, era diventato ben presto assai vario; uno dei procedimenti più usati dal Brambilla era quello di attirare sulla persona del ragazzo, la familiarità e il disprezzo dei subordinati, infermieri o camerieri; entrava per esempio Joseph, un robusto austriaco, infermiere patentato, col quale il Brambilla era in ottimi rapporti:

"Ebbene, si figuri, Joseph", gli diceva il commesso viaggiatore, "il signor Girolamo vuole per forza che io sposi sua sorella... Cosa ne dice lei, Joseph?"

"Dipende, signor Brambilla", rispondeva l'ottuso austriaco ridendo d'intesa.

"Che ci sia qualcosa sotto?", continuava l'altro: "la signorina avrà commesso qualche peccatuccio, è incinta, e la mi si vuole appiccicare... Questi borghesi sono terribili...: cosa ne pensa lei, Joseph?"

"Eh, certo il signor Girolamo avrà le sue ragioni" rispondeva ridacchiando l'infermiere che senza gli incoraggiamenti del Brambilla non avrebbe mai osato prendersi beffa di un malato: "Non si dà niente per niente."

"Ma non ho mai detto questo", protestava a questo punto Girolamo.

"Eh vada là... non fa che parlarmene tutto il santo giorno e decantarmene le bellezze... Joseph, dica un po' lei... Cosa penserebbe lei al mio posto?"

"Eh signor Brambilla..., certo penserei molte cose."

"Ma lei non l'ha vista la donna che mi si vuol far sposare", diceva a questo punto il Brambilla; e poi rivolto a Girolamo: "Faccia vedere quella fotografia di sua sorella a Joseph..., su... la tiri fuori."

Il ragazzo esitava: "non so dov'è...", incominciava; al che Brambilla: "su non faccia l'imbecille..., perché Joseph non è un borghese come lei, lei si crede in diritto di disprezzarlo... ma sa lei che Joseph val mille volte più di lei?".

"Non ho mai pensato a disprezzare Joseph", protestava il ragazzo; e a malincuore tendeva il ritratto della sorella all'infermiere; questi lo prendeva con le sue grosse mani rosse e callose.

"Ebbene, cosa ne pensa, Joseph?" domandava il Brambilla: "crede che meriti un marito come me? Non le pare che sia piuttosto una di quelle ragazze con le quali... ehm! non so se mi spiego... ma che non si sposano?"

Era chiaro che l'infermiere nonostante tali incoraggiamenti esitava ad assumere nei riguardi del ragazzo quegli atteggiamenti ingiuriosi che il Brambilla desiderava; guardava Girolamo, il commesso viaggiatore, poi finalmente vincendo la più naturale tendenza al rispetto: "una bella signorina, signor Brambilla", rispondeva, "ma forse lei ha ragione... forse non sarà necessario sposarla...".

Queste familiarità riuscivano odiose al ragazzo, pure non era senza una certa civetteria, un certo esagerato pregare che egli chiedeva che gli venisse resa la fotografia:

"E ora che l'ha guardata," pregava, "per piacere, signor Joseph, sia buono, mi renda la fotografia..."

Egli sapeva che in questo modo metteva se stesso e la sorella in quelle grosse mani dell'infermiere, ma gli pareva con questa commedia della preghiera, di vendicarsi delle umiliazioni che quei due gli infliggevano, umiliandosi a sua volta, spontaneamente, e in maniera ancor più crudele; il commesso e l'infermiere non scorgevano quanto di frivolo e falso fosse in queste ardenti suppliche; ci vedevano piuttosto una debolezza di adolescente delicato e viziato.

"Debbo rendergliela, signor Brambilla?" domandava l'austriaco sorridendo.

"Sì... me la ridia...", supplicava Girolamo.

"Gliela dia... gliela dia", interveniva a questo punto il commesso viaggiatore, "non sappiamo cosa farcene noi di sua sorella... abbiamo di meglio... Glielo dica lei, Joseph, che abbiamo di meglio..."

Questi giuochi mentre non erano per il Brambilla che un passatempo qualsiasi, affondavano invece Girolamo, ogni giorno di più, in una nera atmosfera di umiliazione e di sofferenza. E d'altra parte così serrato era da parte sua l'impegno, così perdutamente egli aderiva a queste realtà, che se qualcheduno gli avesse allora domandato se soffriva, probabilmente avrebbe risposto di no; gli mancavano, per capire in quale miseria fosse mai ormai caduto, dei termini di confronto, la visione esatta di quel che avrebbe dovuto essere la sua vita di ragazzo tra i coetanei e in famiglia; abituatosi per trapassi quasi insensibili ad un'aria irrespirabile, ad una umiliazione ininterrotta, ad una assoluta mancanza di quelle attenzioni che prima, in famiglia, gli venivano prodigate, credeva di vivere normalmente, di essere lo stesso Girolamo di otto mesi prima. Ma l'artificiosità di questo suo stato d'animo si rivelava in certe sùbite esasperazioni, in certe crisi di pianto, che lo prendevano sopratutto di notte mentre il Brambilla dormiva. Allora, sotto le coltri, cogli occhi pieni di lagrime, gli succedeva di desiderare acutamente le lontanissime carezze materne, o per uno di quei pentimenti che mostrano l'inesistenza dei delitti di cui ci si pente, di chiedere a bassa voce perdono a sua sorella per tutte quelle sue compiacenti viltà della giornata; poi, stanco, penetrava lentamente in quella specie di nera galleria sotterranea, che era il suo sonno di malato. Neppure però il sonno gli dava pace, il suo letargo era popolato di sogni, gli pareva talvolta di piangere, di stare in ginocchi, di supplicare il Brambilla di perdonargli non sapeva quale misfatto; ma il Brambilla era implacabile e già lo spingeva riluttante e frenetico verso un misterioso supplizio, e inutilmente egli prometteva di essere docile, di piegarsi a qualsiasi bassezza, di essere obbediente, quando qualche cosa di cupo travolgeva loro due e il sogno; nel cuor della notte egli si destava, tremava per tutto il corpo, aveva la fronte bagnata di sudore. Ma poi si accorgeva che quel che l'aveva svegliato era la caduta pesante di un cumulo di neve fresca dal tetto del sanatorio sopra la terrazza e ben presto tornava ad addormentarsi.

Al principio di gennaio nevicò parecchi giorni di seguito. Chiusi nella loro stanza i due malati potevano vedere, di fuori, la neve cadere, formicolante e appena diagonale e così lenta che a guardarla con attenzione la vista finiva per ingannarsi e pareva che quel monotono turbinio piuttosto che cadere, salisse dalla terra verso il cielo. Dietro questa cortina opaca, quei fantasmi grigi e costernati erano gli abeti della foresta vicinissima, il gran silenzio che giungeva dall'esterno dava un'idea della fittezza e dell'estensione della nevicata. Ma se la neve per gli abitatori dei grandi alberghi giù a valle era gioia, spettacolo pittoresco, promessa di campi vergini per gli sci, per i malati era piuttosto quel che può essere una mareggiata per i pescatori, un fatto noioso, un'interruzione sgradita, un ritardo alla guarigione; e nella stanza tutta ingombra dei due letti, dove la luce era accesa fin dal mattino e l'aria viziata della notte non se ne andava mai completamente, le ore passavano interminabili.

Il Brambilla, quando s'era stancato di canzonare Girolamo, di solito cominciava a narrare le sue avventure amorose. Nonostante incarnasse nell'aspetto fisico, coi suoi capelli biondi, i suoi occhi celesti e falsi, la sua faccia accesa, il perfetto tipo del commesso viaggiatore, pure, per un'illusione più che comune, si riteneva un irresistibile seduttore. Per Girolamo poco più che diciassettenne e di tali faccende del tutto ignorante, questo era un mondo completamente nuovo; così non dubitava di nulla, era tutto orecchi, e se il commesso viaggiatore gli avesse confidato di essere stato l'amante di una principessa, l'avrebbe senz'altro creduto. Del resto, con ogni probabilità, le storie del Brambilla, almeno nel complesso, erano vere; si trattava quasi sempre di cameriere afferrate per i fianchi mentre rifacevano un letto, o di sartine portate a cena, poi al cinematografo e alfine in qualche albergo, oppure più semplicemente di donne fermate in strada e abbandonate dopo due ore. Quel che invece certo non era vero, era la bellezza di queste donne, la passione che il Brambilla sapeva loro inspirare, e il disprezzo col quale le trattava. Ma come s'è detto, Girolamo credeva tutto, la sua ammirazione per il commesso cresceva sempre più, segretamente gli invidiava quelle fortune, il Brambilla era ormai per lui il tipo ideale al quale con ogni sforzo egli doveva tendere a rassomigliare.

Qualche volta, durante queste narrazioni, entrava Joseph, appena uscito dalla camera delle operazioni, con le maniche rimboccate sopra le braccia nerborute, le mani sporche di gesso, e le forbici per tagliare gli apparecchi ortopedici pendenti fuor della tasca del càmice; s'appoggiava alla ringhiera del letto del Brambilla e stava lì dieci minuti, un quarto d'ora, ascoltando, ogni tanto ridacchiando, spesso aggiungendoci del suo. Anzi un giorno, poiché il Brambilla ebbe finito, l'infermiere si voltò verso il ragazzo e disse:

"E lei, signor Girolamo, quando ci racconterà le sue avventure amorose?"

Sarebbe stato molto facile per il ragazzo dire la verità: 'non ho mai avuto alcuna avventura', ma la vergogna di rivelare una tale deficienza, la paura di essere canzonato dal suo sarcastico compagno di stanza, gli impedirono una sincerità che gli pareva disonorevole, e gli inspirarono un atteggiamento misterioso e reticente che poteva lasciar supporre chissà quali sfrenati libertinaggi.

"Le mie avventure?" rispose arrossendo e non senza una specie di civetteria, "non sono da raccontare le mie avventure."

Il Brambilla appoggiato sopra il gomito lo guardava fissamente: "Non faccia l'imbecille", proruppe alfine con irritazione, "che avventure vuole avere avuto?... giusto con la balia quando era in fasce..., ma se è appena nato..., ma mi faccia il piacere...; e poi con quella faccia lì..., con quella faccia lì".

"Perché?" protestò debolmente il ragazzo: "non crede che sia possibile che qualcun altro oltre lei possa avere delle avventure?"

"Chi glielo dice?" rispose l'altro: "per esempio, non dubito che Joseph abbia avuto anche più avventure di me... Non è vero, Joseph? glielo dica lei quel che ci vuole per certe malate", e il Brambilla ammiccava all'infermiere che tra confuso e goffo rideva; "ma lei no..., lei non è una persona seria come Joseph... Quando lei con quella faccia lì dice che ha avuto delle avventure fa ridere anche i polli...; dica lei, Joseph, che avventure può avere avuto un signor Girolamo?"

L'infermiere che nonostante gli adescamenti s'era fin'allora limitato a delle prudenti ironie, questa volta non resistette ad una così facile tentazione:

"Lei, signor Brambilla" disse sorridendo, "ha dimenticato che il signor Girolamo ha conquistato il cuore della signorina Polly."

Era, questa della signorina Polly, una delle più abusate canzonature del Brambilla. La signorina Polly era una ragazzetta inglese di poco più di tredici anni, malata alla colonna vertebrale e ricoverata in prima classe dove ogni degente era solo nella sua stanza. Girolamo aveva conosciuto questa bambina per via della madre, che desiderosa di distrarre sua figlia aveva stimato che il ragazzo, sia per l'età, sia per l'origine familiare, fosse il compagno più conveniente alla giovanissima inferma; e tale era la scarsità dei divertimenti nel sanatorio, che Girolamo, nonostante la differenza d'età, aveva finito per prendere gusto a queste visite e per aspettare quasi con ansietà i giorni fissati per gli incontri. Uscire non senza difficoltà dalla sua stanza, percorrere, sia pure dentro il suo letto, i corridoi oscuri del sanatorio, scendere fino al primo piano in quell'ascensore piacevolmente lento e angoscioso, fare un ingresso quasi trionfale in quell'altra stanza tanto più spaziosa della sua e dove tutte le cose, i fiori nei vasi, le fotografie, i libri, la carta delle pareti, persino la luce, per essergli nuove e inconsuete gli parevano festive e immeritate; tutto questo, benché non se lo confessasse, era per il ragazzo un godimento certo altrettanto intenso che quello che può provare un recluso movendo i primi passi fuori della sua prigione. Senonché, ad un certo punto arrivò il Brambilla e tutto cambiò: bastarono poche canzonature, poche frasi come, per esempio: "oggi il signor Girolamo scende all'asilo", per far cessare questo innocente piacere. Girolamo si vergognò di questa sua amicizia, non trovò più alcun divertimento in quei giochi, in quelle conversazioni quasi puerili, e fu soltanto per un riguardo verso la madre della ragazzetta che non cessò affatto le sue visite.

Quella frase dell'infermiere non poteva dunque non ferire il ragazzo; il quale però, sperimentando il suo nuovo sistema di difesa, rispose con una mollezza, con un rossore, con una confusione quasi femminili, che aggiungendo all'umiliazione inflittagli dall'austriaco un'umiliazione più forte, agivano da controveleno e parevano nel tempo stesso lasciare intendere che in verità almeno quel cuore aveva saputo conquistarlo.

Ma il Brambilla, tutto piegato sul fianco sinistro, lo guardava con la più brutta faccia di questo mondo, e non pareva convinto:

"Ma neppure quella, Joseph" protestò alfine, "neppure la signorina pollo o come si chiama... Aspetti che venga un inglese dall'Inghilterra, e vedrà come gli dà subito il benservito, vedrà come se lo leva subito dai piedi il nostro Girolamo... Se le dico che non è buono a nulla."

In questo preciso momento la porta si aprì ed entrò la cameriera col vassoio delle cene: Joseph si ricordò ad un tratto che aveva da scendere nella stanza delle radiografie ed uscì. Per quella sera l'argomento della piccola inglese non venne più toccato.

Se avessero allora domandato al ragazzo quel che pensava del Brambilla, avrebbe certo finito per riconoscere che non era davvero uomo da esser preso come modello; se gli avessero chiesto, fuor d'ogni questione d'affetto, chi stimava di più, suo padre o il Brambilla, la risposta non sarebbe stata dubbia; eppure, per una di quelle frequenti smentite che dà la sensibilità alla ragione, nonostante la disistima in cui lo teneva, il ragazzo sentiva per il suo compagno di stanza una profonda attrazione, quale nessun'altra persona aveva mai saputo ispirargli. Avveniva così che conoscenti della famiglia di Girolamo, gente elegante venuta in quel luogo di montagna per gli sports invernali, salissero fino al sanatorio, tutti impietositi dalla sensazione della propria bontà, dalla prospettiva di fare una buona azione, più che sicuri di essere ricevuti con entusiasmo; e si vedevano invece accolti con impazienza e freddezza da un Girolamo nervoso ed evasivo, desideroso sopratutto di vederli partire presto e di andare a ritrovare il suo commesso viaggiatore, la sua stanza angusta, e i tormenti deliziosamente angosciosi e abitudinari di quella conversazione senza pietà. Oppure era la madre di Girolamo, una piccola donna dal volto sciupato dal belletto e dai dispiaceri, dai movimenti rapidi e minuti, una donna così piccola che pareva impossibile che Girolamo fosse suo figlio, e lei stessa, non senza una certa leziosaggine, se ne meravigliava continuamente. Era dunque la madre del ragazzo che arrivava il giorno di Natale, tutta impellicciata, colle braccia cariche di regali, trattenendo a stento le lagrime che le ispirava la vista del figlio, là, in fondo a quel suo letto, sforzandosi di sorridere, di parere gaia; e Girolamo che pochi mesi prima non avrebbe finito di baciare quel volto, quei capelli, quel collo, ora si vergognava di abbracciare la donna commossa, era imbarazzatissimo, silenzioso, quasi freddo, e mentre con le mani respingeva macchinalmente da sé la madre, cogli occhi non cessava di osservare il commesso viaggiatore, timoroso di sembrargli ridicolo e nello stesso tempo molto preoccupato di quel che potesse pensare di sua madre. Dopo due o tre giorni di un soggiorno impacciato, freddo, e rattristato, con gran sollievo di Girolamo, la donna partiva; egli tornava alla compagnia del commesso il quale, contro ogni previsione, non derideva il suo amore filiale, bensì invece gli rimproverava d'essere senza cuore, disumano, d'aver trattato male sua madre; "questi figli di borghesi!" concludeva il Brambilla con disprezzo "non amano neppure i loro genitori". Allora, la stessa notte, per una di quelle reazioni, tanto più violente quanto più lunga e più forte è stata la compressione dei sentimenti che le ha inspirate, un tale rimpianto della presenza materna assaliva ad un tratto il ragazzo, che il rumore dei suoi singhiozzi e delle sue voci sommesse destava il Brambilla; "ora non si potrà stare in pace neppure la notte", gli gridava costui dall'oscurità. Girolamo atterrito si raggomitolava sotto le coltri, tratteneva persino il fiato, la paura gli faceva dimenticare il dolore, coll'animo pieno di amarezza e di confusione finiva per addormentarsi.

Ma questa attrazione che il ragazzo provava per il Brambilla non era senza un ardente desiderio di meritare la stima del commesso, di entrare, come per esempio Joseph, nel novero dei suoi amici. Il disprezzo che il Brambilla ostentava per Girolamo pareva sopratutto fondato sopra una pretesa inettitudine o ingenuità del ragazzo: dimostrargli di non essere inetto né ingenuo, d'essere invece capace di quelle stesse prodezze di cui si vantava continuamente il commesso, d'essere insomma un uomo né più né meno di Joseph, ed ecco subito la stima acquistata, pensava ingenuamente Girolamo, ecco l'amicizia ottenuta. Che poi, qui non fosse questione di stima o di amicizia, ma soltanto di crudele passatempo, questo fatto tanto evidente sfuggiva completamente al ragazzo che, a differenza del Brambilla e dell'austriaco, aderiva anima e corpo a questa amara commedia. Convinto dunque di dovere smentire coi fatti i sarcasmi del compagno di stanza, Girolamo cercò a lungo un'occasione propizia; quell'accenno alla Polly, quella frase "se le dico che non è buono a nulla", gli suggerirono alfine l'idea che cercava: per meritare la stima e l'amicizia del Brambilla, egli avrebbe sedotto la ragazzina inglese.

S'era allora nel cuor dell'inverno, tutto pareva prestarsi a facilitare questo suo disegno. Prima di tutto il tempo: ora nevicava, ora pioveva, il cielo era sempre coperto da un fitto coltrone di nuvole grige e basse, di conseguenza ogni cura solare era impossibile e i malati dovevano restare ben chiusi nelle loro stanze; in secondo luogo la madre della Polly, richiamata per affari in Inghilterra, era partita già da qualche giorno, ottenendo però dal primario del sanatorio che, nonostante la sua assenza, Girolamo continuasse le sue visite presso la figliuola. Girolamo poteva dunque portare a compimento il suo proposito con la sicurezza di non venire scoperto o disturbato.

Questa decisione, se da un lato calmava quel suo bisogno di mettersi in buona luce presso il Brambilla, dall'altro però lo riempì di un turbamento straordinario. Non aveva mai toccato una donna, era la prima volta che ci pensava e, benché sapesse press'a poco come doveva comportarsi, così grande era la sua timidità che dubitava di potere mai non pure sedurre, ma persino osar guardare con occhi non indifferenti e normali la sua piccola amica della prima classe.

A queste preoccupazioni troppo naturali se ne aggiungevano altre di ordine morale. Così la madre come la figlia non gli avevano fatto che del bene, per le feste egli aveva ricevuto dei regali, c'era stato anzi tra la famiglia di Girolamo e la signora inglese uno scambio di lettere tutte piene di vicendevoli ringraziamenti. Girolamo capiva che, a parte il fatto che questa seduzione era già da sola una cattiva azione, lo era doppiamente in queste condizioni; gli balenò anche per la mente che, nel caso fosse stato scoperto, avrebbe messo se stesso e la propria famiglia nella posizione più imbarazzante. Ma queste esitazioni morali vennero vinte molto più facilmente che non quelle fisiche.

Girolamo difatti provava una specie di rancore per le due straniere, madre e figlia, ed ecco perché: l'aveva prima di tutto offeso l'esser stato messo a pari con una bambina di tredici anni, l'aveva poi urtato quell'atmosfera di famiglia, quella corrispondenza tra la donna e i suoi parenti; era stato alfine profondamente ferito dalle attenzioni pietose e quasi materne che, in quel luogo dove tutti si burlavano di lui, aveva avuto per lui la madre della Polly. 'Mi crede un povero piccolo malato', era press'a poco il suo pensiero, 'un povero ragazzino, buono come il pane, a cui bisogna fare del bene, portare dei cioccolatini, dei libri, e poi dirsi da sola come sono buona...; ebbene, voglio mostrarle che non ho bisogno di nessuno e che, all'opposto di lei, sono cattivo, anzi cattivissimo, e che perciò è meglio che non si occupi di me.' D'altra parte c'era sempre stato in lui il sospetto che tutte quelle gentilezze fossero fatte per adescarlo a visitare la ragazzetta. 'Brambilla ha ragione', pensava, 'se qui arrivasse un inglese... certo cesserebbe di occuparsi di me...'

Questi pensieri gli davano l'impressione d'essere molto malvagio, gli pareva d'essere decaduto completamente, senza remissione né speranza. Fu dunque anche per un rabbioso desiderio di nuove umiliazioni e nuove amarezze che decise alfine di portare irrevocabilmente a termine i suoi propositi di seduzione.

Il giorno in cui doveva aver luogo la solita discesa di Girolamo al piano inferiore, l'alba stentò a spuntare sotto una nuvolaglia bassa e gonfia che dava a tutto il paesaggio nevoso un aspetto di attesa e di mortale immobilità. Un'oscurità nera restò dalla notte nelle stanze e nei corridoi del sanatorio; fu dunque alla gialla luce della lampada elettrica che, subito dopo pranzo, il Brambilla e Girolamo, per ingannare il tempo, incominciarono una partita a scacchi.

La scacchiera venne messa sopra una sedia tra i due letti; i malati sporgendosi fuori delle coltri disposero i grossi pezzi, i re, le regine, le torri, i cavalli, gli alfieri, che molte mani d'infermi avevan resi lustri e levigati come i rosarii sgranati senza tregua dalle dita delle pinzocchere. Di solito Girolamo giocava meglio del Brambilla, ma quel giorno i suoi pensieri erano altrove, un'ansietà, un malessere intollerabili l'opprimevano. Fu dunque quasi con voluttà che si fece vincere due volte di seguito dal Brambilla sogghignante e trionfante; ma un sarcasmo bene azzeccato destò in lui lo spirito dell'emulazione; giuocò a denti stretti una terza partita, sforzandosi di inventare delle combinazioni irresistibili, di studiare ogni mossa dell'avversario, di vincere insomma a tutti i costi. Ma ad un tratto si accorse di stare per perdere daccapo, e, pieno di rabbia, buttò per aria la scacchiera. Questo gesto nervoso gli attirò una furente filippica del Brambilla. Spaventato di quel che aveva fatto, il ragazzo non staccava gli occhi dalla faccia del suo compagno, con le mani faceva dei convulsi gesti di diniego e nello stesso tempo tentava timidamente di rimettere a posto il giuoco disperso. Il Brambilla, a cui non pareva vero di trovare una così facile occasione per nuovi sarcasmi, raddoppiava di violenza...: fu a questo punto che venne bussato e Joseph entrò.

"Ordine di portare il signor Girolamo dalla signorina Polly", annunziò quasi militarmente strizzando l'occhio al Brambilla e incominciando a spostare il letto del ragazzo.

'Ci siamo', pensò Girolamo. Quel malessere che la rabbia del giuoco gli aveva fatto passare, gli tornò, senza più occuparsi del Brambilla che gli gridava: "Vada... vada dalla sua inglese", s'abbandonò sopra i cuscini, e per un istante chiuse gli occhi; quando li riaprì era già fuori della porta, nel corridoio.

Il corridoio oscuro era disseminato di lampade accese; altri letti candidi, coi loro pallidi malati supini e immobili sotto le coltri tanto piatte da parere vuote, venivano manovrati in quell'ombra, da certe robuste donne vestite di bianco; le rotelle di gomma compressa rendevano un loro sordo e angoscioso rumore strisciando sopra i tappeti di juta; poi fu la volta dell'ascensore dalla discesa interminabile e ronzante, con Joseph seduto in fondo al letto, nell'angusta cabina, come un angelo custode di nuovo genere...; tutte queste cose erano note al ragazzo, però così irritata e tesa era la sua sensibilità che egli ne soffriva in modo indicibile, come se fossero state nuove e spaventosamente assurde.

Ma appena fu in quella stanza, e l'austriaco, disposto il suo letto accanto a quello della ragazzetta, se ne fu andato, questa ansietà di Girolamo a un tratto scomparve, ed egli si sentì fin troppo calmo. La camera assai vasta era immersa in una penombra calda e gradevole, la lampada, fissata sopra i capezzali paralleli, illuminava le loro due teste. I due letti, bianco quello di Girolamo, avvolto in una coperta a scacchi colorati quello della fanciulla, si toccavano, e questo contatto, per le possibilità impensate che forniva alla realizzazione del suo disegno, turbava non poco Girolamo. Intanto s'era tirato alquanto fuor delle coltri, s'appoggiava anzi con un braccio su quell'altro letto, e come se l'avesse vista per la prima volta, pur domandandole in un suo goffo francese cosa avesse fatto negli ultimi giorni, esaminava con curiosità la fanciulletta.

La Polly non mostrava più di quei quattordici anni che aveva. Era bionda, coi capelli saggiamente tagliati all'altezza delle guance, aveva occhi cilestri, un volto pieno di salute, roseo e bianco, e, pur nella sua banalità, sarebbe stata graziosa, se non fosse stata una leggera pinguedine derivata evidentemente dalla lunga infermità, che le dava un aspetto pigro, addormentato e come sornione. Nulla insomma di precoce era in lei, anche in un senso tutto incosciente e fisico; semmai, all'opposto di Girolamo, la malattia pareva averla intorpidita e quasi respinta in una ritardata infantilità.

Girolamo la guardava, non sapeva come incominciare, si studiava di immaginare come avrebbe agito al suo posto il Brambilla. Abituato dal commesso viaggiatore a considerare inetto ogni sentimentalismo, gli pareva che incominciare con un 'ti amo' che d'altra parte non aveva mai proferito prima di allora, sarebbe stato ingenuo e sopratutto inutile. Non che egli pensasse che bisognava essere cinici; ma in buona fede credeva che la sola cosa meritevole di essere fatta in compagnia di una donna fosse una certa quantità di atti sempre più audaci che gradatamente dovevano portare alla completa seduzione. Fu dunque con l'aria più naturale di questo mondo che si decise alfine a domandare alla sua piccola amica se avesse mai baciato o fosse mai stata baciata da qualcuno.

La bambina accennò di no con la testa. Supina, col capo affondato nel guanciale guardava il ragazzo con due occhi tra stupiti e curiosi; le coltri le coprivano a metà il petto grasso; sia per il calore eccessivo della stanza, sia per un incosciente pudore, le guance le si erano accese di un rossore intenso. Teneva un braccio nudo fino al gomito girato intorno alla testa, e con le dita giuocava macchinalmente con una pupattola appesa alle sbarre del letto.

"È una cosa molto piacevole", affermò nervosamente Girolamo. Ignaro di ogni preliminare e pieno di intenzioni troppo ardite, questa frase gli parve oltremodo insipida. "Vuoi che proviamo?" soggiunse con sforzo. Evidentemente la ragazzetta non aveva capito neppure di che cosa egli parlava, perché ebbe un tenue sorriso interrogativo; allora Girolamo si protese fuor del letto e la baciò sopra una guancia.

Quegli occhi cilestri lo fissavano con una specie di terrore: 'ha paura', pensò Girolamo, 'e mi prende per un pazzo'. Nonostante fosse molto deluso da questo suo primo bacio d'amore, pure un certo ardore puntiglioso gli impedì di desistere da un'impresa che gli sembrava ormai quasi fallita; continuò dunque a disseminare dei baci su quella bocca, sul collo, sulla fronte; anzi ad un certo momento afferrò il braccio che la ragazzetta prima teneva piegato sopra la testa e se lo girò intorno al collo, come per far capire alla sua piccola amica che era necessario contraccambiare in un modo qualsiasi queste sue tenerezze. Ma il braccio restò come egli l'aveva messo, inerte e docile; e Girolamo scoraggiato stava già pensando di rinunziare definitivamente ai suoi propositi di seduzione quando improvvisamente venne bussato due volte alla porta.

Rosso in volto, più per lo sforzo che per l'eccitazione, più annoiato che pauroso, Girolamo si tirò indietro. Ma il suo aspetto era certo molto più scomposto di quel che immaginava, perché ad un tratto, contro ogni previsione, vide la ragazzetta sorger dal letto, e con un gesto amorevole ed imperioso, passargli prima una mano sopra i capelli in disordine e poi ravviargli le coltri rovesciate. Ciò fatto, soddisfatta ella si distese daccapo, e con una placidità quasi ipocrita, gridò allo sconosciuto visitatore di entrare.

Era la posta. Ma quel gesto della ragazzetta era stato così spontaneamente femminile e complice, che Girolamo si sentì ad un tratto invaso da un turbamento straordinario, quale non aveva mai provato. Subitamente la sua piccola amica cessò di sembrargli puerile. 'La sa più lunga di me', pensò guardandola prendere dalla mano del postino, colla più grande calma, le lettere di quel giorno; e l'uscio non si era ancora richiuso del tutto, che egli s'era già ributtato fuor delle coltri e premeva con le sue labbra quelle immobili della fanciulletta.

L'atteggiamento della ragazzetta fu sempre lo stesso, ella non si mosse né parlò neppure una sola volta e conservò quella sua ipocrita immobilità fino all'ultimo momento. Un poco a causa di questa inerzia della sua piccola amica, un poco perché s'era aspettato molto di più, Girolamo non trovava molto sugo in questa sua opera di seduttore; se ne consolava però pensando che anche lui aveva finalmente avuto questa esperienza indispensabile e che in tal modo non avrebbe più dovuto vergognarsi in presenza del Brambilla. Ma certe rapide chiaroveggenze, non tanto della qualità morale, quanto della goffaggine e della scompostezza dei suoi atteggiamenti (gli avvenne, per esempio, ad un certo momento di sentir freddo ai reni e di accorgersi che a furia di sporgersi era uscito quasi del tutto fuori del proprio letto) gli facevano dubitare persino di quei vantaggi che il suo amor proprio poteva trarre da una tale esperienza, e gli davano piuttosto il senso di un decadimento nel quale sarebbe stato quasi voluttuoso lasciarsi affondare del tutto. 'Faccio degli atti perversi e assurdi', era press'a poco il suo pensiero, 'ma tanto sono perduto...: a cosa servirebbe dunque trattenermi?'

La camera era oscura e silenziosa, i due letti gemelli vi facevano una gran macchia bianca; nell'ombra delle pareti si distinguevano confusamente varii oggetti, fiori, fotografie, vestiti, che davano a Girolamo un'impressione di grande comodità. Ogni tanto, egli si tirava indietro sul letto, si guardava intorno, ascoltava con piacere i rumori dell'esterno, come per esempio i sonagli di certe slitte non si capiva bene se in arrivo o in partenza, e avrebbe voluto non aver fatto nulla e poter tornare ai passatempi innocenti di una volta; ma il pallore, l'immobilità imbarazzata, l'espressione d'attesa della bambina gli facevano capire l'assurdità di codeste nostalgie; e senza entusiasmo tornava alla sua impresa di seduttore.

Ma nel corridoio, mentre l'austriaco lo trascinava verso la sua stanza, gli venne una specie di fierezza per quello che aveva fatto; ché difatti gli tornava in mente il Brambilla, e già immaginava di raccontargli l'accaduto, di ridere insieme con lui dell'innocenza della sua piccola amica, di sentirsi insomma finalmente uomo a fianco di quell'uomo. Le guance gli ardevano; sicuro di essersi meritata tutta la stima del suo compagno di camera, si sentiva quasi felice, avrebbe voluto parlare all'infermiere, oppure interpellare le cameriere che andavano da una stanza all'altra portando i vassoi delle cene. Venne tratto da questo stato di ebbrezza, nell'ascensore, dalla voce dell'infermiere il quale, come il solito, si era seduto in fondo al letto:

"E così, signor Girolamo", incominciò l'austriaco, "ora le toccherà cambiare compagnia."

"Perché?"

"Ah già..., forse lei non lo sa...", spiegò l'infermiere, "il signor professore ha visitato poco fa il signor Brambilla e l'ha trovato guarito... e così il signor Brambilla ci lascerà tra una settimana."

Con un ronzio monotono l'ascensore saliva. Immobile in fondo al suo letto il ragazzo guardava il viso rosso e stupido di Joseph e rivolgeva in mente questi due pensieri: 'Il Brambilla è guarito..., il Brambilla se ne va'. Invidia non ne provava, ma piuttosto una vergogna acuta di aver fatto invano tutta quella sua opera di seduttore; capiva difatti che ormai sarebbe stato stupido e inutile vantarsi col commesso viaggiatore dei suoi amori quasi infantili; il Brambilla era guarito, partiva, e non l'avrebbe neppure ascoltato; il Brambilla se ne andava ed egli restava in questa sua triste e meschina prigione tra gli altri malati, colle braccia ingombre di questa cattiva azione che ormai non serviva più a nulla. Intuiva inoltre d'essere stato il solo a prendere sul serio il giuoco, a considerare la malattia e il sanatorio come uno stato normale, mentre, con ogni probabilità, il commesso non aveva mai cessato di ritenere la propria infermità, e tutto quello che ne derivava di conoscenze, abitudini, stati d'animo e piaceri, che come cose transitorie e soltanto per questo tollerabili. Al Brambilla la sua compagnia appassionata aveva fatto comodo, ecco tutto; ora se ne andava, lasciandolo nella sua malattia e nella sua ridicola e abbietta buona fede.

L'urtare che fece il letto contro lo stipite della porta della sua stanza lo destò da queste amare riflessioni.

Alzò gli occhi e vide, là nella cameretta, il posto vuoto che stava per rioccupare il suo letto, la lampada accesa, e il Brambilla che seduto fuor delle coltri lo guardava venire colla faccia di chi ha da annunziare una grande notizia. 'So già tutto', avrebbe voluto gridargli Girolamo, e poi avrebbe voluto mettere la testa sotto le lenzuola e piangere o dormire, ma sopratutto non udire, non vedere più nulla; invece per uno scrupolo di dignità si rassegnò a far la parte dell'ignorante.

"E così", disse il Brambilla, appena la porta si fu chiusa, con una faccia che pur nella contentezza serbava tutta la sua brutalità, "la sa la canzone:

Saluti, salutissimi,
lontano me ne andrò,
e mai più ritornerò."

"Sarebbe a dire?" domandò Girolamo.

"Questo vorrebbe dire", rispose il commesso viaggiatore, "che parto... me ne vado... che il professore mi ha visitato e mi ha trovato guarito."

"Ah benissimo", incominciò Girolamo che credeva di dover congratularsi; ma venne interrotto dal Brambilla:

"L'avevo sempre detto io", continuava costui, "che era una cosa da nulla la mia... e ora me ne vado, caro il mio signor Girolamo, tra una settimana sono a Milano... e voglio esser dannato se due giorni dopo non sono già a cena al Cova con qualche bella donnina."

"Sì... ma nei primi tempi" insistette Girolamo con una prudenza e un altruismo pieni di buona volontà "bisognerà che lei stia attento..."

"Perché attento?, ma mi faccia il piacere... attento a che cosa?... Il professore mi ha detto che posso fare tutto quel che voglio... e poi starei proprio a seguire i suoi consigli...; pensi a guarire se stesso prima di dar consigli agli altri... bella questa!... Uno che è malato e che vuol consigliare chi ha saputo guarire sul da farsi e non farsi."

Il Brambilla parlava. Mortificato Girolamo lo guardava e pensava con amarezza che quell'inferiorità sua di fronte al commesso si rinnovava una volta di più sotto altre forme; prima era la questione delle esperienze amorose, ora quella della malattia; se prima sarebbe forse bastata la seduzione della piccola inglese a dargli quella stima tanto agognata, ora questo scopo non sarebbe stato raggiunto che ridiventando sano. E così evidente era il disprezzo del Brambilla, così profonda l'umiliazione che egli ne risentiva, che, ad un tratto, per la prima volta da quando era nel sanatorio, gli parve di distinguere nettamente tutta la deformità viziata della propria persona e delle cose che lo riguardavano; quello stesso fatto di essersi abituato a considerare la malattia come uno stato normale, come un'atmosfera respirabile gli sembrò una prova di più della propria irreparabile anormalità; non c'era dubbio, il Brambilla era sano e lui era malato, persino quelle 'belle donnine' di cui il commesso aveva parlato avevano in loro qualche cosa di lecito e di puro, mentre invece tutto nei suoi rapporti colla piccola inglese era illecito, triste, torbido.

Queste considerazioni lo convinsero definitivamente di essere guasto senza rimedio. Allora, mentre il Brambilla tutto inebriato da questa sua improvvisa guarigione parlava di quel che avrebbe fatto, della gente che avrebbe veduto a Milano, per una reazione dell'amor proprio abbastanza simile a quella che lo spingeva ad umiliarsi spontaneamente per non essere umiliato, Girolamo pensò ad un tratto che poiché era malato e viveva in sanatorio, era meglio non soltanto non vergognarsi di questo suo stato, ma come per sfida, mostrarsene persino soddisfatto e spingerne fino all'estremo limite le conseguenze pratiche e morali; quali poi potessero essere queste conseguenze egli non avrebbe saputo dire chiaramente: con ogni probabilità affondare con maggior consapevolezza in questa specie di oscurità in cui gli pareva di vivere, sforzandosi di arrivare alla completa seduzione della sua piccola amica, dare insomma a se stesso e agli altri l'impressione di una certa disinvoltura, come di animale immerso nel proprio naturale elemento. Questa decisione calmò tutti i suoi risentimenti, gli parve difatti d'essersi messo al sicuro con un tale pieno riconoscimento della propria debolezza, e nello stesso tempo di aver dato a se stesso una giustificazione sufficiente di quelle azioni altrimenti condannabili che stava per compiere.

Ma i giorni che seguirono quella sera furono forse i più neri di quel suo inverno nel sanatorio. Il tempo che continuava ad oscillare tra un sole sfarzoso ma labile e dei subitanei e minacciosi oscuramenti seguiti da raffiche di neve, impediva una cura efficace. Il Brambilla che cominciava ad alzarsi, scendeva in slitta al villaggio e ne riportava delle descrizioni di donne, di grandi alberghi, di lussuosità, di divertimenti di ogni genere, piene di una insolente felicità che faceva soffrire il ragazzo più di tutti i sarcasmi di un tempo. E in quanto a Girolamo egli si accorgeva che quell'abbandono, quel riconoscimento della propria miseria non gli davano alcuna forza; "le sembrerà strano", aveva provato a dire al Brambilla, "ma non ho alcun desiderio di alzarmi... qui al sanatorio mi trovo benissimo"; l'altro l'aveva guardato di traverso: "tutti i gusti sono gusti", gli aveva alfine risposto, "ma io preferisco camminare e star bene".

Quasi ogni giorno egli si faceva portare a pianterreno, presso la sua piccola amica. Ci andava con una cupa voglia di scandalo, che sia per l'infantilità della ragazzetta, sia per le intenzioni che egli ci metteva, gli pareva di una perversità tutta gratuita, neppure giustificata ormai dal bisogno di meritare la stima del Brambilla. Quel che succedeva poi durante queste visite gli lasciava un disgusto stupito; la Polly era sin troppo docile, questa sottomissione e questa responsabilità destavano in lui una crudele irritazione. 'La Polly' pensava, 'se lo volessi tornerebbe con lo stesso zelo e la stessa indifferenza ai giuochi innocenti di prima.' Avrebbe voluto essere meno obbedito, questa autorità gli pesava, gli pareva di usarla male; una volta pensò persino di confidarsi al Brambilla ma poi ci rinunziò; e quella volontà di raddrizzare i suoi rapporti con la ragazzetta, sia per curiosità, sia per debolezza restò allo stato d'intenzione.

Le visite duravano da due a tre ore. Quando Girolamo tornava in camera, si sentiva insieme spossato e febbricitante; la febbre, che era il risultato più tangibile di questi suoi strapazzi, era abbastanza alta, durava fino a notte, e s'accompagnava con dei leggeri dolori al ginocchio malato, il quale, dopo aver dato in un primo tempo segni evidenti di miglioramento, ora pareva essersi daccapo aggravato. Ma Girolamo considerava tutti questi minacciosi indizi con la più grande indifferenza; difatti non sperava né desiderava più guarire; pensava che se la sconfitta aveva da esserci, era meglio che fosse completa; l'idea della morte non sfiorò mai la sua mente è vero, ma gli si presentò spesso sotto l'aspetto quasi allettante di una catastrofe imprecisata che presto o tardi avrebbe dovuto venire a troncare una situazione ormai senza scampo né via d'uscita.

Era il giorno della partenza del Brambilla. Costui, subito dopo pranzo, si alzò dal letto e procedette ad una accuratissima toletta; si fece la barba, s'incipriò, si profumò con l'acqua di Colonia, quindi con un pettine spartì quei suoi capelli biondi nel mezzo della testa e con la brillantina li rese lisci e lustri; andò poi ad un suo bauletto nell'angolo dietro l'armadio e ne trasse un vestito turchino, un paio di scarpe di coppale, un soprabito nero con bavero di velluto e un cappello nero duro; dopodiché incominciò a vestirsi.

Aveva nevicato tutta la mattina, il cielo era di un biancore trasognato e sporco; nella stanza c'era poca luce, attraverso la doppia finestra senza tendine si vedevano passare e ripassare, là di fuori, sulla terrazza, contro quel cielo bianchiccio, le figure nere di due infermieri che, armati di grandi pale, buttavano via la neve accumulata dalla tormenta. Immobile in fondo al suo letto in disordine, coi capelli neri tutti arruffati e pendenti sul viso pallido e ardente, Girolamo guardava ora il Brambilla, che ritto in mutande rigate, davanti allo specchio, si sforzava, in quella luce incerta, di mettersi un colletto troppo stretto, ora gli spalatori; si sentiva già un po' febbricitante, i tonfi che le palate di neve facevano cadendo sul piazzale disotto destavano in lui un formicolio di immagini frettolose. Pensava al freddo, alla mortale tranquillità, al silenzio che certo erano di fuori; immaginava che gli infermieri ogni tanto si soffermassero nel loro lavoro e con quella nuvoletta del respiro davanti alle bocche ansanti, appoggiati sulle pale, indugiassero a guardare il paesaggio nevoso; gli pareva di vedere questo paesaggio, tutto bianco, con certi alberi e certe casupole d'una nerezza fradicia e come carbonizzata, e il fumo dei comignoli sospeso tra il cielo e i pendii, meno candido della neve, meno bigio delle nuvole. Ad un tratto uno stuolo di corvi si leva dal fondo della valle, compatto, ordinato, che fa sul cielo bianchiccio un disegno nero ed elegante. Questo stuolo si avvicina volando basso, ora addensandosi, ora disperdendosi, ma sempre conservando quel suo ordine preciso; più si avvicina, più pare numeroso, ad un certo momento il cielo ne è pieno, e lo stuolo è così basso che si possono distinguere le ali, le code aguzze dei corvi. Ed ecco, da dietro una collina rotonda parte un colpo di fucile che esplode come una bomba nel mezzo dello stuolo; ora i corvi sono tutti stramazzati sopra la neve, morti e stecchiti, ogni cadavere fa su quel candore una macchia nera diversa da tutte le altre, sia che tenga aperte tutte e due le ali, o una sola, ed abbia la coda spalancata a ventaglio o ben chiusa come un tulipano, sia che giaccia sul fianco o sul dorso colle zampe in aria; macchie nere più piccole e persino appena visibili, fanno sulla neve penne e pelurie lanciate in tutti i sensi dall'esplosione... Questa immagine della strage dei corvi tornava insistente nella mente di Girolamo, egli provava una specie di angosciosa delizia ad immaginare i funebri uccelli disseminati sul pendio nevoso, sotto il cielo stupito; avrebbe voluto pensare alla sua piccola amica, ma non ci riusciva e pieno di malumore, pur guardando il Brambilla vestirsi, tornava a quei suoi sogni febbrili. Fu in questo momento che venne bussato alla porta e Joseph l'infermiere entrò.

'È venuto per portarmi dalla Polly', pensò Girolamo; e tiratosi a sedere sul letto, incominciò a cercare sulla tavola accanto lo specchio e il pettine per riavviarsi i capelli scomposti; ma venne fermato in questo suo affaccendamento da un gesto dell'infermiere.

"Niente visita oggi, signor Girolamo", disse l'austriaco con una grande sobrietà di tono, quasi seccamente; e poi rivolto al commesso viaggiatore: "la slitta è pronta, signor Brambilla."

"Perché?" domandò Girolamo già preso, di fronte a questa freddezza dell'infermiere, da un malessere profondo, "forse la signorina Polly sta poco bene?"

"La signorina Polly ha delirato tutta la notte", rispose l'infermiere sempre con la stessa rigidità "e ora sta meglio... ma lei signor Girolamo non potrà andarci né oggi né nei giorni prossimi..., mai più."

'Hanno scoperto ogni cosa', pensò il ragazzo; il respiro gli mancò, sentì ad un tratto un gran freddo alle tempie e si abbandonò sui cuscini come chi sta per svenire. L'infermiere intanto s'era chinato e legava il bauletto del Brambilla, là presso la porta; il commesso, già tutto vestito, col cappello in testa e il soprabito addosso, sorvegliava quest'operazione, serio e accigliato. "Perché mai più?" domandò alfine il ragazzo con una voce esile.

"Ordine del signor professore", disse l'austriaco levandosi tutto rosso in volto per lo sforzo compiuto; "il signor professore ha avuto stamane un lungo colloquio colla madre della signorina Polly, la quale è arrivata stanotte, poi mi ha chiamato e mi ha detto: 'Joseph, per nessuna ragione d'ora in poi, né il signor Girolamo né gli altri malati potranno muoversi dalle loro stanze.' "

"E non le ha detto perché?" insisté Girolamo che questa mancanza di cordialità da parte dell'infermiere addirittura atterriva, "non ha detto altro?"

L'infermiere aveva una faccia disgustata e severa:

"Lei, signor Girolamo, le ragioni le sa meglio di me... allora perché far tante domande?"

Il Brambilla che aveva finito di esaminare quel suo bauletto, si avvicinò:

"Cos'è successo?" domandò. "Il signor Girolamo ne ha fatta ancora una delle sue?"

"Ma sì", disse l'austriaco con un viso oscuro; "e poi, si sa, chi ne risente le conseguenze siamo noi del servizio... Come se si potesse sapere cosa fanno tra di loro i malati nelle loro stanze."

Immobile il ragazzo guardava con quei suoi occhi brillanti i due uomini, le guance gli ardevano, dalla sofferenza avrebbe voluto gridare: 'ora', pensava, 'il Brambilla domanderà i particolari e mi canzonerà come il solito'. Non voleva confessarselo, ma in verità quel che sopratutto desiderava in quel momento, era che il commesso gli buttasse in faccia quei suoi soliti sarcasmi grossolani; una tale specie di interesse gli pareva mille volte preferibile a questo freddo riserbo; trepidante, aspettava una frase, come per esempio, 'ah lei seduce le bambine', che gli avrebbe permesso, modesto satellite, di rientrare sia pure di soppiatto, in quell'orbita superba.

Fu invece deluso. "Sempre così", proferì sprezzante il Brambilla che non pareva voler sapere più di quel che già era stato detto, "questi figli di papà sono tutti eguali, non pensano che a loro stessi..., che poi gli altri abbiano a soffrire le conseguenze delle loro stupidaggini, cosa importa loro? son cose che non li riguardano..."

“Ma cosa c’entra Joseph con quello che io faccio”, incominciò Girolamo a cui la freddezza dei due uomini faceva perdere la testa; “io posso fare quello che voglio...”

Il Brambilla che riuniva certi giornali si voltò: “Ma stia zitto”, interruppe, “si vergogni...”; poi, rivolgendosi all’infermiere: “allora”, disse, “possiamo anche andare”.

Joseph spalancò la porta, si chinò, e caricò sulle spalle il bauletto: “Del resto”, disse al ragazzo prima di uscire, “neppure lei, signor Girolamo, la passerà così liscia..., il signor professore è arrabbiatissimo..., sentirà domattina”.

Girolamo affidava ormai le sue ultime speranze agli addii del commesso. Quel riserbo, quella riprovazione dei due uomini l’avevano riempito di un tale acuto senso di consapevolezza, era così convinto della propria indegnità, che, in quel momento, un movimento affettuoso del suo compagno di stanza l’avrebbe certo commosso fino alle lagrime, come il segno di una bontà quasi sovrumana. Guardava perciò il Brambilla con occhi ansiosi: ‘quasi nove mesi passati insieme’, pensava, ‘non dovremmo forse abbracciarci?’.

Ma il Brambilla che aveva finito di radunare la sua roba era già più vicino alla porta che al suo letto.

“Mi pare di non lasciare nulla”, disse alfine dalla soglia, girando per la stanza già piena della penombra del crepuscolo, uno sguardo scrutatore. Il ragazzo lo vide esitare, quindi aprir l’uscio.

“Allora arrivederci e auguri”, arrivò improvvisamente a Girolamo dall’ombra che avvolgeva la soglia. Egli avrebbe voluto alzarsi sul letto, dir qualche cosa, ma non ne ebbe il tempo; la porta era già chiusa.

La notte era intanto caduta del tutto, un’ombra nera interrotta soltanto dal biancore confuso delle lenzuola rovesciate del letto del Brambilla riempiva la stanza. Per un poco il ragazzo restò immobile ascoltando avidamente i rumori che giungevano dall’esterno; udì così il tintinnio dei sonagli della slitta che portava via il commesso allontanarsi nella notte gelata e poi morire affatto, udì anche l'uscio della stanza attigua sbattere, e qualcuno parlare; a questo punto un brivido di freddo, probabilmente originato dalla febbre, percorse il suo corpo; macchinalmente egli si rannicchiò come poteva e tirò fin sopra le orecchie le coltri in disordine.

Tutto quello che l'infermiere, con quel suo tono oscuro e disgustato, gli aveva detto a proposito della sua piccola amica, ora gli tornava in mente con quella intensità che dà ogni stato febbrile. L'idea che la bambina avesse delirato tutta la notte gli ispirò dapprima un rimorso impietosito e amaro; si raffigurò la ragazzetta come l'aveva tante volte veduta, bianca e immobile sotto la luce bassa della lampada; gli parve ad un tratto di intuire un nesso tra il fisso terrore che aveva spesso sorpreso in quegli occhi cilestri e questo delirio seguito dalla rivelazione, dallo scandalo, e dall'intervento materno. 'Evidentemente', pensò, 'ella aveva per me, benché non me l'avesse mai detto, un grandissimo rispetto, una specie di adorazione... ed è per questo che mi ha lasciato agire senza protestare, senza neppure avere il coraggio di respirare..., ma poi ciò che è accaduto l'ha riempita suo malgrado di vergogna e di paura, ella non ha cessato di pensarci e finalmente, dopo una notte di deliri, appena ha veduto sua madre, non si è più trattenuta e piangendo ha confessato ogni cosa...' Queste immaginazioni gli fecero ad un tratto capire che anche la sua piccola amica s'era messa, e con ragione, da quella parte dove già stavano il Brambilla e l'infermiere; 'sono solo', pensò ancora, 'nessuno vuol più saperne di me'.

L'entrata improvvisa di una infermiera che portava il vassoio della cena, lo fece balzar seduto sul letto e accender la luce. La donna, una bruna piuttosto piccola, di forme sode e non brutta, ma dotata di una particolarità insolita, e cioè di una peluria vellutata e scura che le copriva gli avambracci, le guance, il labbro superiore e persino il collo, e faceva pensare ad un corpo furiosamente villoso, posò dapprima il vassoio sopra la tavola, e poi, sempre senza dir parola, si diede a disfare il letto del Brambilla. Costei era solita, ogni qual volta entrava in quella stanza, indugiare a chiacchierare col ragazzo e sopratutto col Brambilla al quale quella particolarità della peluria ispirava una grande attrazione. Girolamo che l'aveva sempre veduta anche troppo cordiale e non senza una certa sua scurrilità, risentì subito questa ostentata freddezza come un rimprovero e una condanna. 'Anche lei sa tutto', pensò disperato, 'e mi disprezza come tutti gli altri.' Ora la sua persona intera si tendeva nel desiderio di ottenere almeno da questa donna un segno di stima o di misericordia; avrebbe voluto dire una frase, fare un gesto che avessero invincibili virtù di convinzione, ma gli bastava guardare a quella figura curva sul mucchio delle lenzuola, là, nell'angolo, per sentirsi incapace persino di aprir bocca.

Ma nel momento in cui l'infermiera stava per andarsene, gli riuscì alfine di vincere la timidità. "Dica", domandò con sforzo, "come sta la signorina Polly?"

La donna col fagotto delle lenzuola sotto il braccio era già presso la porta.

"Proprio lei", esclamò con una violenza che certo derivava da uno stato d'animo a lungo trattenuto, "proprio lei ha il coraggio di farmi questa domanda!... bel tipo!" soggiunse con un riso sardonico, "prima fa il male, poi come se nulla fosse stato, in tono indifferente, s'informa della salute..."; ci fu un istante di silenzio; a Girolamo ardevano persino le orecchie. "La signorina Polly sta meglio", concluse seccamente l'infermiera, "desidera altro?"

"E il professore", domandò ancora Girolamo, "quando farà la sua visita?"

"Domattina... e sentirà che musica... Desidera altro?"

"Ma come", insistette Girolamo che s'era ad un

tratto fatto pallidissimo, "cosa vuol dire?... perché che musica?"

La donna lo guardò di traverso. Non sapeva neppure lei cosa avesse voluto dire con quella frase, né quello che avrebbe deciso il professore il giorno dopo, ma nella sua sincera indignazione ogni più severa condanna le pareva troppo mite.

"Cosa vuol dire?", ripeté alfine, "vuol dire che dopo quel che lei ha fatto, il professore può anche mandarla via... Desidera altro?"

"Porti via la cena", disse il ragazzo con un vago desiderio di impietosire la donna con questo suo digiuno; "stasera non mangio."

Ella ebbe daccapo quel suo riso sarcastico.

"Ora non faccia la vittima", disse, "mangi...; tanto quando non avrà mangiato, la signorina Polly non starà meglio... Desidera altro?"

"Nient'altro."

La porta si chiuse. Per un istante Girolamo restò come era, seduto sul letto; poi senza toccare il cibo che conteneva il vassoio, si rannicchiò daccapo sotto le coltri, col viso rivolto verso la finestra. I suoi pensieri erano confusi, gli pareva di essere perduto; 'mandarmi via', pensava, 'il professore mi manderà via'; sebbene fosse convinto di meritare questa punizione, pure una tale prospettiva gli ispirava uno sgomento indicibile. Sapeva difatti che la sua famiglia non l'aveva mandato senza sacrifici in quel sanatorio, e con quella intensità che gli dava la febbre gli pareva di vedere, momento per momento, quel che sarebbe successo; la partenza dal sanatorio, l'arrivo a casa, le lagrime di sua madre, i rimproveri di suo padre, tutti quei contrasti insomma, tra umilianti e dolorosi, che un tale avvenimento avrebbe originato in una famiglia già stretta da angustie di ogni genere com'era la sua, e verso la quale, per certi suoi scrupoli puerili che non avevano alcuna rispondenza nella realtà, era convinto di avere un debito di gratitudine pressoché inestinguibile.

Queste immaginazioni gli diedero una specie di agitazione, come se il professore fosse già lì a imporgli di andarsene; incominciò a muoversi sotto le coltri, a scuotere la testa: 'no, questo no', pensava tra questi movimenti, 'tutto fuorché questo'. Non se lo confessava, ma quel che lo faceva sopratutto soffrire in questa amara prospettiva dell'essere scacciato, era perdere la stima e l'affetto dei suoi parenti; difatti non avendo mai fatto alcuna differenza tra essi e la gente del sanatorio, Girolamo era sicuro che appena avessero saputo la verità, l'avrebbero disprezzato anch'essi come tutti gli altri; e con spavento immaginava la vita a casa, malato e disprezzato, ragione di dispiacere e di noie senza fine, con poca speranza di guarigione e nessuna di felicità. 'No, tutto fuorché questo', si ripeté atterrito, 'tutto fuorché questo.'

Era stanchissimo, ad un tratto gli venne una gran voglia di dormire, di dimenticare ogni cosa, lasciandosi cadere nel nero abisso del sonno; spense la luce, e non erano infatti ancora passati cinque minuti che già dormiva profondamente. Ma subito cominciò a fare sogni imbrogliatissimi; gli pareva di stare, disteso nel suo letto di ferro, in una grande stanza vuota, dalle pareti grige e disadorne; nel mezzo c'era una tavola di legno scolpito alla quale si appoggiava con negligenza un uomo ancor giovane: suo padre; parlano con calma, e suo padre gli dice che non ha più abbastanza soldi per mantenerlo al sanatorio; non pare disgustato o irritato suo padre, sorride con rassegnazione; egli è d'accordo con suo padre, è evidente che se non ci son più quattrini non è più possibile continuare la cura, ma pensa, riflette con ostinazione cercando un rimedio, gli pare improvvisamente di averlo trovato: "sposerò la Polly" esclama. Questa proposta incontra la piena approvazione di suo padre; ma bisogna andare a recare la notizia alla piccola inglese. Il padre di Girolamo si stacca dalla tavola e comincia a tirar fuori dalla stanza il letto del figlio. Sono ora nel corridoio oscuro del sanatorio, il padre guida con difficoltà il letto del ragazzo, non ha l'abilità di Joseph, d'altra parte il corridoio nero è pieno di letti bianchi guidati in tutti i sensi da infermiere e infermieri. Altro fatto che rallenta il passaggio sono le fermate davanti le numerose botteghe che non si sa come aprono le loro vetrine sfarzose da ambo le parti del corridoio; queste botteghe sono davvero lussuosissime; dentro le vetrine profonde come caverne, in mezzo ad un grande sfarzo di luce, si vedono esposti oggetti rari d'oro e d'altri metalli preziosi, chincaglierie, vestiti, bronzi, armi. Tutte queste belle cose attirano gli sguardi di Girolamo; egli pensa ad un tratto di fare una improvvisata alla sua piccola amica e futura moglie, portandole addirittura un corredo completo. Questo progetto vien subito eseguito; il padre entra in una di quelle botteghe, e poco dopo ne riesce con uno splendido vestito di sposa, tutto bianco, luccicante, ornato di un grande strascico di veli vaporosi; da un'altra bottega riporta una corona di fiori d'arancio, da un'altra ancora altri indumenti; ogni cosa viene deposta sul letto di Girolamo; il vestito di sposa, con tutti i suoi veli fa una grande e abbagliante macchia bianca in quell'oscurità nera, essi riprendono il viaggio nel corridoio. Arrivano alfine all'ascensore, che li porterà a pianterreno; sono già dentro, l'ascensore comincia a discendere. Ed ecco, la discesa pare più lunga del solito, e quel ronzìo elettrico che l'accompagna più forte e insistente; Girolamo guarda il vestito di sposa, là in fondo al letto, un'angoscia assurda l'opprime, 'bisogna fermarsi', si ripete, 'bisogna fermarsi'. Ma la discesa continua, e il ronzìo cresce, si trasforma crescendo, diventa una specie di ululato... A questo punto le immagini si spezzarono e il ragazzo si destò.

La nota oscurità della sua stanza empiva i suoi occhi sbarrati, ma quell'ululato del sogno era restato e pareva anzi crescere d'intensità di momento in momento, e riempire, per così dire, di sé, ogni più piccolo ripostiglio di silenzio. Dapprima, ancor tutto insonnolito, non capì cosa fosse, poi un rumore di passi precipitati giù per la scala di legno del sanatorio, che non era lontana dalla sua stanza, come di gente in fuga, gli fece ad un tratto capire la verità: 'È la sirena del campanile, per gli incendi', pensò. 'Il fuoco è nel sanatorio... e questo rumore è quello degli infermieri che scappano.'

Accese in fretta la luce, la tranquillità della propria stanza, in quel momento, con quell'ululato della sirena per l'aria, con quello scalpicciare, giù per la scala, là di fuori, gli parve tremenda. 'Il sanatorio è quasi tutto di legno', pensò, 'e brucerà in un istante... e c'è un solo ascensore che può portare un solo letto... e ci sono più di ottanta letti...' Tra questi calcoli guardava la porta, l'ululato della sirena cresceva sempre più, giù per la scala continuava il rumore affrettato dei passi. Ad un tratto, benché sapesse benissimo che, attaccato com'era per un piede alla carrucola del suo apparecchio di trazione, da solo non avrebbe mai potuto liberarsi incominciò a dibattersi dentro il letto. La carrucola cigolava, il letto gemeva, dopo un poco Girolamo cambiò sistema e diresse tutti i suoi sforzi a smuovere il letto nella direzione della porta; ma il letto non si mosse. 'Dovrò restar qui', pensò alfine, abbandonandosi sui cuscini, con più ira che spavento, 'attaccato per un piede... restare qui in questa trappola ad aspettare la morte...' Gli pareva che questa morte sarebbe stata l'ultima ingiustizia dopo una lunga serie di sfortune immeritate. Improvvisamente lo prese una rabbia terribile contro questa specie di fatalità che colpiva lui e risparmiava gli altri. "Maledizione", incominciò a ripetere, guardandosi intorno, bianco in volto, fremendo e digrignando i denti, con un preciso desiderio di mordere, di far del male, di vendicarsi di tutti i suoi patimenti in questo suo estremo momento; "maledizione..., maledetto il sanatorio, maledetta la Polly, maledetti i medici..." Gli occhi gli si posarono sul vassoio della cena, carico di piatti e di pietanze fredde; si protese e lo spinse fuori della tavola: ci fu un gran fracasso di porcellane rotte; poi fu la volta del calamaio e degli altri oggetti; non si fermò se non quando si sentì estenuato, e non ci fu più nulla da distruggere.

Allora si accorse con stupore che quell'ululato della sirena, e quello scalpiccio giù per la scala erano cessati, e che, d'altra parte, né il crepitio, né le fiamme, né il fumo, né alcun altro insomma dei funesti segni dell'incendio erano venuti a turbare la tranquillità della sua stanza. E ad un tratto capì la verità; con ogni probabilità, s'era appiccato il fuoco a qualche fienile, e quella gente che scendeva la scala non correva per salvarsi, bensì invece per andare ad ammirare lo spettacolo insolito di un incendio, su quella neve, nel cuor della notte invernale.

Dal sollievo gli occhi gli si empirono di lagrime, poi vide i rottami dei piatti, là, sul pavimento, si ricordò di quei suoi contorcimenti, di quelle sue maledizioni di poc'anzi, e un'improvvisa, intollerabile vergogna di se stesso l'invase. L'esser giunto in quell'istante di smarrimento a maledire la bambina che sapeva di aver offeso, gli parve il segno più chiaro di un'oscurità nella quale senza accorgersene s'era da tempo lasciato cadere. 'Avrei davvero meritato di morire', pensò con convinzione. Si sentiva pieno di pentimento e di buoni propositi, avrebbe voluto poter camminare per andar dalla sua piccola amica e domandarle di perdonarlo; pensò anche per un istante di promettere solennemente di sposare la bambina appena si fosse fatta donna, ma abbandonò subito questo progetto per la sua evidente assurdità. Gli pareva di essere l'ultimo degli uomini e il più malvagio, l'idea che il professore il giorno dopo l'avrebbe scacciato dal sanatorio, non lo spaventava più, gli recava anzi una specie di sollievo; 'come lo merito', pensò. Ora quell'umiliazione, quel disprezzo, quell'inferiorità ai quali andava incontro gli parevano desiderabili, gli piaceva di immaginarsi punito con giustizia, pensava che in tal modo, attraverso questi nuovi patimenti, si sarebbe alfine liberato di quella specie di oscura rabbia che gli pesava addosso da quella sera in cui per la prima volta aveva baciato la ragazzetta, e avrebbe potuto con animo placato rivolgere il pensiero alla guarigione. Questa idea che il giorno dopo qualcuno l'avrebbe punito con giusta severità e con pieno diritto gli ispirava una fiducia, una tranquillità illimitate; fu dunque con uno stato d'animo molto simile a quello di un bambino che, dopo uno spavento o qualche capriccio, si addormenta tra le braccia di sua madre, che, chiusi gli occhi, passò dallo stato di veglia al sonno.

Fu destato a mattino inoltrato da un raggio di sole non caldo ma straordinariamente limpido e rutilante che, passando sotto l'angolo della finestra, veniva a battere su tutta quella parte della stanza dove era situato il suo letto. Aprì gli occhi e il primo pensiero fu di gioia per la bella giornata; 'che splendido cielo azzurro', pensò guardando alla finestra restata aperta dalla sera avanti; 'oggi potrò finalmente fare la cura del sole'; e già si meravigliava che non fossero venuti a destarlo per tirarlo sulla terrazza, quando improvvisamente gli giunse dalla stanza attigua un rumore di voci virili, delle quali una più sicura e imperiosa sembrava domandare e comandare, e le altre rispondere in tono di deferenza e di sottomissione; 'è il professore', capì ad un tratto, preso a questo pensiero da un malessere intollerabile, 'ed è già arrivato dai miei vicini... e tra poco sarà qui...'.

Gli tornarono in mente tutti gli elementi di quella realtà che l'opprimeva: la bambina, lo scandalo, la cacciata dal sanatorio, e, per un istante, un'angoscia, un orgasmo straordinario lo invasero. 'Tra poco sarà qui', pensò, e io non sono lavato né pettinato... e tutta la stanza è in disordine... e c'è ancora per l'aria il puzzo della notte...; si muoveva, non sapeva da che parte incominciare per mettere un po' d'ordine intorno a sé. Ad un certo momento quei suoi occhi smarriti si posarono sul pavimento, e vide, là in terra, tra i due letti, il vassoio, i piatti spezzati, e tra le schegge di porcellana i cibi raggrumati nella cera scura dei loro intingoli. 'E io che me ne ero dimenticato', pensò in furia. Esitò, poi si protese colla testa in giù, coll'intenzione di spingere quei rottami sotto il letto. Fu in questo momento che le voci virili accompagnate da un rumore di piedi, si fecero oltremodo distinte e vicine, poi la porta si aprì e, seguìto da Joseph e dal medico assistente, il professore entrò.

Questo professore, terrore di Girolamo, e, per tutt'altre ragioni, di tutto il corpo sanitario, dall'assistente fino al più umile degli infermieri, incarnava abbastanza bene il tipo del medico moderno, non più sacerdote della scienza, ma abile e interessato sfruttatore al tempo stesso del proprio ingegno e dell'immensa credulità dei malati. Privo di qualsiasi originalità creativa, ma buon chirurgo, dotato sopratutto di intuito psicologico e, come dire?, politico, lo spettacolo della viltà di fronte al dolore, e l'altro non meno istruttivo dell'ignoranza e dell'insufficienza dei medici, gli avevano ispirato fin da giovane il più grande disprezzo per gli uomini, e la convinzione che per farsi strada, in questo come in tutti gli altri campi, servissero sopratutto il cipiglio, la sicurezza del linguaggio, il tono duro e convinto, tutti insomma quei segni esteriori di autorità dietro i quali la folla immagina si nascondano lumi equivalenti e infallibili di sapienza e di genio. Di persona questo professore era alto e poderoso, aveva mani pallide e corte coperte di peli lunghi, neri e rari, la testa coi capelli tagliati a spazzola, gli occhi folgoranti e freddissimi, il naso adunco, i baffi e la barba in punta: era la testa di un moschettiere o di un inquisitore. Se a tutto questo si aggiunge un modo di muoversi, di parlare, di guardare, brusco e imperioso, e certe risate, certe bonomie rare ma sempre adoperate a tempo, che facevano dire ai suoi ammiratori: "è brusco, si sa..., ma quanta bontà c'è nel suo riso", si avrà un'idea press'a poco esatta del personaggio.

Al rumore che fece la porta aprendosi, Girolamo, che intento a cacciare i rottami della cena sotto il letto, stava proteso fuor delle coltri con tutto il torso, e coi capelli pendenti quasi toccava il pavimento, si rizzò con vivacità, e pur guardando fissamente il professore che seguito da Joseph e dall'assistente si avvicinava con lentezza e si sarebbe detto quasi con circospezione, rimise a posto le coltri, e, come poteva, si raggiustò i capelli. Il cuore gli batteva, dall'ansietà il respiro gli mancava. Poi si ricordò della ragione di questo suo sgomento e come per incanto si calmò; 'ora dirà che mi rimanda a casa' pensò stringendo i denti per superare il malessere che l'opprimeva; 'che ho fatto una cosa orribile...; sono pronto a obbedire, a subire qualsiasi punizione, purché faccia presto..., purché faccia presto'. Avrebbe voluto gridarlo al professore: 'presto..., faccia presto'; invece seppe trattenersi, e rosso in volto guardò venire il chirurgo e i suoi due compagni.

Come se avesse voluto contraddire apposta quel desiderio di Girolamo, il professore non pareva invece avere alcuna fretta. Si avvicinò, a due passi dal letto si fermò e scosse la testa in modo ironico, vedendo sul pavimento i piatti rotti e il vassoio; poi guardando il ragazzo:

"Ne ho sentite delle belle sul conto suo."

Girolamo impallidì; 'ci siamo', pensò; dalla sofferenza avrebbe voluto gridare.

"Ma se debbo andarmene", gli riuscì alfine di proferire con voce tremante, "la prego, signor professore, di farmi partire il più presto possibile..."

Il medico lo guardò:

"Andarsene?... Chi le ha detto che deve andarsene?"

Una specie di densa nebbia avvolgeva ormai gli occhi di Girolamo:

"Ma a causa di quello che ho fatto", balbettò ancora, "la Polly... il primo piano..."

Il professore capì finalmente.

"Ah... è per questo!" esclamò con freddezza, avvicinandosi al letto e facendo segno agli altri due di seguirlo; “ma in tal caso, ragazzo mio, lei si sbaglia... La condotta dei malati non ci riguarda..., non è una casa di correzione, questa, ma una clinica... Noi ci occupiamo del suo corpo, non della sua anima, soltanto del suo corpo, anzi di una parte del suo corpo... Ho già dato ordine che non la si faccia più scendere a pianterreno, ecco tutto... e in quanto all’andarsene, lei se ne andrà quando noi giudicheremo che sarà necessario...” Si voltò verso l’infermiere e con un gesto: “Mi tiri via queste coperte”, ordinò.

L’austriaco obbedì. Nudo, Girolamo rabbrividì; troppa confusione era nella sua mente, perché gli fosse possibile pensare; gli pareva di essere annientato e al di là di questa amara sensazione di nullità non sapeva andare. Intanto il professore si era chinato, e, tutto accigliato, toccava con quelle sue mani pallide e tozze il ginocchio malato. Girolamo lo guardava, e gli pareva di non essere più che un corpo senza volontà e senza intelligenza. Poi il professore si alzò:

“Mi faccia vedere le radiografie”, disse all’assistente.

Costui aveva un fascio di buste metalliche sotto il braccio. Ne trasse le tre fotografie del ginocchio di Girolamo e le porse al chirurgo, che mettendole contro luce le scrutò a lungo confrontandole. La prima di queste fotografie mostrava, sopra un fondo nero, il nucleo biancastro, formato dalla rotula e dalla congiunzione del femore con la tibia, tutto annebbiato e deformato; nella seconda negativa questo annebbiamento, questa deformazione erano già rimpicciolite e circoscritte da un orlo oscuro; ma nella terza radiografia la nebulosità e la deformazione erano le stesse della prima, anzi semmai parevano leggermente aumentate. Il professore rese le fotografie all’assistente e si voltò verso il ragazzo.

“Lei”, pronunziò, “è tornato alle stesse condizioni nelle quali si trovava quando arrivò qui al sanatorio... È contento?”

"Come, quali condizioni?" incominciò il ragazzo; ma l'altro lo interruppe: "Pensi", disse, "a guarire... Io, se fossi al suo posto, non prenderei così sottogamba la sua malattia...; e ora vada a fare la cura... Joseph, lo metta fuori sulla terrazza"; e senza aspettar la risposta di Girolamo, seguìto dall'assistente, il medico uscì.

Joseph spalancò la finestra, diede al ragazzo gli occhiali affumicati e il pannolino per il ventre, tolse via del tutto le coperte, poi con pochi strattoni delle sue braccia robuste tirò il letto sulla terrazza. In un atteggiamento vergognoso, nudo, rannicchiato sopra il materasso, il ragazzo si trovò ad un tratto all'aria aperta. Faceva freddo, era molto se il sole gioioso e limpido che inondava di luce la terrazza impediva di gelare. Altri letti, coi loro bruni corpi distesi sulle lenzuola accecanti, stavano già esposti al sole, persino le piaghe, le fistole, gli ascessi che qua e là deformavano quelle membra inerti, parevano meno ripugnanti nella bella luce del mattino invernale. Alcuni di questi malati leggevano, altri giacevano supini senza far nulla, immobili come morti, altri ancora, laggiù in fondo alla terrazza, avevano messo in movimento un loro grammofono, se ne udivano a intervalli, portati dal vento, i suoni facili e discordi. La giornata non avrebbe potuto certo esser più splendida: fin dove l'occhio poteva arrivare, si vedevano con nettezza, contro quel cielo duro e limpido, i picchi accidentati e nevosi delle montagne che facevano corona intorno la valle, le foreste di abeti erano tutte impolverate dalle recenti tormente, si distinguevano sui pendii luccicanti le figurette nere degli sciatori che scivolavano in tutte le direzioni, cadevano, si rialzavano, disparivano dietro le bianche colline, riapparivano. Ma Girolamo guardava questo festoso paesaggio con occhi pieni di lagrime: nulla era successo, non avrebbe più rivisto né il Brambilla, né la piccola inglese; era solo, e la guarigione sembrava ormai oltremodo lontana.

(1930)

VISITA CRUDELE

Quell'inverno, più per sfaccendamento che per vera simpatia, m'ero legato d'amicizia con un giovanotto ozioso di nome Stefano. Costui abitava solo in una camera mobiliata, mangiava in trattoria, passava la giornata con altri tre o quattro amici disoccupati come lui, errando per la strada o indugiando nelle salette interne dei bar, e, venuta la notte, andava al cinematografo o a qualche altro spettacolo, ingegnandosi in modo di non tornare a casa avanti le prime ore del mattino.

Di persona era piuttosto insignificante; il solo tratto, che lo distinguesse dagli altri della nostra banda, era la vanità, una strana vanità, crudele ed autodiffamatrice, che lo spingeva a vantarsi delle azioni generalmente stimate poco onorevoli, purché gli sembrasse che lo accrescessero nella stima del suo interlocutore, fosse pure quest'ultimo il cameriere del caffè o il garzone del bar. Naturalmente, non gli credevo, pensavo che per un gusto tutto suo volesse farsi più brutto di quel che veramente non era, e, ritenendolo più bugiardo che cattivo, spesso lo canzonavo; anzi, un giorno in cui mi aveva raccontata una brutta storia nella quale egli figurava come il seduttore di una ragazza sua lontana parente, povera, raccolta in casa da sua madre, gli dissi chiaramente che mentiva: mi guardò un istante, poi con la più grande serietà: "non mi credi? vuoi le prove?... ebbene, domani si va dall'Emilia", così si chiamava la pretesa sedotta, "e vedrai se ho mentito".

Accettai questa specie di sfida; d'altra parte il tono col quale aveva parlato mi aveva quasi convinto; pensai che, in fondo, poteva anche essere capace di commettere una tale azione; fu dunque più per curiosità che per puntiglio, che mi recai all'appuntamento.

La madre di Stefano abitava al secondo piano di una casa secentesca, scomoda e antica, situata nel quartiere vecchio della città. Arrivammo che era già notte, la scala, ripida e stretta come di convento, era buia, nei pianerottoli sonori, dalla volta imbiancata a calce, una lampada tranquilla e moribonda illuminava certe porte nerastre che parevano spalmate di bitume. "Mia madre non c'è, la troveremo sola", mi disse l'amico quasi con gioia, tirando il campanello. Entrammo; mi colpì subito il forte odore di rinchiuso che appestava l'aria dell'anticamera. "È una casa vecchia e puzzolente", mi disse tutto compiaciuto Stefano, "ma questo è nulla... vedrai il salotto." Nel corridoio oscuro, lo zoccolo di legno arrivava ad altezza d'uomo, c'erano stampe con larghe macchie gialle di umidità; un cuculo, uscendo ad un tratto col suo strillo da un pendolo di Norimberga mi fece fare un salto.

Passammo nel salotto. Senza parlare, Stefano mi mostrò i dizionari nelle credenze a vetro, un falco impagliato, le conchiglie, le fotografie disposte a ventaglio: la stanza, per essere anche troppo piena e tappezzata, pareva dovesse essere molto calda, ed era invece così fredda che incominciai a rabbrividire. Ci sedemmo su certe poltrone col merletto sulle spalliere e le nappine ai bracciuoli. Dopo un istante la porta si aprì, ed Emilia entrò.

Indossava un vestito verde bigliardo, bizzarramente tagliato, e cioè attillato come un corpetto fino alla cintola, con maniche aderenti e collettino alla Maria Stuarda, e, dalla cintola in giù, largo e molto pieghettato. Una fitta fila di bottoni bianchi, che andava dalla gola fino in fondo alla gonna, dava l'impressione che questo vestito, in cui le fattezze molli di quel corpo si stampavano con una evidenza stranamente pudica, potesse ad un tratto aprirsi nel mezzo come un astuccio e svelare le membra nude. Il volto sopra il colletto di panno, era tondo, inquadrato di capelli neri, d'una bianchezza mortale, e con qualche cosa al tempo stesso di maligno, di tremante e di precocemente sfiorito negli occhi un po' torbidi e nelle pieghe delle labbra sottili. Sdegnosa, sardonica, si avvicinò guardando fissamente il mio amico; pareva che un violento sentimento l'agitasse ed ella facesse ogni sforzo per dominarsi.

"A che cosa debbo l'onore ed il piacere di una tua visita?" ella domandò, sedendosi, con una freddezza esagerata, dopo che Stefano mi ebbe presentato, "ti credevo partito, o anche morto."

"Sono venuto per sapere che cosa facevi e come stavi", incominciò l'altro con dolcezza; la donna lo guardò di traverso: "Cosa ti può importare di me?" rispose "cosa abbiamo noi due in comune?... niente, dunque meno ti occuperai di me meglio sarà..."; tremava visibilmente per tutto il corpo, soggiunse due o tre frasi sgarbate, poi, improvvisamente, si alzò, disse che andava a prendere il tè ed uscì.

"Ebbene, che te ne pare?" egli mi domandò appena l'uscio si fu chiuso, "mica male, non è vero?"

"Graziosa."

"Sì, ma ora è un poco appassita" egli disse con un viso deluso; evidentemente aveva immaginato che mi sarei congratulato con lui, "dovevi vederla nei primi tempi, quando ci amavamo... un fiore, caro mio."

"Non ne dubito."

"Di' la verità, tu ancora non credi che mi abbia amato e mi ami ancora... ma appena torna, vedrai come te la faccio cantare... aspetta e vedrai."

Dopo un poco, Emilia rientrò reggendo con le due

mani il vassoio del tè. Per qualche istante, mangiammo e non parlammo, la donna ostentava una grande freddezza, ma la fila candida dei bottoni, su quel suo petto più appassito e riassorbito anzi tempo che maturo, rivelava, torcendosi mollemente ad ogni respiro, una agitazione mal dissimulata. Poi l'amico posò la tazza vuota e incominciò a parlare: senza sorridere, curvo, con quelle esitazioni e quel pudore che fanno pensare ad una sincerità vergognosa e profonda, spiegò alla ragazza affascinata come da quasi un anno non facesse altro che pensare a lei e al tempo nel quale si erano amati, e fino a che punto questo pensiero fosse diventato per lui una vera ossessione. Un sorriso sarcastico increspò ad un tratto le labbra della donna: "ed io invece tutto l'opposto" ella interruppe "io non ho mai pensato a te... proprio l'opposto... strano, no?". Queste parole non parvero sconcertare Stefano, che le domandò ad un tratto se l'amasse ancora; ella lo guardò un istante con una specie di tremante passione; ma cambiò subito viso, e, alzate le spalle, senza rispondergli, si levò ed uscì per andare a prendere certe sue sigarette.

Volli pungere la vanità di Stefano: "Mi pare" gli dissi, appena la porta si fu chiusa, "che il tuo piano si possa dir fallito...".

Egli sorrise: "È riuscito, invece" disse "sta ora a vedere".

Ero ormai convinto che egli avesse detto la verità sui suoi rapporti con l'Emilia; ma, supponendo nella ragazza una certa rabbiosa fierezza, non capivo come avrebbe fatto per costringerla a dare quelle prove di cui del resto non avevo più bisogno.

Di lì a poco la ragazza rientrò, ed osservai che si era tinta le labbra e che gli occhi, prima duri, le si erano fatti ansiosi. Sedette e cadde subito in una fissa ed assorta distrazione, col viso immobile e gli sguardi rivolti a terra; fu a questo punto che avvenne un fatto inaspettato; Stefano sputò un resto di tabacco che la sigaretta gli aveva lasciato sulle labbra, e: "ti ho chiesto se mi amavi ancora" disse "non per scherzo o per capriccio... e nemmeno ho voluto rivederti per nulla... no, in verità" egli esitò "in verità sono venuto per domandarti se vuoi che ci sposiamo...".

Guardai la faccia dell'amico, era seria e turbata; anche perché una falsa promessa di matrimonio mi pareva un mezzo troppo crudele e inadeguato allo scopo che egli voleva raggiungere, mi passò ad un tratto per la mente che non fingesse, ma facesse sul serio. La ragazza poi era così stupita che non pensava nemmeno a parlare; guardava Stefano con occhi incomprensivi; la rabbiosa e un po' banale sostenutezza di poco prima pareva avesse ceduto il posto ad un sentimento più indifeso e sincero.

"Sposarci noi due?", interrogò alfine.

"Sicuro" disse Stefano. E sempre con quel tono pudico ed esitante, guardando in basso e non alzando gli occhi che per lanciare occhiate sentimentalmente turbate alla ragazza, egli spiegò che era stanco di fare questa sua vita solitaria ed oziosa e che, dopo averci molto pensato, aveva concluso che non gli restava altro da fare che sposarsi. Accese una sigaretta, passò quindi al programma della loro vita futura.

Quel che del resto mi sconcertava di più, non era tanto la minuziosità e la perfezione dei particolari, quanto la scelta di una tale menzogna, se menzogna c'era, e il tono della sua voce e la espressione del suo viso che erano realmente quelli di un uomo pentito, turbato e pieno di speranze. Pensavo perciò che, anche essendoci l'inganno, ci dovesse essere però, da parte di Stefano, una partecipazione qualsiasi, forse soltanto incosciente: l'ironia di quella vita ordinata, falsamente promessa, mi pareva insomma rivolta più contro lui stesso, che probabilmente ci aveva aspirato e ci aspirava tuttora a modo suo, che non contro l'Emilia ed il suo tenace amore.

Quando Stefano ebbe finito di parlare, ci fu un lungo silenzio. La ragazza stava rannicchiata nella sua poltrona, considerava il giovane tra spaventata e dubbiosa; era chiaro che tutta la sua anima inclinava alla credulità ed alla fiducia, ma che, resa diffidente dall'esperienza, ella temeva, cedendo, di essere daccapo ingannata. Poi, bruscamente, si chinò ed afferrò le mani del giovane: "Non scherzi mica, Stefano?" domandò con un'ansietà isterica; "non è per divertirti, per giuoco che mi dici tutto questo?".

Ricordo benissimo il viso del mio amico; era calmo, gli occhi avevano uno sguardo franco, pieno di volenterosa serietà: "Ti pare che io possa scherzare", disse alfine, "e per di più su questo argomento?".

Ella lo scrutò ancora, come se avesse voluto cercare in quegli occhi, ostinatamente amabili e leali, la verità che ero solo a conoscere. Ma Stefano resse all'esame con una tranquillità davvero ammirevole; disorientata, l'Emilia si prese per un istante la testa tra le mani; poi si alzò, fece qualche passo mal sicuro per il salotto; la guardai: pareva smarrita e stiracchiava tra le mani un suo fazzolettino. "Lei è il migliore amico di Stefano, non è vero?", mi domandò ad un tratto sedendomisi accanto sopra un basso sgabello; "lo conosce da molto tempo?... e gli vuol bene?"

"Credo" le dissi "che sia possibile volergli bene."

"Bisogna volergli bene" affermò la ragazza nervosamente, "conoscendolo veramente non si può... non si può che amarlo..."

"È quello che penso anch'io."

"Ma nessuna donna, nessun amico, mi creda", ella mi guardò, "potrà mai amarlo come lo amo io." Scosse la testa, pareva commossa; poi si alzò, andò al giovane: "Farò tutto quello che vuoi... ma ora vattene... andatevene... voglio star sola".

Non ci facemmo pregare, non so Stefano, ma io ero un po' stanco; passai dunque con la più grande sollecitudine nell'anticamera. Quei due stettero ancora un istante nel salotto, poi mi raggiunsero e la ragazza tese a Stefano il pastrano ed il cappello.

"Allora a presto", egli disse battendole sulla guancia pallida come cera una mano affettuosa; "a prestissimo."

Scendemmo a precipizio la scala buia e diaccia, nella strada Stefano mi prese il braccio: "Ebbene, che ne dici? Hai visto come l'ho fatta cantare?... che razza d'amore eh!... ora crederai ancora che io abbia mentito?".

"Ma poi la sposerai?" gli domandai.

Lo vidi ridere: "Io sposare quella stupida, quella cretina...", pareva che queste ingiurie gli recassero una specie di sollievo, "quella idiota... ma vado piuttosto a buttarmi a fiume... ma non l'avevi ancora capito? le ho detto tutte quelle panzane per farla parlare... come hai potuto pensare che io facessi sul serio?; via, ti credevo più intelligente!".

Lo guardai: pareva soddisfatto, fischiettava, soltanto un pallore che non gli avevo mai veduto su quel suo viso pur sempre così esangue, un pallore convulso, quasi verde, faceva pensare che tutta quella commedia del matrimonio non fosse stata recitata senza uno sforzo al tempo stesso doloroso e troppo acutamente piacevole.

(1930)

LO SNOB

Avevo conosciuto questo Valvassori, giovane provinciale venuto alla capitale per nessun'altra ragione che quella del divertimento, ad un ballo, non ricordo più in casa di chi; lo rividi in seguito molte altre volte, ed in breve si diventò amici. Era un giovane assai normale, sia come carattere che come intelligenza, molto buono e di gradevole compagnia; la sola stranezza che gli si potesse rimproverare era l'incertezza, il mistero, la provvisorietà dei suoi rapporti di amicizia. Non si capiva, infatti, se gli si facesse piacere andandolo a cercare a casa o telefonando: a volte mi accoglieva con un imbarazzo evidente, oppure, addirittura, mi faceva dire d'essere uscito; egli stesso, d'altra parte, dimenticava di farsi vivo per settimane intere, e se gli domandavo poi cosa avesse fatto in tutto questo tempo, ridacchiava, esitava, finiva per cambiare discorso. Finalmente, queste stravaganze, come d'incanto, cessarono e il modo col quale avvenne questo cambiamento mi fece alfine penetrare le ragioni di una amicizia tanto infida e, in un certo senso, poco lusinghiera e dilettantesca.

Una sera del mese di gennaio dovevo fare due cose: recarmi da Valvassori che mi aveva telefonato il giorno prima, e poi andare al ballo di certi conti S., coi quali ero in buona amicizia da parecchio tempo. L'amico abitava in un quartiere nuovo e lontano, in una di quelle pensioni per funzionari importanti, ufficiali, impiegati parastatali, che in una città come la nostra, per una buona metà composta di burocrati di ogni specie, sono assai numerose. Queste pensioni, tenute di solito da qualche vedova matura e senza pretese, sono buie, casuali, apparentemente vuote. I pensionanti si fanno forse delle visite vicendevoli nelle camere, ma certo non si riuniscono mai nel salotto dalle finestre chiuse, nel mezzo del quale, a mezz'aria, vola una mosca solitaria e imperitura. All'attaccapanni sono appesi cappelli maschili d'ogni foggia, sciabole, mantelline militari, ma nessun indumento femminile. I pranzi sono lugubri e poco illuminati. Ma torniamo a Valvassori.

Mi recai dunque alla pensione e, dopo una attesa di un quarto d'ora nel salotto deserto, mi fu annunziato che potevo passare. Andai, attraverso un corridoio oscuro raggiunsi la stanza; Valvassori era già a letto e chiacchierava di letteratura con un pensionante che avevo già veduto altre volte, un giovane capitano dei carabinieri.

"Sai" mi disse subito sbadigliando e stirandosi "ero stanchissimo e mi sono messo a letto... ti ho telefonato, è vero, ma credo che ti manderò via subito perché ho veramente troppo sonno"; soggiunse qualche altra frase sopra la sua gran voglia di dormire, poi, con l'evidente intenzione di essere gentile con me, mi domandò, guardandomi con attenzione e sorridendo, se stavo bene, cosa avevo fatto in questi ultimi tempi, chi avevo visto, e come andava la mia vita mondana.

Era così chiaro che faceva tutte queste domande con una intonazione protettiva, per pura cortesia, e non gli importava nulla delle risposte, che finsi di non aver udito, e rimisi il discorso sul soggetto della loro discussione, un certo romanzo che negli ultimi tempi aveva avuto molto successo. Il capitano, un giovane molto bruno, di una bellezza sanguigna e un po' volgare, che la mia entrata aveva fatto rimanere a metà di una frase, si voltò verso di me: "Dicevo a Valvassori" proferì guardandomi con quei suoi occhi ardenti "che questo romanzo è veramente bello per l'umanità dei personaggi... c'è umanità in questo romanzo, c'è vita, c'è dolore!"; e continuò sostenendo che Valvassori, un giovane così intelligente e sensibile, avrebbe dovuto leggere il libro del quale parlava.

"Ebbene" disse Valvassori con lo stesso tono di una donna che cede alla violenza "me lo vada a prendere questo suo romanzo... e farò il mio possibile per arrivare a leggerlo."

Il capitano uscì. Valvassori mi guardò con malizia, mi ammiccò, mi batté una mano sul ginocchio sorridendo e ripetendo che ero il suo migliore amico; poi: "Mi toccherà cambiar pensione" disse facendosi serio "c'è questo capitano che è veramente insopportabile... non che sia cattivo..., ma non credi che qualche volta avrei il diritto di stare solo?".

Il capitano tornò. Si parlò ancora un poco, finalmente mi alzai e li lasciai. Uscii dalla pensione, corsi a vestirmi a casa, quindi, in taxi, andai all'altro capo della città, alla villa dei conti S. I saloni della villa erano già affollati di invitati, andai a salutare la padrona di casa, mi aggirai quindi di salone in salone, osservando i vestiti e le facce dipinte delle donne e sforzandomi di indovinare chi fossero gli uomini. Arrivai così presso il *buffet*, allora assai solitario, e, col viso distratto e curioso di chi si trova in una moltitudine sconosciuta, vidi con molto stupore l'amico Valvassori che credevo a letto e già immerso nel sonno.

Mi riconobbe subito, mi venne incontro, c'era su quel suo viso sempre incerto una gioia sincera e decisa: "Tu qui?" esclamò, "ma perché benedett'uomo non me lo hai detto prima che conoscevi i conti S., e che ti avevano invitato?...".

Gli risposi un po' freddamente che io non gli avevo mai nascosto nulla, mentre avevo ragione di credere che egli si fosse messo a letto e avesse finto quella gran sonnolenza unicamente per ingannarmi e tenermi all'oscuro di questo suo invito. Arrossì, per un istante restò confuso, e un po' umiliato; poi rise con franchezza: "Hai ragione, hai mille volte ragione" disse prendendomi affettuosamente sottobraccio; "ma anche tu perché non avermelo detto prima che eri in buoni rapporti coi conti S.?... Vedi carissimo", egli soggiunse guardandomi e sorridendomi, "vedi, se tu me lo avessi detto prima non avrei mai usato con te quei sotterfugi... ma sebbene ti sia molto amico, credimi, molto più di quello che tu possa immaginare, pure non mi era mai riuscito di capire che razza di posizione tu avessi in società e se dovessi stimarti eguale od inferiore..., ma ora anche questa nube è fuggita, l'orizzonte è libero, ora te lo giuro sarò l'amico più fedele e sincero che tu abbia mai avuto".

Lo guardai: pareva molto contento di me e di sé, mi sorrideva affettuosamente. "Ma non ti accorgi", gli domandai ad un tratto "che codesto è snobismo bello e buono e che una tale amicizia vale ben poco?"

"È snobismo" egli ripeté quasi cantarellando, con una specie di leggerezza, "è snobismo... e che male c'è... io sono snob come gli uccelli cantano e i pesci nuotano", mi guardò; poi, più seriamente, ma con una estrema fatuità: "sì lo so, sono snob, è un gran brutto difetto, lo so, ma chi non lo è? tutti sono snob", concluse girando uno sguardo sulla folla degli invitati "qui dentro non c'è una sola persona che non lo sia... tu per il primo."

Avevo già osservato altre volte che il vizioso si sforza di estendere le sue convinzioni e di far proseliti non meno del santo. Risposi perciò assai tranquillamente che credevo di non essere snob, ma che ad ogni modo, se lo fossi stato, avrei fatto di tutto per liberarmi da un difetto tanto inutile e insipido. Valvassori mi ascoltò con un viso compunto, ma non convinto; poi: "sì caro" mi disse "tu sei intelligentissimo, sai dire le cose come pochi, in tuo confronto sono una bestia..., ma non proibirmi lo snobismo, croce e delizia della mia vita..., lasciami questo piacere, in fondo tanto innocente...".

Gli domandai in che cosa consistesse secondo lui questo piacere. "Non so" egli rispose, come chi ha la testa troppo piena e non sa cosa scegliere "non saprei... per esempio appartenere ad un piccolo gruppo aristocratico... ad un cerchio stretto nel quale tutti aspirino ad entrare e che resti chiuso per la maggior parte delle persone... si vive in questo modo con pochi privilegiati, si è invidiati, tutto vien sempre fatto da un clan ristretto che in un certo senso comanda la moda, il gusto, le preferenze del giorno... bada" mi avvertì a questo punto "ti parlo di cose che non conosco che di nome... perché non ho avuto ancora la fortuna di essere ammesso in uno di questi tali gruppi, o almeno miro tanto in alto che mi ci vogliono molti maggiori sforzi e accorgimenti che non mi occorrerebbero se mi contentassi di qualche clan di secondo o di terzo piano..., per raggiungere questo scopo devo agire con prudenza, abilità e, ti sembrerà strano, persino con coraggio... vedi, tutto dipende", soggiunse indicandomi un giovanotto dal viso brutale, pallido e un po' torvo, dalla testa calva, che parlava con una graziosa donna vestita di rosso "da quella persona... è lui il capo del gruppo... e quella è la marchesa B. sua amante... ora non so", concluse con viso preoccupato "chi sia dei due quello che domina... perché se è lei, gioverà forse che le faccia un po' di corte, ma se è lui la mia condotta deve essere invece rispettosissima..."

Fin dal primo momento Valvassori non aveva avuto che una vergogna convenzionale di questo suo difetto. Ma ora ne parlava con una franchezza rapida e concitata, che pareva a tratti cinismo. Gli dissi, più per vedere cosa rispondesse che perché veramente ne avessi l'intenzione, che non sapevo, dopo quel che mi aveva detto, se potevo, senza sentirmi umiliato, restare suo amico. Parve dapprima un poco preoccupato: "Dimentica", disse alfine, con un sorriso tentatore, "dimentica quel che è successo... e vedrai che oltre esserti amico, poiché sei anche tu snob, non negarlo, è vero, ti sarò utile, anzi utilissimo..., conosco gran parte dell'aristocrazia della città... ti presenterò a chi vorrai... anche subito... per esempio guarda... quella è la principessa T., non è più tanto giovane, ma è ancora bella, puoi anche, se vuoi, farle la corte con qualche successo... vuoi che ti presenti?".

Risposi che se proprio dovevo far la corte ad una donna preferivo farla ad una serva giovane, piuttosto che ad una principessa vecchia. Rise come di un tratto di spirito, ma non sembrò convinto né contento. Soggiunsi allora, per fargli piacere, che non avevo alcuno snobismo alla rovescia e che, a parità di meriti, avrei senz'altro preferito la principessa alla serva: "sebbene" conclusi "nelle serve ci sia del buono".

Egli si rasserenò: "Ora non farmi il cinico" disse, "le serve sono quello che sono e han da servire... vedrai", affermò quindi con la gioia di un prete che ha fatto un neofita "che anche tu diventerai uno snobbone peggio di me, appena comincerai a conoscere e ad essere conosciuto... sì perché, quel che più mi dispiace", insinuò ad un tratto, "sono le tue frequentazioni...".

Gli chiesi di fare dei nomi. Egli mi guardò "D. per esempio" incominciò.

"Ma è uno dei miei migliori amici" esclamai, "mi ha curato quando ero malato... e poi chi ancora?"

"Quel P." egli disse con un viso malsicuro.

"Ma è anche lui un amico provato" risposi, "mi è stato accanto nei tempi neri... per me è come un fratello..."

"Sarà" egli disse, stringendosi nelle spalle, "ma se ci tieni ad andare per il bel mondo, bisogna che tu non stia più con loro."

A questo punto incominciarono le danze. Ammiccandomi, sorridendomi, felice e imbarazzato, l'amico mi lasciò e andò a invitare una ragazza nobile, ma brutta, che nessuno faceva mai ballare.

(1930)

LA BELLA VITA

Alla casa si arrivava per una strada disselciata e fangosa in fondo alla quale si vedeva la campagna verde-azzurra ed ondulata impallidire fino a confondersi col cielo bianco. Case in costruzione fiancheggiavano la strada, ovunque erano fosse di calce, impalcature, botti sfondate, travi; ma, data l'ora meridiana, i lavori erano sospesi, e gli operai, seduti su muricciolі, mangiavano senza parlare le loro pagnotte infarcite. Nessuno passava, c'era un gran silenzio: "Le troveremo a tavola" mi disse Marco scavalcando con precauzione le pozzanghere, "ma, d'altra parte, è il solo momento in cui si possa trovare con sicurezza quella donna". Gli chiesi cosa facesse, ed egli mi rispose che aveva in città un negozio di mode e che era appunto là, che sua sorella, in cerca di lavoro, era incappata in quella tirannica amicizia. "È una specie di donna di affari" concluse, passandosi quella sua mano di gigante, larga come una pala, non sulla fronte ma sul viso intero; "del resto ora la vedrai."

L'appartamento era al primo piano di una palazzina dai muri rosei, dalle persiane verde pistacchio. Ci venne ad aprire una servetta, ci lasciò per un istante in un salottino minuscolo e povero nonostante alcune civetterie a buon mercato, e tornò quasi subito dicendo che potevamo passare nella stanza da pranzo. Come Marco aveva predetto, le due donne erano ancora a tavola. Una gran luce empiva la camera nuda, la vasta campagna visibile attraverso la finestra senza tendine faceva uno strano effetto, come se fosse stato il mare. Quel che mi colpì soprattutto, insieme con l'odore di cucina che appestava l'aria fu l'aspetto disordinato e materialissimo della tavola. Una tovaglia con macchie di vino, molliche, piatti sudici, la ricopriva; il vasellame era grossolano e unto, fin sull'orlo, d'olio e di pomodoro; invece della bottiglia c'era un fiasco sbilenco nel suo involucro di paglia.

Guardai le due donne che, un po' imbarazzate, avevano interrotto di mangiare. Dora, la sorella di Marco, sarebbe stata bella se non fosse stata così smunta: era bionda, esangue, bianca come la cera, con grandi occhi azzurri, infossati e pesti. La Vercelloni era invece tutto l'opposto: larga, atticciata, aveva una testa dai capelli corti, dai tratti carnosi e smussati come quelli degli efebi; gli occhi li aveva tranquilli e neri con uno sguardo lento non privo di una sua inconscia maestà; una leggera peluria, decisamente scura, ombreggiava le labbra che non erano dipinte. Osservai anche che, mentre la Dora stava diritta e composta sopra la sua sedia, l'amica, sia che avesse bevuto un po' troppo sia che non le importasse, sedeva di traverso, rovesciata alquanto sulla spalliera, col tovagliuolo infilato nel colletto della camicia maschile. Era vestita di grigio ed una cravatta vivace le ricadeva sul petto.

Non parve sorpresa di questa nostra visita, ma un po' infastidita come da un intervento che stimava al tempo stesso indiscreto ed inutile. Sedemmo; e, senza indugio, come se la Vercelloni non fosse stata presente, piegato il corpaccione sopra la sedia angusta, Marco incominciò ad esortare la sorella a non volere continuare a vivere fuori di casa, a tornare in seno alla famiglia. I suoi argomenti erano solidi e modesti; alluse con abilità al dispiacere della madre, non ebbe una sola parola contro la Vercelloni; evidentemente, nonostante il suo risentimento, voleva parer moderato ed obiettivo. Ma la sorella aveva, guardandolo, una espressione estremamente ottusa: "no", rispose alfine col tono di chi ripete la lezione "non verrò con te... finora sono stata troppo buona, mi sono sacrificata, ma ora ho capito che devo farmi valere secondo i miei meriti... e poi voglio godermi la vita".

La Vercelloni, che non aveva mostrato alcuna ansietà, sorrise senza ostentazione, tranquilla, mostrando i bei denti regolari, di una bianchezza di latte: "Povera Dora" disse con voce sonora "è comprensibile che non voglia tornare in casa...; a ventott'anni suonati la tenevate chiusa tutto il giorno, le facevate lavare i piatti, cucinare, spazzare..."; enumerava, con una calma superiore e protettiva, le angherie sofferte dall'amica e quest'ultima la stava ad ascoltare con evidente compiacimento, come un contadino che senta per la prima volta un oratore da comizio gridargli che è oppresso, taglieggiato, incatenato, e che è giunto il momento della riscossa. Poi, appena la Vercelloni ebbe finito di parlare, Dora si voltò verso il fratello, e, con un'espressione stupida ed inorgoglita, gli spiegò come qui avesse una stanza sulla campagna e potesse uscire quando voleva, anche sola, e andare al cinema, al caffè... "Sono come una padrona" concluse con aria sagace: "la mattina mi alzo tardi e prendo il caffè in letto... posso fumare sigarette e bere liquori quando voglio... Maria mi porta in giro nella sua automobile, mi ha regalato dei vestiti, è buonissima con me... e inoltre posso ricevere chi voglio nella mia stanza, anche di notte..."

Quest'ultima frase fece trasalire Marco, però non disse nulla e pensai che, stimando sua sorella più mentecatta che sgualdrina, non volesse perciò mettere in quella testa innocente idee e sospetti di possibilità ancora impensate. Rispose invece con molta dolcezza, stringendo i grossi pugni sotto la tavola, che se fosse tornata a casa le avrebbero dato una stanza tutta per lei e che avrebbe potuto come qui alzarsi tardi e prendere il caffè in letto.

Ma la ragazza scosse con ostinazione la testa: "Finora" rispose "non sapevo cosa fosse la libertà e quanti vantaggi potessero derivarne... ma ora lo so e non mi lascio più convincere... avete un bel dire voialtri, ma non mi convincete... ora so cosa vuol dire godere la vita"; e, in così dire, tutto quel suo viso smunto e compassionevole si dipinse di una golosità allusiva e tenace.

Per qualche istante ci fu silenzio. La Vercelloni covava la ragazza coi suoi occhi tranquilli e neri di bell'animale; attraverso la finestra, piena di quel verde irreale della campagna, un pallidissimo raggio di sole veniva a far brillare le stoviglie ed i capelli biondi della sorella di Marco. Quest'ultimo scuoteva con rabbia la testa e si mordeva le labbra. Il silenzio venne da capo interrotto dalla ragazza: "Faccio una bellissima vita" ella disse "perché dovrei tornare con voi? E poi anche se volessi non potrei... dobbiamo, Maria ed io, partire tra pochi giorni per Parigi... A casa, chi avrebbe mai pensato a farmi andare a Parigi?... Ed in verità io credo che non ci sia nulla di più bello che viaggiare e andare a vedere una città così magnifica e piena di negozi e di divertimenti come Parigi...". E continuò collo stesso tono, paragonando Parigi alla città natale, ed esaltando i vantaggi di questa sua nuova esistenza. Poi la Vercelloni spiegò che si recava a Parigi per il consueto acquisto dei modelli. Marco stette a sentirla, quindi: "Mi faccia il piacere" disse "mandi via Dora... vorrei parlarle da solo a solo...".

Venne subito accontentato: "Dorina" disse la Vercelloni "vai di là un istante... ho da parlare a tuo fratello...". La ragazza obbedì e si alzò. Osservai allora che di persona non era magra come in viso, ma ben fatta e quasi formosa. Indossava un vestito cortissimo, portava ai piedi pantofole felpate, i polpacci scoperti e ridondanti avevano qualche cosa di sfacciato. Mi colpì anche il passo un po' vacillante col quale raggiunse la porta, e pensai che anche l'ubriachezza fosse una delle attrazioni di quella bella vita che diceva di fare. Ma venni distratto da queste supposizioni dal tono violento col quale Marco parlava alla padrona di casa.

"Lei sa benissimo" diceva "che mia sorella è una povera demente e che se si avesse i quattrini la si sarebbe già messa in una clinica..., con che scopo allora portarla via dalla famiglia, montarle la testa, farle credere che è stata fin adesso sacrificata, martirizzata? Io dico che da parte sua è cattiveria incosciente o peggio..."

La Vercelloni sorrise e, tratto di tasca un portasigarette, l'offrì aperto a Marco. Questo gesto, chissà perché, infuriò il gigante che con una manata fece volare in aria astuccio e sigarette. "Ho proprio voglia di fumare io", esclamò con rabbia. La donna non si scompose, ma l'avvertì che se continuava così l'avrebbe messo fuori di casa. Raccolse quindi una sigaretta che era caduta sopra la tavola, l'accese e cominciò a spiegare che era stata mossa ad agire in quel modo dall'affetto e dalla compassione che la ragazza le aveva ispirato. "È una vera indegnità" soggiunse "tenere segregata una così bella ragazza con la scusa che è squilibrata... intanto è perfettamente sana di mente... siete stati voi che, a furia di ripeterle che era stupida, l'avevate tanto intimidita da farle disimparare persino di parlare..., e poi è maggiorenne ed è libera di fare quel che più le piace." Ci fu un breve silenzio. "Io voglio bene a Dora" disse ad un tratto tranquillamente la donna "e in nessun caso la lascerò tornare in una casa dove sarebbe maltrattata e peggio..." Trattenendo a stento il risentimento, Marco le rispose che la sua famiglia era troppo povera per far viaggiare Dora fino a Parigi; ma che la sorella non aveva mai mancato di nulla; e che, del resto, la sola volta che l'avevano mandata sola in villeggiatura aveva combinato tante sciocchezze da scoraggiare per sempre la loro buona volontà. Ma la Vercelloni non parve convinta: "Quelle che lei chiama sciocchezze" disse "sono semplicemente la vita normale di tutte le persone... la povera Dora mi ha raccontato tutto: pare che si fosse innamorata di qualcuno... non vedo che gran male ci sia...".

Si udì in questo momento un ritmo di grammofono venire dalla stanza attigua. Marco si curvò sopra la sedia: “Insomma” domandò “vuol lasciarla andare mia sorella o no?”. La Vercelloni abbassò gli occhi, scosse la cenere dalla sigaretta, poi, come un banchiere che stia trattando un affare, si rovesciò sulla sedia e guardò Marco: “No, in nessun caso”, rispose con semplicità.

Non c’era più niente da fare. Nella stanza attigua il grammofono suonava, mi pareva di vedere quella grande camera a cui aveva alluso la ragazza, mi pareva di vedere la ragazza stessa, davanti alla quale si apriva il miraggio di un soggiorno a Parigi, ballare per la gran gioia di essere fuori delle strettoie famigliari, nella nuova atmosfera di una vita senza freni. Pensavo anche come tutto fosse ben congegnato: una ragazza quasi mentecatta dominata dalla influenza dorata di questa Vercelloni tranquilla e sicura di sé; tutti quei veri vantaggi, Parigi, l’automobile, il caffè servito in letto; il cerchio era chiuso, impossibile romperlo. All’opposto di Marco serio e preoccupato, mi sentivo ilare e quasi sorridevo. Poi il mio amico si alzò.

“Vuol salutare sua sorella?”, domandò la Vercelloni colla sollecitudine di una madre badessa ormai sicura della vocazione fin allora incerta di una sua novizia. Ma Marco rispose di no, assai cupamente, e passò nel vestibolo. La Vercelloni non ci accompagnò, la vidi scomparire nell’oscurità del corridoio. Uscimmo. Gli operai dei cantieri avevano ripreso il lavoro, nell’aria bianca e nuda del pomeriggio invernale echeggiavano dei gran colpi di martello dalle cime aeree di certe antenne di legno. “Per me mia sorella è come se fosse morta”, disse ad un tratto Marco. Ma io non condividevo questa sua cupezza, la vanità dei suoi sforzi mi faceva piuttosto sorridere come quelle leggere angosce che non si capisce mai bene se rechino piacere oppure dolore.

(1930)

LA NOIA

'Vuol piovere' egli pensò; si vedevano difatti laggiù in fondo alla strada deserta gli alberi dal fogliame ancor tenero del lungo fiume apparir chiarissimi, quasi lattei contro il tetro cielo temporalesco. Si guardò le scarpe, erano bianche di polvere, gli venne ad un tratto un accesso tale di noia che avrebbe voluto piangere. Si ricordò allora di una corrispondenza piuttosto stupida, che durava già da un mese, tra lui e la sconosciuta di un annunzio matrimoniale: aveva scritto per fare uno scherzo, gli era stato risposto con serietà, aveva a sua volta risposto sempre con quella fiacca ed irragionevole intenzione di divertirsi alle spalle della sua corrispondente; questa non pareva essersi accorta di nulla, e così erano arrivati a quattro o cinque lettere. Voglia di vedere chi fosse questa persona non ne aveva mai avuta; ma quel giorno, sia per noia sia per sfaccendamento, decise di andarci. 'Ci andrò' pensò 'se la ragazza è graziosa, dico il mio vero nome e l'invito ad uscire con me... se è brutta affermo di essere un amico del suo corrispondente, un amico incaricato di portarle i suoi saluti, e me ne vado il più presto possibile.' Tra questi pensieri camminava, arrivò presto in una lunga strada bianchiccia, con una sola bassa costruzione piena di finestre regolari simile ad un convento da un lato, e insignificanti palazzine circondate da giardini, dall'altro; i marciapiedi erano vuoti, grigi serpentelli di polvere si levavano uno dopo l'altro dalle pietre sotto le ventate preannunciatrici di tempesta. Salì senza fretta una scala sonora e odorosa di calce, la palazzina doveva essere stata costruita da poco, suonò, alla servotta dalla faccia gonfia che gli venne ad aprire disse con sicurezza di voler vedere la signorina Jolanda per quell'annunzio del giornale.

Non c'era povertà né trascuraggine nel corridoio e poi nella stanza in cui venne fatto passare, ma piuttosto una nitidità echeggiante di appartamento da affittare vuoto, a nascondere la quale non bastavano le poche suppellettili tra casuali e provvisorie, in tutto simili agli oggetti che si vincono di solito nelle lotterie. Nel corridoio le mattonelle nuove suonavano e si muovevano sotto i suoi tacchi, in un angolo un brutto bambino piangente, di forse un anno, sostenuto da un'armatura di vimini, tentava di camminare, in un altro angolo c'era in terra una bambola dalle vesti rivoltate. Il salotto poi era una stanza cubica, alta e quasi vuota: cortine di falso damasco rosso tutte spiegazzate nascondevano la finestra e rabbuiavano l'aria; l'arredamento, oltre una macchina da cucire coperta da una tela incerata, consisteva in tre poltrone e in un divano di giunco quali si vedono spesso nelle pensioni di terz'ordine delle stazioni balneari.

'Cominciamo bene' egli pensò, già pentito di questa sua visita, sedendosi con precauzione col cappello tra le mani. Non era ancora passato un minuto, che la porta si aprì ed entrò una ragazza alta, giunonica di forme, con una piccolissima testa di uccello, dal naso aquilino, dalle labbra sottili, dagli occhi tondi ed inespressivi, posata sopra spalle di una ampiezza non comune; il petto, oltre misura gonfio e sporgente, schiacciava ed aboliva col suo volume tutto il resto del corpo, persino i fianchi erano più stretti, le gambe poi erano magre e con caviglie singolarmente sottili. Si avvicinò, c'era una certa banale bonarietà nel suo modo di camminare, sorrise: "è lei il sig. Mario?" domandò.

La voce aveva una facile intonazione dialettale: "No, no..." si affrettò a rispondere Mario, che alla vista della donna si era sentito invadere da un intollerabile senso di irritazione e di noia, "sono un suo amico... Rossi mi chiamo Rossi, Mario è partito, avrebbe voluto venire, ma non ha potuto ed ha mandato me".

Seguì un lungo silenzio; la ragazza che non pareva affatto imbarazzata o delusa, domandò alfine al giovane, con quella sua voce bonaria e volgare, se avesse qualcosa da dirle da parte del suo amico. "Non molto", rispose Mario. Ora il pensiero di avere scritto a quella specie di Giunone, gli dava un fastidio pungente; avrebbe voluto non averle mai scritto, né averla mai veduta. 'In verità' pensò 'volevo giuocare e sono stato giuocato.' Intanto, senza muoversi, con una sua schietta ingenuità, la ragazza gli faceva certi complimenti quasi materni: "Mi piacerebbe conoscerlo il suo amico... scrive così bene... e delle cose tanto intelligenti... e poi si sente che è sincero...". Gli venne ad un tratto una gran simpatia per quel bonario mastodonte senza dubbi né diffidenze, e di rimbalzo un risentimento acuto contro se stesso, o piuttosto contro la propria inettitudine. "Veramente" disse improvvisamente "non sono stato mandato dal mio amico... sono invece venuto di mia spontanea volontà, e questo per metterla in guardia..."

"Mettermi in guardia?"

"Sì", egli continuò "metterla in guardia contro questo mio amico Mario... Sì, perché tutta questa sua corrispondenza con lei non è che uno scherzo e per di più con degli scopi piuttosto loschi. Non c'è insomma in tutta questa faccenda niente di serio o di buono..."

Seguì il silenzio. Più che costernata, la ragazza pareva inorridita, come se le fosse ad un tratto apparso davanti agli occhi il diavolo in persona:

"Ma io" le riuscì infine di proferire "ma io avevo

scritto nel giornale soltanto perché avevo veramente sentito dire che in questo modo si poteva far la conoscenza di qualche giovane serio e con una buona posizione. Faccio la dattilografa, non mi resta molto tempo dopo l'ufficio. Una mia amica mi consigliò di mettere un annunzio sul giornale ed io lo misi... ma se avessi saputo!... o povera me!... e io che credevo che questo suo amico fosse una persona bene intenzionata!..."

"Allora in questo caso" l'interruppe Mario, "ha trovato la persona meno bene intenzionata di questo mondo... Vuole che le faccia una descrizione esatta del mio amico?... ecco..." egli rifletté un istante, poi sospirò "ecco" ripeté con una voce amara "è pigro, non fa niente tutto il giorno, passa il suo tempo andando dietro alla gente che non vuol saperne di lui e facendo la corte alle ragazze che non vogliono lasciarsi sedurre... è inoltre piuttosto acido, invidiosetto, un po' meschino, snob, avaruccio, pensa sempre una quantità di cose sudicie o cattive o maligne, di tutto non sa vedere che il lato brutto, vorrebbe poter fare del male, ma non gli riesce neppure di farlo... ecco" egli sospirò daccapo, gli pareva di essersi ben descritto "ecco... su per giù è fatto in questo modo."

La ragazza si premeva pateticamente con una mano bianca e piuttosto bella il petto enorme, non si capiva bene se fosse inorridita o impietosita: "e a me cosa voleva fare?" domandò.

"Divertirsi con lei" disse Mario, "e poi un bel giorno non farsi più vivo."

La ragazza sospirò, pareva preoccupata anche dalla sola idea di aver corso un tale pericolo; "non gli scriverò più" mormorò alfine "certamente non gli scriverò più... chi me lo avesse detto... ma" soggiunse ad un tratto "però, guardi... sono sicura che questo suo amico è più disgraziato che cattivo... anche dalle lettere si vede... e, dico, non ha una sorella, non ha una madre, non ha nessuno questo suo amico?".

Mario scosse la testa: "Nessuno".

“Ecco, è sempre così...” disse l’altra con convinzione. “Abbandonati... questa è la verità... abbandonati... e poi ci si meraviglia che vengano su male... ma lei... lei è il suo migliore amico, non è vero?”

“Posso dire” rispose Mario “di conoscerlo da quando è nato.”

“Ebbene, lei che è il suo migliore amico non può consigliarlo, guidarlo...” una grande ansietà era sul viso piccino del donnone “che so io?, alle volte basta una parola...”

“Ho già tentato di farlo” disse Mario, “ma non serve a nulla, non mi dà retta... dice: sì va bene, hai ragione, farò come vuoi... e poi... e poi siamo daccapo... no, mi creda, non c’è niente da fare...” Tacque per un istante, rigirando il cappello tra le mani, poi si alzò. “Ad ogni modo ho voluto metterla in guardia” soggiunse “ora è avvertita.”

Uscirono dal salotto, il corridoio imbiancato era quasi buio a causa del temporale che doveva essersi nel frattempo ancor più addensato; in quell’ombra stralunata, i pochi oggetti parevano più gratuiti di prima, più nudi i muri, il bimbo che, là, in un angolo, si muoveva goffamente nel suo sostegno di vimini, sopra le losanghe bianche e nere del pavimento, sembrava ancor più abbandonato di quel che in verità probabilmente non fosse. Poi, proprio nel momento in cui, sospirando tra afflitta e preoccupata, la ragazza stava per aprire la porta, un lampo violento, accecante, percosse l’aria, e, per un istante, corridoio, bimbo, pavimento, usci, ogni cosa, apparve agli occhi di Mario con una intensità quasi dolorosa.

“Che tempo!” disse la ragazza, aprendo la porta. Ora pareva più preoccupata dalla tempesta che dalla recente delusione; “allora la ringrazio tanto di avermi avvertita” disse distrattamente, stringendo la mano di Mario e, nello stesso tempo, lanciando una occhiata curiosa sul pianerottolo “e veda... veda di mettere sulla buona strada il suo amico”.

Il giovane accennò di sì, promise che avrebbe fatto come ella diceva e la porta si chiuse. Nella strada cadevano in fretta le prime gocce pesanti, il cielo era scuro, un vento selvaggio e freddo sbatteva le imposte, faceva volare le tegole e cigolare le banderuole dei tetti, scrollava il fogliame livido degli alberi primaverili. Tenendosi con le mani il cappello e le falde del pastrano, egli corse fino al posteggio dei taxi sul lungofiume, salì e diede l'indirizzo di casa sua; l'automobile partì.

(1930)

MORTE IMPROVVISA

Alla sera del giovedì grasso, il proprietario di terre Giuseppe Pignotti-Marchese, venuto appositamente alla capitale per la stagione mondana, non aveva ancora ricevuto alcuno invito per i numerosi balli che sapeva aver luogo la notte di quel giorno stesso. Questo fatto unito alla esasperazione di una lunga e inutile attesa e alla conoscenza di inviti già diramati a gente che egli stimava inferiore a sé così per censo che per posizione sociale, lo mise dopo cena in uno stato di rabbia e di abbattimento tale che gli parve ad un tratto di non potere resistere più a lungo. 'Me ne andrò', pensò d'improvviso, alzandosi dal letto dove aveva fino allora giaciuto e mettendosi a passeggiare in su e in giù per la stanza, 'me ne andrò in alta montagna o in Riviera...' Gli pareva in quel momento di odiare la città dove si trovava più d'ogni altra cosa al mondo, e nella città particolarmente un certo gruppo di persone. 'Città di parassiti', pensò ancora, 'aristocrazia degenerata... si invitano degli illustri ignoti, si accolgono a braccia aperte individui tarati, nuovi ricchi, arrivisti della peggiore specie..., ma io che in altri tempi sono stato uno degli elementi più attivi di questa società... io per essermi assentato non più di un paio d'anni, sono per così dire tenuto al bando, nessuno si ricorda di me, alcuni dimenticano persino di rendermi il saluto.'

Tra tutte le persone che dopo quest'assenza era andato a visitare e che avevano tradito la sua fiducia, i suoi furori si appuntavano soprattutto contro la contessa T., il cui salotto era in quel momento uno dei più importanti della città e sulla quale gli era sembrato di poter contare in modo assoluto. Questa persona difatti, qualche mese prima, in un albergo di alta montagna, per un capriccio quasi mostruoso, ché il Pignotti era piccolo, afflitto da un difetto di pronunzia, e nel viso gonfio bilioso e stravolto, era stata per pochi giorni sua amante. Altri che il proprietario avrebbero indovinato le ragioni di curiosità e di capriccio che avevano spinto una donna tanto bella e corteggiata a cedere al più brutto appunto dei suoi corteggiatori, ma il Pignotti, serio e del tutto privo di perspicacia, aveva attribuito questo successo ai suoi meriti personali, s'era senz'altro convinto d'essere un seduttore abilissimo e quasi diabolico, e sbrigati i suoi affari, era partito per la capitale, sicuro al tempo stesso di riallacciare i recenti legami e di essere validamente aiutato a riconquistare quel posto, non troppo importante in verità, che alcuni anni prima aveva avuto in quella società. Era stato invece accolto con una festosità prudente, frivola e convenzionale, gli era stato lasciato capire che tutto era finito, e aveva avuto, andandosene, la sfortuna di sorprendere attraverso una porta aperta, in uno specchio, quella amante tanto adorata strettamente abbracciata al conte R., un giovanotto entrato appunto in quel momento. Naufragato l'amore, restava lo snobismo: ma, recatosi ripetutamente a quella casa, il Pignotti s'era sentito rispondere la prima volta che l'amante dormiva, la seconda volta che era uscita e la terza che era a letto malata. Poi aveva saputo di una festa che ella avrebbe dato la notte del giovedì grasso, aveva aspettato invano l'invito e il vero significato di quel sonno, di quella assenza, di quella malattia, gli era finalmente apparso. Pieno di rancore, e di amor proprio offeso, aveva passato un giorno intero a ruminare propositi di vendetta; e ancora adesso molto lo consolava architettare in qual modo crudele e pubblico avrebbe potuto svergognare l'amante infedele. Immaginava per esempio di entrare, ospite indesiderato, in quei saloni affollati, andare risolutamente alla contessa T., afferrarla per un braccio e gridare a tutti la verità; oppure andare a cercare il conte T., rivelargli la tresca di sua moglie, battersi con lui, fare uno scandalo. Queste fantasie, oltre a consolarlo, lo illudevano sulla propria persona. Dimenticava difatti, mentre si abbandonava a queste vendicative immaginazioni, tanto la propria bruttezza che la propria solitudine, si vedeva come avrebbe voluto essere e non era mai stato, aitante, robusto e fortunato, circondato di amici fedeli e di donne innamorate; la sua vanità e il suo orgoglio maltrattati dalla realtà trionfavano nei sogni.

Due colpi alla porta lo destarono da queste fantasticherie. Aprì, la cameriera gli porse una lettera. 'È l'invito', pensò pieno di speranze scorgendo sopra il francobollo il timbro della città; ma lacerata la busta lesse:

"*Gentilissimo marchese*,

"Sebbene io sia sicura che si è già dimenticato della serata passata insieme una settimana fa, mi prendo la libertà di informarla che giovedì sera sarò in casa per i miei amici. Nella speranza di potere averla con noi le mando i miei migliori saluti. Sua Olga Olgiati."

Così lontano era dal prevedere un tale invito, così grande era stata la speranza di quell'altra lettera aspettata invano, che per un istante non capì neppure cosa significassero quelle righe che aveva letto. Fece qualche passo per la stanza, riguardò la busta e fu preso ad un tratto da una gran bile alla vista dell'indirizzo: per il marchese Giuseppe Pignotti. 'Chi è mai stato marchese?' pensò con rabbia dimenticando che altre volte non soltanto si era compiaciuto di una tale confusione ma l'aveva anche favorita. Pensò poi a questa signora Olgiati, si ricordò di averla infatti conosciuta ad un ricevimento di poca importanza, e rammentò anche di averne riportato una impressione di volgarità e di noia. Pieno di malumore, deciso a passare la serata in casa, buttò la lettera nel cestino e si distese sul letto.

Ma non erano ancora passati dieci minuti che l'idea di trascorrere la notte festiva del giovedì grasso nel suo appartamento di celibe gli parve così intollerabile che tornò a considerare l'invito della signora Olgiati con animo meno intransigente. 'E perché non andarci', pensò finalmente. Si ricordò di avere udito dire che grandi signori e dame aristocratiche non di rado fanno capatine nei luoghi popolari, collo scopo di vedere come è fatto il mondo, incanagliarsi, e almeno per un'ora dimenticare gli usi e l'etichetta della buona società. La sua fantasia vanitosa gli dipinse lui stesso in atto di entrare in quel salotto della signora Olgiati, sicuro e al tempo stesso incerto e un poco spaventato, come chi non sa bene dove è capitato, curioso come un esploratore addentratosi in terra sconosciuta, portando tra quella gente, quella aria, quei gesti, quei modi che più del nome e dell'apparenza di ricchezza denotano la società alla quale una persona appartiene. Non avrebbe partecipato a quella festa grossolana che in parte, come uno spettatore, come un dilettante, come un giudice, e con lo scopo ben preciso di osservare le ridicolaggini e le volgarità che non sarebbero certo mancate così da parte dei padroni di casa che degli invitati, di sorriderne e di mandarle ben bene a mente in modo di poter dire più tardi a qualche suo amico: "Se tu sapessi, mio caro, dove ho passato la notte del giovedì grasso..., te lo do tra mille a indovinare...". E poi certamente ci sarebbero state una gran quantità di ragazze, di signorine fresche, sciocche e ben disposte, da strappare ai loro maldestri ammiratori col solo mezzo di qualche allusione alle sue alte amicizie; e non sarebbe neppure stato troppo difficile convincere una di quelle ragazze, a venire, finito il ballo, a bere qualche cosa a casa sua. O non usavano appunto i gran signori cercarsi le loro amanti tra le donne del popolo e quelle della borghesia? Consolato, convinto di non diminuirsi accettando l'invito della signora Olgiati, sicuro di ottenere in questa festa la parte del leone, il Pignotti discese dal letto, andò all'armadio e trattone il frac che quell'inverno non aveva ancora avuto occasione di indossare, incominciò a vestirsi.

A furia di pensar male del ricevimento della signora Olgiati, il proprietario s'era tanto suggestionato da credere veramente all'ultimo di recarsi in una specie di caverna abitata da gente selvaggia o quasi. Fu perciò assai gradevolmente sorpreso quando, disceso dall'automobile, intravvide nell'oscurità nera della notte invernale, tra le cime degli alberi di un giardino che pareva vasto, i contorni piuttosto nobili di una grande villa. Poche macchine e non molto splendide in verità aspettavano ferme ai lati della strada, ma il Pignotti pensò che il grosso degli invitati dovesse ancora arrivare e, se non soddisfatto, per lo meno un po' tranquillizzato attraversò il giardino e ascese la scala di marmo che saliva alla porta d'ingresso.

Aveva immaginato di diventar subito il re della festa, d'essere accolto con mille inchini dalla padrona di casa confusa e contenta, di poter strappare con facilità al suo cavaliere la più bella fanciulla della sala, ma dovette subito accorgersi che queste fantasie non trovavano alcuna rispondenza nella realtà. L'atrio, i gradini della scala, il salone di cui attraverso la porta spalancata si intravvedevano le pareti piene di dorature, erano gremiti di una grandissima folla di invitati, ragazze e ragazzi assai giovani per la maggior parte, i quali in piedi, oppure seduti, oppure anche appollaiati sulla scala, parlavano e ridevano tra di loro come gente che si conosce da tempo e non degnarono neppure di uno sguardo il piccolo proprietario. Era evidentemente un momento di pausa tra due balli, fra il brusio allegro di questa moltitudine giovanile giungevano dal salone gli accordi di un'orchestra invisibile. Impacciato, indispettito, il Pignotti vagò un poco tra quei gruppi, sia per vedere se ci fossero persone di conoscenza, sia per trovare la padrona di casa: le ragazze erano davvero tutte graziosissime, poche di esse certo sorpassavano i vent'anni, il movimento e il calore della danza adornava le loro guance di un acceso rossore; il proprietario ne adocchiò soprattutto una, bionda, dal corpo splendido e formoso eppure straordinariamente flessibile, molto imbellettata e con qualche cosa nel viso al tempo stesso di sfacciato, vizioso e inebetito che gli piacque oltremodo e gli ridestò in fondo all'anima tutti quei suoi istinti di seduttore. 'Qui bisogna conoscere la padrona di casa', pensò, 'soltanto lei può presentarmi a quella bella figliuola.' Cercò, gli riuscì alfine di trovare la signora Olgiati presso l'orchestra, mentre faceva certe sue raccomandazioni ai suonatori.

Venne subito riconosciuto: "Come sta, marchese, come sta?" gli gridò la donna atteggiando tutto il volto ad una espressione dolciastra e cerimoniosa. La signora Olgiati era grande e ossuta, con quel non so che di macchinoso e sgraziato proprio alle donne dallo scheletro grosso. Aveva capelli di un biondo slavato e molto gonfi, il viso era largo di zigomi e di mascelle cogli occhi turchini infossati e duri, la fronte un po' calva, e una pelle scialba come i capelli, tutta sottesa dalle sporgenze brutali del teschio, coperta sulle guance di una fitta peluria bionda. Il proprietario osservò che l'espressione cerimoniosa e gentile molto contrastava coi tratti duri e grossi, e che, parlando, la donna si studiava di rimpicciolire la bocca che era invece grandissima. "Come sta, marchese?" ella continuò inclinandosi un poco verso il Pignotti e guidandolo tra la folla:

"tanto, tanto felice di vederla... venga, venga, voglio presentarla ad alcune signore che hanno sentito parlare di lei, e vogliono assolutamente conoscerla."

Attraversarono il salone; in fondo, sedute in cerchio, stavano molte signore mature, le madri evidentemente di tutta quella gioventù danzante. Di queste signore restò al proprietario la più confusa impressione, ché, sia per lo stordimento della folla, sia per la fretta delle presentazioni non ebbe neppure il tempo di distinguerne le facce. Ebbe invece la vaga percezione di un certo numero di donne, delle quali, alcune piccole e grasse, altre magre e alte, altre ancora mezzane, e tutte dignitose, infarinate e ingioiellate che gli sorridevano tendendogli le dita per il baciamano. Contemporaneamente la padrona di casa pronunziava con un sussiego allusivo calmo e insinuante nomi accompagnati quasi sempre da titoli di contesse, marchese e baronesse che il Pignotti, versatissimo in araldica, udiva per la prima volta in vita sua. Capì invece dai sorrisi che gli venivano prodigati e dalle esclamazioni che li seguivano, che queste signore, all'opposto di lui, sapevano benissimo chi egli fosse; quindi un po' stordito, si ritrovò seduto a fianco della padrona di casa, sopra una delle molte sedie disposte intorno le pareti del salone.

"Immagino, marchese", disse subito la signora Olgiati col più mellifluo dei suoi sorrisi, "che molte feste alle quali sarebbe andato sono state sospese a causa di questo lutto."

Il Pignotti che cercava tra la folla la splendida fanciulla dai capelli biondi, si voltò stupito:

"Quale lutto?"

"Questo lutto di corte" incominciò l'altra. Era difatti morto in quei giorni un principe di sangue reale, e alcuni grandi balli aristocratici erano stati rimandati; ma il Pignotti tutto assorto nella ricerca di quella sua ragazza se ne era del tutto dimenticato:

"Ah già, il lutto di corte", ripeté distratto, "certo, molte feste sono state sospese..."

"Che peccato, un uomo così giovane!" Il principe defunto non aveva meno di cinquant'anni, ma la signora Olgiati, a corto di argomenti, non esitava ad attribuirgli una gioventù immeritata: "dicono che fosse un uomo di grande valore" ci fu un istante di silenzio; "ma per tornare a queste feste", ella soggiunse stringendo a mo' di cuore quelle sue grandi labbra rosse, "sa forse se il ballo della contessa T. sia stato anch'esso rimandato?".

A quel nome il Pignotti si voltò come morso da un serpente: "Ma non c'entra per nulla col lutto di corte quella gente", disse con una violenza corta e istintiva, quasi senza riflettere, sfogando così il risentimento troppo a lungo trattenuto, "non è mica nobiltà quella".

"Ah ma davvero?", esclamò la signora Olgiati atteggiando tutto il viso ossuto ad un meravigliato interesse, ma non come un ignorante od un indifferente, bensì invece come chi si ritiene toccato in modo vivo e personale dall'argomento trattato; "ah ma davvero?... questo m'interessa molto..., mi dica, mi dica... non è vera nobiltà?"

"Macché nobiltà, lei è figlia di un usuraio" rispose il Pignotti girando intorno quei suoi occhi ciliosi, "è una donnetta frivola stupida e corrotta... Lui è un imbecille, ha comprato il titolo coi denari della moglie."

La signora Olgiati pareva meravigliatissima:

"Ma alle loro feste", insistette, "va tutta la migliore società."

"Ma non ci creda", corresse il Pignotti che incominciava ad accalorarsi; "quale società? ma non ci creda! ci andranno alcuni arricchiti, alcuni aristocratici tarati o ignoti... ma i bei nomi, può star tranquilla, non ce li vedrà mai."

"Eppure, all'ultimo ballo..."

"Macché", dalla stizza il Pignotti s'era fatto rosso, "chi vuole che vada da una lavandaia simile? ma mi faccia il piacere, tutti sanno che quella donnetta lì non è ricevuta da nessuno... chi non lo sa?" gli stava sulla punta della lingua, più volte fu tentato di aggiungere: 'e io posso dirlo... io sono stato il suo amante', ma ne fu sempre trattenuto da un ritegno d'onore e da questa idea: se lo dico, costei attribuirà il mio livore ad una delusione. Tra queste discussioni, volgeva continuamente gli occhi alla sala affollata, gli parve ad un tratto di scorgere la ragazza dai capelli biondi: "Guardi", disse voltandosi bruscamente verso la donna, "guardi, mi presenti a quella signorina... quella bionda... che sta ora parlando con quel giovanotto".

"È mia figlia", disse la signora Olgiati alzandosi e andando senza indugio verso la ragazza bionda. Vista davvicino la fanciulla pareva ancor più procace e desiderabile che da lontano. Un vestito di seta azzurra, indossato senza eleganza, tutto spiegazzato dove non era sotteso dalle fattezze splendide e un po' bestiali di quel grande corpo giovane, le scendeva fino ai piedi che erano lunghi. Un nastro dello stesso colore le circondava la fronte. Il viso poi, colle sopracciglia depilate, gonfie e troppo alte, gli occhi azzurri fissi e inebetiti come quelli dei cocainomani e una grande bocca sorridente e dipinta, era al tempo stesso puerile e vizioso. Tutte queste particolarità fisiche e quel po' del morale che gli sembrò di poter dedurne, riempirono l'animo eccitato del proprietario delle più grandi speranze. In quel momento l'orchestra ricominciava a suonare: egli chiese ed ottenne quel ballo.

Ballarono. La ragazza era più alta del Pignotti di tutta la testa e di metà del petto, più che danzare pareva eseguire una serie di contorsioni rovesciandosi indietro, dimenando le anche e scuotendo le spalle, e pur danzando, ogni volta che capitava vicino a qualche altra coppia, interpellava ridendo i ballerini. Un tale contegno e più ancora la vicinanza di quel corpo che invece che profumo pareva emanare un suo strano odore come di animale selvatico, inspirarono al Pignotti un'eccitazione impaziente e sicura. "E senta", disse ad un tratto dopo alcune frasi preliminari, con quel suo modo goffo e brusco che non serviva certo a mitigare la brutalità delle parole che profferiva, "cosa ne direbbe di aspettare ancora un poco, e poi di andare via di qui... ho l'automobile alla porta... a sua madre non si direbbe nulla..."

La ragazza che aveva fin'allora riso, si fece molto seria:

"Andar via di qui... e per andar dove?"

"Si potrebbe andare in qualche altro luogo", disse il Pignotti, "oppure addirittura a casa mia?"

"A casa sua? a che fare?"

Il Pignotti avrebbe voluto che ella ridesse daccapo: "Cosa si fa in questi casi?" domandò scrollando la testa e ammiccando. "E se lei vuol farsi accompagnare da qualche amica col suo cavaliere, non faccia complimenti... il posto nell'automobile c'è."

La ragazza sembrò alfine aver capito, si fece ad un tratto scarlatta, quei suoi occhi azzurri e fissi parvero annegare in un lago di lagrime, bruscamente si fermò, respinse il proprietario.

"Mi lasci", disse con un viso ostinato e puerilmente addolorato, "mi lasci... e ringrazi Dio che la mamma è tanto occupata a ricevere gli invitati... se no nessuno mi impediva dall'andare a riferirle le proposte che lei ha avuto il coraggio di farmi... mi lasci... persone come lei non dovrebbero essere invitate...; non so perché la mamma l'abbia invitato."

"Ma io", incominciò il proprietario disorientato, accorgendosi troppo tardi che quella che aveva scambiata per una donna smaliziata e disposta al più facile dei libertinaggi era invece una giovinetta esuberante e ingenua, di nient'altro colpevole che di avere una persona procace e di essere felice per questa sua riuscita serata di carnevale. Ma non ebbe il tempo di finire che la ragazza si era già allontanata, era già in fondo alla sala tra le braccia di un suo nuovo cavaliere.

Coll'anima piena di amarezza, oppresso da un intollerabile senso di solitudine, di fatuità e di noia, il Pignotti si appoggiò allo stipite della porta, e sforzandosi di atteggiare il volto ad un'espressione che avrebbe voluto serena e sospettava essere invece soltanto terribilmente angustiata e malinconica, guardò per un istante la sala piena di gente. Mille pensieri rabbiosi e tristi gli mulinavano per la mente; ora malediceva la figlia della signora Olgiati, dalle apparenze ingannevolmente facili, ora inveiva dentro di sé, contro la contessa T. amante infedele e smemorata; ora, ripensando al suo appartamento deserto, alla sua vita solitaria e ipocondriaca e alla sua mancanza di amicizie e di affetti lo assaliva una tristezza fosca, inerme e balbettante. Gli pareva di essere un bambino al quale il mondo andasse facendo una grande ingiustizia, avrebbe voluto tornare davvero a quell'età puerile così facilmente consolabile, lagrime di nostalgia e di pietà per se stesso gli empivano gli occhi.

Fu in questo momento che sentì alle sue spalle una voce femminile chiamarlo per nome, coll'intonazione di chi è al tempo stesso stupito e contento. Si voltò e vide davanti a sé una donna che, sia a causa del luogo sia a causa di quella sua commozione, dapprima non riconobbe.

"Che fortuna, Pignotti, trovarla qui", esclamò questa persona, "non mi riconosce? sono Sofia D.", e nominò un casato assai noto e dei più antichi, "possibile che anche lei non si ricordi di me?"

"Ma come... ma come", esclamò il Pignotti diventando rosso dal piacere, "lei è...?" Passato il primo momento di sorpresa, ricordava di aver infatti conosciuto la donna almeno dieci anni prima quando ella aveva appena vent'anni e passava per una delle più belle fanciulle della società mondana di una città della media Italia. L'aveva in seguito persa di vista, e dopo qualche anno, gli erano giunte all'orecchio voci differenti di scandali e di sfrenatezze d'ogni genere compiute dalla ragazza in circostanze particolarmente clamorose. Tra le altre gli era stata riferita la storia di una relazione amorosa che ella aveva avuto, non si capiva bene se per bisogno di denari o per uno snobismo della celebrità, con un uomo politico allora assai potente e ora caduto in disgrazia. Questa relazione era durata esattamente i cinque giorni che quell'uomo politico era restato nella città ed era stata l'ultima e certo la più conosciuta di tutte le avventure della ragazza. Poi ella era improvvisamente scomparsa; la notizia che la più completa rovina finanziaria aveva colpito la sua famiglia era bastata per giustificare la sua sparizione in un mondo abituato ai crolli e ai cambiamenti e tutto occupato ai piaceri altrettanto dispendiosi che impersonali e volubili. Nessuno l'aveva cercata e ben presto tutti l'avevano dimenticata. Ora il Pignotti, pur parlandole, riandava colla mente a questi fatti e con una specie di avidità, ne cercava le tracce nella persona della sua compagna. In verità, nulla nell'aspetto esteriore della donna faceva pensare a quella sua vita passata, e al suo gusto troppo noto per ogni specie di scandali. Piuttosto piccola, minuta, e quasi fragile dalla testa fino alla cintola, e coi fianchi e le gambe fortificati e ingrossati dall'abitudine di cavalcare, la fanciulla aveva un viso ovale dalle labbra sottili, dagli occhi grigi, sparso di una quantità di precoci quasi invisibili rughe. L'espressione di questo viso non era frivola né sensuale ma piuttosto altera, con qualche cosa al tempo stesso di disperato e di ironico. Sola grossolanità e formosità di una personcina tanto freddamente delicata era la grossezza delle gambe muscolose, petulanti e ben piantate, che per quel poco che se ne vedeva sotto la gonna lunga sorprendevano come quelle zampe caprine che spesso si osservano attaccate ai torsi avvenenti delle ninfe di certe antiche pitture mitologiche. E fu appunto su queste gambe di cavallerizza che gli occhi del Pignotti, avido di scoprire le tracce e gli indizi dello spirito lussurioso che si celava in quel corpo, finirono per appuntarsi. 'Quelle gambe mi promettono bene' egli pensò tutto contento e già del tutto dimentico di quel suo sfortunato tentativo di seduzione della figlia della signora Olgiati e dell'umiliazione che ne era seguita; 'quelle gambe mi promettono veramente bene...'

Stettero, dopo essersi riconosciuti, per qualche istante immobili e silenziosi guardando alla folla danzante della sala. "Come mai la trovo qui?", si decise a domandare alfine il Pignotti, "tutti aspettavo di trovare qui, fuorché lei..."

Ella ebbe un mezzo sorriso convenzionale e ironico: "Veramente", rispose come pensando ad altro e guardando verso la sala, "mi meraviglio anch'io di esserci, ma questa signora... come si chiama?...".

"Olgiati."

"Questa signora Olgiati ha tanto pregato, pareva proprio che non potesse fare a meno di me per il suo giovedì grasso...; allora mi sono rassegnata e sono venuta..."

Ormai il Pignotti era del tutto consolato, gli pareva di essere insieme con la sua compagna in una posizione privilegiata, come sopra un piedistallo rispetto a tutti gli altri invitati, si vedeva veramente come venendo al ballo aveva immaginato di poter essere, come un signore, cioè, in cerca di sensazioni e di osservazioni tra la povera gente. "Questa signora Olgiati deve essere di bassissima estrazione", disse con una frettolosa maldicenza intesa a mostrare che anch'egli non era in questa festa che per puro caso; "un'arricchita di guerra o qualche cosa di simile... Quando lei mi ha trovato stavo appunto pensando di andarmene... avevo immaginato male, ma così male mai... guardi e mi dica se c'è in questo salone una sola persona decente... Ah, e lei è stata presentata al gruppo delle madri?"

"No", disse la fanciulla con quella sua distratta e pensosa calma, "chi sono?"

"Un'assemblea di lavandaie", rispose il Pignotti, "come del resto anche la signora Olgiati... ma i giovani non sono meglio... guardi... vede quella ragazza tutta dipinta, con quel vestito azzurro, bionda, che pare... che pare una donna di strada...? Ebbene, quella è la figlia della padrona di casa...; mi dica se è permesso vestirsi e muoversi in quel modo..."

Una specie di compassione ironica mitigò l'alterigia del viso della fanciulla: "Poveretta" ella pronunziò a fior di labbra, "lei crederà di avere addosso chissà quale splendido vestito e di ballare con Dio solo sa che grazia..."; guardò ancora un poco la sala, quindi: "poiché né io né lei abbiamo l'intenzione di ballare", disse al proprietario, "andiamo di là... ho visto poco fa un salottino che mi è sembrato molto tranquillo...".

Nessuna proposta poteva fare maggior piacere al Pignotti, che scambiò questo bisogno di tranquillità con un semplice desiderio di appartarsi con lui. Ripassarono per l'atrio, si fermarono un istante nella sala da pranzo per bere una miscela rinfrescante al buffet in quel momento deserto, andarono al salottino a cui aveva alluso la fanciulla. Ma, seduto sopra un divano, di fronte ad un grande specchio dalla cornice dorata, trovarono un signore grasso, piccolo, calvo, con una faccia melensa di sagrestano, gli occhiali cerchiati di tartaruga e la barba trascurata, che rovesciato sul dorso, con le gambette accavallate e il petto inamidato della camicia sporgente fuor dal panciotto, fumava un suo sigaro contemplando soddisfatto i cassettoncini verdi e dorati del soffitto. Costui li guardò appena, poi tornò a fumare. Delusi essi tornarono nell'atrio.

"Questa musica, questa gente, tutto questo è terribile", disse la fanciulla, "e se salissimo al piano superiore?"

Il proprietario guardò la scala di marmo, dalla balaustrata di ferro battuto, che con una curva aerea saliva al secondo piano:

"Crede che si possa fare?" domandò.

La ragazza ebbe un sorriso ironico tranquillo e altero: "Tutto si può fare", disse avviandosi senz'altro su per la scala, "e poi, lei dimentica che noi siamo per questa gente poco meno che delle divinità piovute in terra... Qualsiasi cosa facciamo, facciamo bene...".

Quel "noi" suonò dolce come una musica all'orecchio vanitoso del Pignotti; senza più obbiettare, egli seguì la sua compagna su per la scala. Sul pianerottolo sostarono: si vedeva di lassù la porta del salone con lo splendente lampadario di cristallo di Boemia tagliato a metà dall'architrave, un po' della parete di fondo, tutta coperta di dorature, e quelle coppie che ballando passavano sotto il lampadario e scomparivano. La musica, semplificata dalla distanza, rivelava il suo ritmo principale, povero e volgare, tun-tun-tun-tun, simile a quello delle grancasse delle feste campagnuole. Guardarono per un istante a quella porta illuminata e clamorosa, poi la fanciulla si passò una mano sulla fronte: "Sarà questa musica o altro", disse, "ma non mi sento troppo bene... Saliamo e mi distenderò su qualche letto... foss'anche quello della padrona di casa".

La scala finiva nel buio. Il proprietario accese la luce, si rivelò un'anticamera assai vasta e perfettamente quadrata con due usci per ogni lato. "Il meglio sarebbe di andare nella camera da letto della signora Olgiati", disse la fanciulla "ma vai a sapere qual è."

Andò ad una porta, l'aprì, ma si ritrasse subito indietro con un "scusi tanto" che pareva più rimproverare che scusarsi, e presa da un riso inestinguibile si appoggiò alla parete coprendosi il viso con le mani: "Ho visto", spiegò alfine tra i singulti di quel riso, "ho visto il signor Olgiati che... che evidentemente non ama i balli... era a letto in camicia da notte, fumava la pipa, teneva un giornale in mano e aveva in testa una cosa che credevo che non esistesse più se non... se non nei romanzi... si figuri: la papalina!".

Il Pignotti la guardava pensando se non era già tempo di prenderla così per scherzo tra le braccia. Ma ella cessò ad un tratto di ridere, e andata ad un'altra porta l'aprì. Questa volta tutto era buio, non c'era nessuno, e accesa la luce videro una vasta stanza da letto, quella probabilmente della padrona di casa, con un letto con baldacchino e colonne già aperto e preparato per la notte. Una camicia azzurrina di vaste proporzioni, leggermente spiegazzata, stava distesa sulle lenzuola rovesciate, si indovinavano nell'ombra altri mobili, specchi, quadri; e un lumettino rosso era acceso sotto un ritratto della Madonna.

"Sul letto non mi ci metterò", disse la fanciulla chiudendo la porta, "non saprei toccare quella camicia... e poi il solo pensiero che ci dorme la signora Olgiati mi fa ribrezzo... Mi metterò piuttosto qui, su questo sofà... e lasciamo la luce che c'è: altrimenti il cattivo gusto di questa stanza mi fa tornare il malessere che mi aveva fatto venire la musica." Andò ad un sofà presso la finestra e ci si distese. Il Pignotti sedette sullo stesso sofà ai piedi della fanciulla; per un istante non parlarono.

"Questa camera", disse finalmente il Pignotti che tutto pieno di desiderose immaginazioni avrebbe voluto arrivare subito ad una conquista che stimava non soltanto facile ma sicura e già tacitamente promessa, "questa camera sarà se vuole di cattivo gusto... ma in questo momento ci fa comodo..., se no dove avremmo potuto andare a nasconderci?... Tutta la casa è piena di gente... Via, via", soggiunse prendendo ad un tratto la mano della ragazza, "non diciamo troppo male di questa camera."

La ragazza non ritirò la mano; né per l'ombra che l'avvolgeva fino al petto il proprietario poté vedere con che viso ella accogliesse questo suo gesto. Incoraggiato da una immobilità tanto passiva ed invitante, egli sollevò quella mano e la portò alle labbra. Non ci fu anche questa volta alcun segno di resistenza da parte della donna: 'Andiamo bene', pensò il Pignotti, 'andiamo benissimo'. I suoni lontani della musica del pianterreno gli davano una grande sicurezza: quelli badavano a ballare, pensò, intanto egli si sarebbe fatto quassù, in questa stanza, una nuova amante in tutto degna di soppiantare nel suo cuore la contessa T... Gli pareva inoltre di trovare qualche somiglianza tra questa avventura e quella che gli aveva valso la labile conquista della contessa. 'Son tutte eguali queste donne', pensò ad un tratto, 'rispettarle è da stupidi... Se si giunge fino in fondo ci si accorge allora che quel che esse volevano era proprio l'opposto del rispetto.' Rinforzato, incoraggiato da questi pensieri e dall'abbandono di quella mano, il proprietario osò un gesto più ardito: girò un braccio intorno quel corpo, si chinò e tentò di baciare la donna.

Venne subito respinto, quasi con brutalità, poi la ragazza sorse a sedere sul sofà, fuori dell'ombra: "Ma è pazzo, Pignotti", ella domandò con sincera intonazione di stupore, "cosa le prende? ma come?... Ah ora capisco: forse lei ha creduto che io l'avessi invitata a salire, che fossi venuta in questa stanza per... per stare con lei... ma in tal caso si disilluda subito... Sono salita unicamente perché mi sentivo poco bene".

"Se si sente poco bene", disse il Pignotti per nulla convinto e sforzandosi di parer disinvolto "non aggiungo parola..., ma lei deve promettermi che questa notte, dopo il ballo, appena si sarà ripresa, verrà a bere qualche cosa da me."

Con quei suoi occhi grigi e alteri ingranditi dallo stupore, la fanciulla osservava il proprietario. Ricordava, quelle poche volte che era stata con lui, di averlo sempre visto rispettoso, modesto, persino servile, conscio evidentemente della sua bruttezza, della sua piccolezza e della sua goffaggine, e stentava a riconoscerlo nel piccolo uomo insolente, rosso ed eccitato che le stava seduto in faccia:

"Andare in casa sua?", ripeté alfine, "ma Pignotti, le ha dato di volta il cervello?"

In altri tempi, in altre circostanze una tale frase sarebbe bastata ad agghiacciare il proprietario. Ma sia a causa dell'eccitazione che lo possedeva, sia per quell'idea che la donna con la quale si trovava fosse caduta tanto in basso da non avere ormai alcuna ragione di resistere a chicchessia, il Pignotti questa volta non cedette:

"Mi ha dato di volta il cervello?" ripeté con rabbia, "perché? forse perché aspiro a fare con lei quel che tanti altri, a cominciare da L.", e nominò l'uomo politico di cui la fanciulla per cinque giorni era stata l'amante, "hanno già fatto prima di me senza per questo essere chiamati pazzi?"

Immobile, la donna contemplava il proprietario che parlava, e parlando si esaltava con le proprie parole; al nome dell'antico amante ella trasalì: "Ma Pignotti!" esclamò in tono di rimprovero, arrossendo suo malgrado ma non offesa, con un sorriso tra vergognoso e compiaciuto.

La camera era oscura e silenziosa, la larga camicia di velo azzurrino distesa con le braccia aperte sopra il letto contrastava stranamente col frac e l'abbagliante camicia inamidata del proprietario. Agitato, egli si alzò, incominciò a passeggiare in su e in giù tra il letto e il sofà:

"È inutile che lei dica: Pignotti!", continuò adirato, "non c'è Pignotti che tenga... Sono stanco di essere buono, rispettoso..., la verità è che non giova a nulla rispettarvi voi donne... Siete tutte eguali. La contessa T. per esempio", egli soggiunse vinto dalla voglia irresistibile di raccontare quella sua avventura, "finché la corteggiai rispettosamente mi trattò sempre malissimo, ma la prima volta che adottai con lei la maniera forte diventò la mia amante..."

Così comica le parve ad un tratto l'idea del piccolo e bilioso proprietario nell'atto di usare la "maniera forte" che la fanciulla ruppe daccapo in quello stesso riso amaro e impoverito che l'aveva scossa dopo essere entrata nella camera del signor Olgiati. Ma si ricompose quasi subito con uno stanco "Oh Dio" e un sospiro, e senza dir parola, per un istante guardò con viso disincantato il proprietario.

"Dica la verità", pronunziò finalmente, "dica la verità... è stato perché aveva sentito parlar male di me che lei si era immaginato che io fossi salita quassù per stare con lei? Dica la verità, non è così?" Il Pignotti che si era seduto di nuovo sul sofà la guardò interdetto. "E se io le dicessi", ella continuò dopo un momento con una specie di esaltazione che sembrava piuttosto inspirata da una volontà convenzionale che da un reale sentimento, "se le dicessi che ella avrebbe avuto perfettamente ragione di nutrire quelle speranze se io fossi ancora quella che ero..., ma che poiché non sono più quella che ero, o per lo meno non voglio più esserlo, lei ha commesso un errore grossolano?" Ci fu silenzio; "ma no", soggiunse ad un tratto, dopo un istante di riflessione, con un dispetto aspro e violento, "no! è inutile che io parli in questo modo... lei non può capirmi... A lei come a tutti gli altri bisogna dare un calcio poi continuare per la propria strada...".

Sia che si vergognasse di quel suo irrispettoso scatto di malumore, sia che pur non comprendendo dove la fanciulla volesse parare, gli sembrasse che i suoi scopi di seduzione non avrebbero potuto essere raggiunti che assecondandola, il Pignotti non si mostrò offeso dall'asprezza del linguaggio della sua compagna: "Dica, dica", proferì con una sollecita cortesia, "le assicuro che quel che lei mi sta dicendo mi interessa molto, anzi moltissimo...".

La fanciulla lo guardò: quei suoi occhi grigi non erano più freddi né alteri, c'era invece nel suo sguardo una specie di illusione brillante, esaltata e malinconica, come il riflesso di un miraggio che, non diversamente da certi poveri mentecatti convinti di scorgere tesori, ella era sola a vedere:

"Sa lei, Pignotti", domandò finalmente "cosa sia la speranza?"

"Come la speranza?" domandò il Pignotti.

"Sì, la speranza."

"Speranza", disse il proprietario imbarazzato, "vuol

dire... vuol dire per quel che ne so io, aver fiducia nell'avvenire... vederci, credere di vederci qualche cosa..."

"Ecco, benissimo, bravo", approvò la fanciulla, "ebbene", ella esitò, non tanto, pareva, per vergogna o per pudore, quanto per la difficoltà che incontrava a definire fatti già di per se stessi assai confusi, "ebbene tutto quello che possono averle detto di me è vero... è verissimo e probabilmente ora non sono molto diversa da quella che ero allora... ma ho una cosa in più: la speranza..." Ella guardò il proprietario, bruscamente abbassò quelle sue gambe robuste e gli sedette accanto sul divano. "Lei non può immaginare, Pignotti", soggiunse con voce commossa e un po' tremante, volgendogli uno sguardo brillante di lagrime, "lei non può immaginare in quale miseria mi trovassi allora, e mi trovo tuttora... Lei non può capirlo..., soltanto vede", ella posò ad un tratto una mano su quella dell'uomo, "ora ho la speranza quasi sicura di poterne uscire..."; scosse la testa e tacque guardando fissamente davanti a sé.

Il Pignotti non sapeva cosa dire. Non era troppo convinto che la donna fosse cambiata o si trovasse sopra una strada migliore di quella vecchia; ma incredulo in quanto ai propositi, nondimeno il tono l'aveva impressionato. 'Sarà innamorata' pensava. Vide la fanciulla ravviarsi con una mano i capelli sulla guancia e ricomporsi alquanto: "Scommetto", disse allora in tono quasi scherzoso, "che questa speranza è tutta fondata su qualche sentimento per qualcuno".

La ragazza lo guardò, poi voltò gli occhi alla stanza e parve per un poco averlo dimenticato, tutta immersa in una specie di fantasticheria: "Voglio bene ad un uomo", disse alfine con lentezza, senza guardare il proprietario, "ed egli mi vuol bene... ha promesso di sposarmi ma desidera che io gli provi di amarlo e di meritare di essere sposata, facendo per due anni una vita diversa da quella che ho fatto finora... In capo a questi due anni se avrò mostrato di meritarlo, mi sposerà... ecco la mia speranza...". Ella lo guardò con quel suo viso altero di poco prima. "Non so davvero", soggiunse, "perché le ho detto queste cose che non ho ancora detto a nessuno... Forse perché mi sentivo sola e molto stanca, forse perché ad un certo punto si sente il bisogno di confidare i propri segreti e allora si andrebbe a dirli anche al portiere o alla cameriera... Del resto se vuol saper il nome di quest'uomo, posso dirle anche questo... Poi lei vada a raccontarlo a chi vuole, non me ne importa nulla... Si chiama R." e col più grande stupore del Pignotti ella nominò il giovanotto che il proprietario aveva veduto riflesso in uno specchio abbracciato alla contessa T...

Dalla meraviglia il Pignotti restò per un istante silenzioso: "Mi permetta", disse finalmente in fretta, "mi permetta... Lo vede spesso lei R.?".

"No" ella rispose, "non lo vedo mai... lo vedrò in capo a questi due anni."

"Me lo immaginavo" proferì il Pignotti quasi con gioia, "me lo immaginavo... e allora mi dispiace, ma la sua fiducia è mal collocata." E senza por tempo in mezzo raccontò alla ragazza quel che gli era accaduto: come si fosse recato a visitare l'antica amante e l'avesse poi sorpresa abbracciata a R. "Ho voluto avvertirla", concluse alla fine, "perché vedendola così fiduciosa ella non avesse a subire delusioni troppo amare..."

Seguì un lungo silenzio. L'ombra avvolgeva il viso immobile della fanciulla, ma per quanti sforzi facesse il Pignotti inquieto non gli riusciva di capire quali sentimenti le sue parole avessero destato nell'anima della donna. Finalmente la vide alzarsi:

"Avevo creduto", ella disse con una voce secca e sprezzante, "che nonostante tutti i suoi difetti lei fosse un po' migliore degli altri..., ma mi sbagliavo: lei sorpassa in bassezza quanto di peggio si possa immaginare. Ringrazi il cielo che io non mandi ad avvertire R. della sua stupida e ignobile calunnia e non lo faccia svergognare come meriterebbe..."

"Ma le giuro", protestò a questo punto il Pignotti, col viso in fiamme, "le do la mia parola d'onore che non ho detto altro che la pura verità."

"Non le credo", interruppe la fanciulla con violenza, "e poi anche se fosse vero cosa significherebbe? Che la contessa T. è una donna facile e che R. ha avuto il buon senso di capire che amarmi non voleva dire proibirsi in questi due anni ogni distrazione... e del resto queste son cose che non riguardano se mai che me e lui... Ma che lei sia venuto a riferirmelo, questa è una tale bassezza!" e senza più rispondere alle proteste appassionate del Pignotti, ella andò alla porta, l'aprì e scomparve.

Dopo questa brusca uscita, il proprietario sconcertato, umiliato, rabbioso, restò immobile per un poco. I suoi occhi imbambolati contemplavano la stanza semibuia con quella sola lampada accesa presso il letto a baldacchino, la quale illuminava di sbieco la camicia della signora Olgiati, le lenzuola aperte, e una parte dello scendiletto. Le guance dalla vergogna gli ardevano, gli pareva continuamente di rivedere la fanciulla in piedi davanti a lui in atto di guardarlo con disprezzo e alterigia, gli pareva di riudire quella voce proferire la frase spietata: "lei sorpassa in bassezza quanto di peggio si possa immaginare". Rifletteva: ad un tratto gli occhi gli si empirono di lagrime, quel senso di miseria che l'aveva già invaso dopo la ripulsa della figlia della signora Olgiati, tornò ad assalirlo più forte che mai: 'Che cosa ho mai fatto io di tanto male', si domandò angosciato, 'per essere sempre trattato in questo modo... per non potere mai incontrare una donna che sia capace di comprendermi e di volermi un po' di bene?... eppure non chiederei molto: soltanto un po' di bene... Cosa ho mai fatto di tanto male per dovere stare sempre solo... solo come un miserabile cane?'.

Si mordeva le labbra per non piangere, scuoteva la testa, il rumore ritmato del ballo che gli giungeva dal pianterreno accresceva per contrasto la sua desolazione e il suo senso di solitudine. 'Sempre solo', pensò ancora, 'sempre solo... e quando non sono solo sto con donnacce che vogliono il mio denaro... Ora sono qui... dopodomani sarò in un grande albergo di alta montagna o in Riviera... e sarà lo stesso... A cosa mi servono dunque tutti i miei denari se non posso neppure avere quella felicità che l'ultimo degli sguatteri ottiene facilmente?' Questi pensieri desolati continuarono ad agitarglisi in mente per più di un quarto d'ora: guardava davanti a sé, seduto sul divano colle gambe stese, le mani in tasca e il petto inamidato della camicia gonfio e sporgente, ogni tanto scuoteva la testa con amarezza, oppure si alzava, girava per la stanza oscura sui grossi tappeti silenziosi e tornava quindi a sedersi. Alfine, ad un tratto, quasi senza pensarci andò alla porta, spense la lampada, ed uscì nell'anticamera.

Subito lo colpì il gran silenzio che nel piano inferiore era succeduto al frastuono del ballo. La musica, e, fatto ancor più strano, il brusio delle conversazioni erano del tutto cessati. Un po' meravigliato da questo silenzio, ma senza attribuirci molta importanza il Pignotti discese lentamente la scala. Dal pianerottolo vide, oltre le doppie porte spalancate, il pavimento del salone del tutto deserto e sparso dei relitti del cotillon: pallottole d'ovatta multicolore, coriandoli, stelle filanti. Anche le poche sedie dorate appoggiate in fila contro la parete di fondo erano vuote. 'Che siano andati tutti via?' pensò il proprietario stupito. Un poco inquieto, discese in fretta la seconda rampa della scala e si precipitò nel salone.

Questa vasta sala dorata funebre e indigesta era del tutto vuota, con quel particolare aspetto di devastazione, di opacità e di squallore proprio dei luoghi dove molta gente s'è trovata riunita. Anche l'orchestra sul suo podio, cogli strumenti appoggiati alle sedie pareva essere stata abbandonata. Ma sulla soglia della porta per la quale si passava nella sala da pranzo, la folla degli invitati si pigiava silenziosamente come se qualche cosa stesse accadendo in quell'altra stanza e bisognasse fare meno rumore che fosse possibile. I più bassi o i più lontani si rizzavano sulle punte dei piedi e appoggiando le mani sulle spalle di chi stava davanti e allungando il collo, si sforzavano di buttare un'occhiata nella stanza gremita. Voci sussurrate di "indietro, fatevi indietro", serpeggiavano per questa moltitudine curiosa e impressionata, si udiva un tintinnio come di cucchiaio in un bicchiere. Dopo avere invano tentato di vedere qualche cosa, il Pignotti prese per il gomito una ragazza che al pari degli altri stava a guardare, e le chiese cosa fosse successo.

"Una disgrazia", rispose costei senza voltare la testa. "La signorina Sofia D. s'è sentita male ballando. Pare che stia molto male... non respira più... Hanno mandato a chiamare il medico..." "La signorina Sofia D.", esclamò il proprietario con un viso spaventato, "ma io la conosco... prego... per favore... mi lascino passare... io la conosco." Questo fatto che la fanciulla colla quale s'era trovato pochi minuti prima nella stanza del secondo piano si fosse sentita male, forse fosse morente, gli fece un'impressione terribile, non capì sul momento neppure lui perché, come se egli fosse stato per qualche cosa in questo malore. Preso da una subita furia, facendosi largo a forza di gomiti, il proprietario riuscì ad attraversare la stanza da pranzo gremita di invitati, e a raggiungere il salottino dove la fanciulla era stata trasportata.

Seduta su quello stesso divano sul quale un'ora prima aveva veduto insieme con la fanciulla fumare placidamente il signore grasso dal sigaro, nel mezzo di un cerchio di persone consiglianti e spaventate, il Pignotti trovò la signora Olgiati che pur sostenendo sulle sue ginocchia il corpo inerte della svenuta, le andava passando sulla fronte una sua inutile pezzuola intinta nell'aceto. La testa della fanciulla era rovesciata e penzolante sul braccio robusto della donna, aveva gli occhi chiusi, la bocca semiaperta, delle ciocche di capelli castani sopra le guance pallide come cera, e sia per l'alterigia dell'espressione, sia perché le sopracciglia erano un po' corrugate, pareva che riflettesse. Veramente mortale era poi l'abbandono del corpo dal braccio penzolante, dal petto e dalle spalle costrette malamente, e sostenute con evidente fatica dalla signora Olgiati. Questa ultima, che aveva un viso al tempo stesso apprensivo e sicuro come di infermiera che sa il fatto suo, e pur bagnando coll'aceto quella fronte scambiava parole di preoccupazione e di speranza con le persone circostanti, appena vide il Pignotti cacciò un grido: "Ah caro marchese, proprio lei cercavo", esclamò, "vede cos'è successo. Si figuri, stava ballando, era allegrissima, ad un certo punto si è sentita male... e non rinviene, non vuol rinvenire... Naturalmente abbiamo mandato a chiamare il medico, ma intanto, cosa ne dice lei? non sarebbe meglio avvertire i parenti?".

"Sicuro... sicuro..." incominciò il Pignotti; ma venne interrotto dalla voce piangevole di una ragazza assai sconvolta e coi capelli pendenti davanti alla faccia che noncurante del suo splendido vestito azzurro si era accoccolata sopra uno sgabello presso il divano e nella quale il Pignotti riconobbe la figlia della signora Olgiati: "Il padre e la madre vivono in provincia, ella abita sola in una pensione", proferì la fanciulla come una specie di monotona cantilena. Aveva preso la mano inerte della svenuta e l'andava pian piano accarezzando: "Oh mamma", soggiunse ad un tratto con un rumoroso scoppio di pianto, "ho paura, ho paura..., cosa facciamo?... non vedi che non si muove?".

"Calmati, non sarà nulla", disse la madre con un gesto pieno di autorità; poi rivolta al Pignotti: "Già, è vero, mia figlia ha ragione, la signorina sta sola in questa pensione di cui non ricordo neppure il nome..."

"Pensione Flora..." suggerì la piangente.

"... E i genitori vivono in provincia... Cosa ne dice lei, marchese, cosa dobbiamo fare?"

"Aspettare il medico" disse uno degli invitati.

“Cercare gli altri parenti che possono esserci”, consigliò un altro. Ma tutti guardavano al Pignotti che per quel titolo di marchese, e per quella mistica fiducia che sembrava avere in lui la padrona di casa, pareva loro la sola persona capace di risolvere il problema.

Per la prima volta in vita sua, quella sua snobistica conoscenza dell’araldica e delle parentele delle famiglie nobili giovò per qualche cosa al proprietario. Si ricordò difatti che una parente assai stretta della fanciulla, una zia materna, la principessa di V., doveva effettivamente esistere nella città.

“Se la memoria non m’inganna”, disse, “ci deve essere la principessa di V. che è zia della signorina...”

“Allora, marchese”, supplicò la signora Olgiati, “mi faccia il favore, vada a chiamarla... anche perché se per caso, e preghiamo il cielo che così non sia, la cosa fosse grave, non vorrei...” e senza finire il discorso tornò a bagnare colla pezzuola la fronte della svenuta.

Il proprietario non si fece pregare. “Vado e torno”, disse. Uscì dalla folla che questa volta si aprì al suo passaggio, passò nell’atrio quindi nel vestibolo. Qui si fermò, esitò: aveva da telefonare o d’andarci direttamente? Scelse il secondo partito e uscì. Incrociò quasi sulla soglia un giovanotto vestito di chiaro con una borsa di pelle nera sotto il braccio. ‘È il medico’, pensò, e ad un tratto, con una subitaneità che lo sorprese e lo agghiacciò, per la prima volta gli venne in mente che la fanciulla potesse essere in procinto di morire o già morta.

Questa idea gli mise addosso un malessere ansioso e profondo. Per la prima volta dal momento in cui aveva udito dire che la fanciulla si era sentita male, il suo pensiero si spostò dalla sua persona, dalla parte che poteva avere in questa faccenda, dalla pietà che ne provava, alla persona della fanciulla. Gli parve di accorgersi per la prima volta che la ragazza stava molto male, che una tal fine sarebbe stata ingiusta, che era infinitamente desiderabile vederla rinvenire, sfuggire a questa morte lamentevole e immatura, non terminare la vita in modo tanto crudele, casuale e sconclusionato. Non ebbe del resto il tempo di approfondire questi suoi sentimenti. Si scosse alfine, attraversò il giardino, salì nella sua automobile e partì.

Sebbene non ci fosse mai stato, conosceva l'indirizzo della principessa. Dopo dieci minuti di corsa nella notte illuminata e popolata della città, si fermò in una piazzetta buia, davanti un portone di palazzo antico. Nell'ombra della piazza luccicavano più file di automobili disposte in cerchio intorno la fontana centrale, tutte le finestre del primo piano del palazzo erano illuminate. 'Ci voleva anche questo!', pensò sinceramente annoiato scendendo dalla macchina ed entrando nel portone, 'che la principessa avesse anche lei questa sera il suo ballo di carnevale... Non mancava proprio che questo contrattempo!' Ma si accorse poi con sollievo che l'appartamento dalle finestre illuminate apparteneva a certi conti G. che conosceva di vista e nulla avevano a che fare con la persona che cercava. Andò sul pianerottolo buio e diaccio, all'uscio opposto a quello dei festaiuoli, e suonò il campanello di una porta nerastra che pareva spalmata di bitume.

Aspettò cinque, dieci minuti, risuonò più volte, gli venne finalmente ad aprire con una faccia annoiata ed insolente, un servitore in giacca di fatica a righe gialle e nere: "E otto!", disse con rabbia appena ebbe veduto la cravatta bianca e il colletto da sera del proprietario. "Lei ha sbagliato porta, questo è l'appartamento della principessa di V...; i conti G. abitano di fronte... guardi, lì... proprio quella porta in faccia..."

"Ma io desideravo appunto la principessa", disse con una subita irritazione il proprietario.

L'uomo lo guardò con diffidenza: "La principessa non riceve a quest'ora", disse alfine: "la principessa a quest'ora dorme... Ripassi domani..."; e fece la mossa di richiudere l'uscio. Preso da una collera repentina il Pignotti diede una spinta alla porta ed entrò.

"Mi faccia il piacere di andare subito a chiamare la principessa", disse con voce fremente, "e dirle che voglio parlarle per una ragione gravissima."

Il suo viso era così adirato, così imperiosa la sua voce, che il servitore non seppe resistere. "In tal caso..." borbottò, s'inchinò, e fece passare il proprietario, attraverso una trafila di salottini quadrati e tutti tappezzati di rosso, in un salone vastissimo, dalle pareti ornate di svolazzanti e movimentate scene mitologiche, dal pavimento di mosaico nudo cupo e lustro. Non c'erano mobili se se ne eccettuavano due immense specchiere opposte e gemelle e poche sedie allineate intorno le pareti. I passi echeggiavano, ciascuna parete aveva una porta che appariva piccola e remota per il contrasto con l'altezza del soffitto. Il proprietario sedette e aspettò. Non erano ancora passati cinque minuti che una di quelle porte si aprì e la principessa entrò.

La sua magra e altissima persona era tutta avviluppata in un vestito nero che le arrivava fino ai piedi. Il viso che era di vecchia, ma con poche rughe profonde ed espressive, aveva qualche cosa del pappagallo, sia a causa del gran naso aquilino, sia per il modo spezzato, frammentario, come a beccate, col quale parlava. "Cosa c'è, cos'è successo, cosa si vuole da me?" gridò con voce stridula e adirata al proprietario che si era alzato in piedi.

'Dio che arpia!' pensò il Pignotti. "Sua nipote, Sofia D." disse, "s'è sentita male in una casa dove era invitata... e poiché sapevo che lei era la sola parente che sua nipote avesse in città, ho creduto bene di avvertirla affinché..."

"E cosa vuole che faccia io se mia nipote s'è sentita male", l'interruppe la vecchia come presa da una subita collera. "Cosa c'entro io coi malesseri di mia nipote? Non sono mica il medico io! Non posso mica guarirla con la mia presenza..."; guardò il proprietario: "e in casa di chi s'è sentita male? e lei chi è?"

"Mi chiamo Pignotti Marchese", rispose in fretta

l'uomo; "sua nipote s'è sentita male in casa di una signora che si chiama Olgiati."

"Olgiati", ripeté la principessa con quella sua furia collerica e bislacca, "Olgiati... saranno probabilmente amici intimi, amici del cuore di mia nipote..., ebbene, se ne curino loro, facciano loro, io non c'entro, non ho più nulla da spartire con mia nipote."

"Le assicuro", disse il Pignotti, "che son gente che sua nipote conosce appena."

"Chi me lo dice?" gridò la principessa, "lei... Ma chi mi dice che lei non mi stia raccontando delle favole! Non si va in casa di gente che non si conosce... e poi che gran male sarà! Si sarà ubbriacata e sarà caduta ballando, oppure si sarà sentita male perché finalmente uno dei suoi amanti avrà avuto la buona idea di farle un bambino... già... forse è lei l'amante ed ha l'impudenza di venire qui..."

"No" s'affrettò a protestare il Pignotti, "posso darle la mia parola d'onore che avrò veduto la signorina sua nipote non più di tre o quattro volte in tutta la mia vita."

"La sua parola d'onore", esclamò la principessa: "la sua parola d'onore... La parola d'onore di un amico di mia nipote!"

Il proprietario perse la pazienza: "O senta", disse con una vera e sincera indignazione, "io non avrei mai creduto che si potesse avere il cuore così duro da rifiutare la propria presenza in una simile circostanza... Le ho detto che sua nipote sta male, aggiungerò che sta così male che a quest'ora può essere già morta... e ora faccia quel che vuole; se vuole, venga, posso accompagnarla nella mia automobile, se non vuole me lo dica subito e mi lasci andare...".

Con molta meraviglia del Pignotti che si aspettava dopo queste sue parole, nuove e più violente furie da parte della principessa, i risentimenti della vecchia parvero ad un tratto calmarsi come d'incanto, quel viso ipocondriaco e autoritario si dipinse di una specie di amara bontà. Ella lo considerò per un istante perplessa: "Sì, lei ha ragione", disse alfine, "se mia nipote è una pazza senza cuore non è giusto che lo sia anch'io... ma intanto lei mi aspetti qui...", e senza aspettar risposta, girò sui tacchi e uscì.

Riapparve di lì a poco tutta infagottata in un corto pellicciotto stretto alla cintola e sollevato intorno i fianchi che la faceva parere anche più alta e magra di quel che non fosse. "Andiamo", ripeté passando come un turbine davanti al Pignotti attraverso la sfilata dei salottini cubici e tappezzati di rosso. Uscirono sul pianerottolo: la vista della porta in faccia, quella dei conti G., attraverso la quale arrivavano affiochite le musiche e gli altri rumori della festa, parve ridestare i bislacchi sdegni della principessa: "Ecco questi altri imbecilli coi loro balli", esclamò con la sua voce stridula e fremente "che non sono altro che un pretesto per combinare le loro piccole porcherie! È là", soggiunse minacciando l'uscio chiuso con la mano, "in saloni come quelli, con gente come quella, che la mia stupida ragazza s'è rovinata". Immobile, nascosto dietro una colonna, il Pignotti si faceva piccino, tratteneva persino il fiato. Finalmente la principessa parve di nuovo calmarsi, discesero la scala, uscirono nella piazzetta. Ma quando il Pignotti aprì lo sportello e la invitò a sedere sul posto di dietro, ella fece cenno di no, e gli sedette accanto, davanti, rigida e altissima, con la testa puntata contro il soffitto dell'automobile. Dopo un istante la macchina partì.

Poche parole vennero scambiate da quei due per tutta la durata del tragitto. La principessa, che immobile e impettita seguiva attentamente la corsa, aprì soltanto la bocca per dire una prima volta: "Ma non potrebbe andare più presto?"; e una seconda volta come a conclusione di certi suoi pensieri, per domandare se gli Olgiati fossero cattolici. Il Pignotti che ricordava quel ritratto della Vergine illuminato di sotto in su da una lampadina, nella camera da letto della padrona di casa, rispose di sì. Dopo di che, fino al momento dell'arrivo tacquero ambedue.

La macchina si fermò, discesero. La strada prima piena di automobili era adesso deserta coi suoi fanali splendenti e solitari; c'era per l'aria limpida della notte una immobilità mite e sospesa; si vedeva sovrastare la massa nera dei giardini, un cielo bassissimo, gonfio e granuloso; tutto faceva pensare ad una nevicata imminente.

"È qui?" domandò la principessa; e senza aspettare risposta entrò nel giardino e andò dritta alla scala di marmo che saliva alla porta d'ingresso. Qualcheduno che stava in attesa sulla soglia, alla vista dell'altissima e nera figura della vecchia si precipitò all'interno della villa. Apparve subito la signora Olgiati che trascinando sugli scalini la coda pesta del vestito, andò incontro alla principessa.

"Lei è la principessa di V., non è vero?" domandò. Aveva tutto il volto ossuto atteggiato ad una espressione di deferenza addolorata, segreta ed allusiva. "Felicissima, principessa, di fare la sua conoscenza... Mio marito è uscito proprio ora per andare a chiamare il parroco della chiesa più vicina che è Santa Teresa... perché", la signora abbassò la voce guardando di sottecchi il Pignotti, "mi è infinitamente doloroso, ma ho da darle, principessa, una ben triste notizia; la povera contessina è morta... dieci minuti fa..."

La vecchia che stringeva con la mano guantata la balaustrata di ferro, guardò la donna, poi guardò davanti a sé e non disse nulla.

"Morta!" ripeté il proprietario.

"Sì", disse la signora Olgiati guardando ora il Pignotti ora la principessa, "è trapassata senza riprendere conoscenza, nonostante tutti i nostri sforzi... un colpo al cuore, pare... Ma venga, principessa", soggiunse affaccendata, "entri... l'ho portata su, nella mia camera da letto, l'ho distesa sul letto... sono ben contenta di mettere la mia casa a sua disposizione per questa triste circostanza... già, perché anche noi siamo in un certo senso colpiti da questa terribile disgrazia... La povera contessina dava delle lezioni di inglese a mia figlia che le era oltremodo affezionata... Anch'io la vedevo qualche volta..."

Sempre senza dir parola, la vecchia salì quei pochi gradini che restavano ed entrò nel vestibolo. Passarono nell'atrio; la signora Olgiati mostrò alla principessa la porta spalancata del salone e quel po' di pavimento che vedeva, insudiciato e deserto: "Si stava appunto dando una festicciuola" spiegò, "una festicciuola di carnevale... era allegrissima, ballava, ad un certo punto si è sentita male...".

Erano giunti davanti la scala; la principessa si fermò e la considerò come un alpinista che guarda la strada che resta ancora da fare e dubita delle sue forze: "Bisogna salire al secondo piano?" domandò.

"Sì, al secondo piano, se permette andrò avanti per guidarla..." Salirono dietro la signora Olgiati che ogni tanto si fermava e voltandosi dava delle spiegazioni. Nell'anticamera la vecchia si disfece della pelliccia, che posò sopra la tavola centrale.

"Dov'è?" domandò.

Una porta era aperta, attraverso la quale si scorgeva illuminato debolmente in fondo all'ombra della stanza il letto dalle colonne e dal baldacchino che il Pignotti aveva già veduto. Si indovinava, distesa sopra le coltri, la forma supina della morta, le colonne ne nascondevano la testa appoggiata sopra il guanciale. Ai piedi del letto, accovacciata sopra uno sgabello, del tutto immersa nell'ombra, si intuiva una forma umana, la figlia della signora Olgiati. Al rumore delle voci ella voltò la testa, si alzò quindi e con un passo incerto, stordito e lento uscì dalla stanza e venne a stringersi al fianco di sua madre.

La principessa la guardò come se avesse voluto parlarle, guardò poi alla porta aperta e senza dir parola andò a quel letto lontano e appena illuminato. Attraverso la porta aperta, quei tre dell'anticamera la videro per più di un minuto considerare attentamente la morta, ritta e dinoccolata in quel poco lume, scuotendo ogni tanto appena la testa un po' inclinata verso la spalla. C'era qualche cosa di deprecativo, come un rimprovero rassegnato, aspro e amaramente commosso in questo suo atteggiamento. Pareva che ella dicesse alla morta: 'Oh stupida, stordita ragazza!... ecco a che cosa ti ha portato disobbedirmi, fare la pazza, buttarti a quella tua vita sfrenata... Ti ha portato a morire in questo bel modo, su questo letto di questa signora Olgiati, fuori di casa tua, sola, tra gente estranea...'. Stava ferma e dritta; ad un certo punto tese una mano probabilmente per ravviare una ciocca di capelli scomposti sopra quel viso esanime, stette quindi ancora un poco a guardare, poi bruscamente si voltò, venne alla porta senza dir parola la chiuse.

"Vuol restar sola", disse la signora Olgiati, "è troppo giusto, andiamo via." Discesero la scala, entrarono macchinalmente nel salone. L'aria puzzava del fumo già freddo delle sigarette, dovunque era disordine, sudicio, senso di vuoto.

"E così che disgrazia", incominciò la signora Olgiati avviandosi pian piano e senza parer di nulla verso il buffet di cui si vedeva attraverso la porta aperta la tavola devastata con pochi dolci in fondo ai piatti: "che terribile disgrazia... Una signorina tanto fine, intelligente, giovane... e lei, marchese, la conosceva da molto tempo?"

Il Pignotti era così stordito che senza neppur sapere quel che facesse s'era lasciato trascinare nel salone. Ma quella domanda della padrona di casa gli fece capire che la donna aveva l'intenzione di discutere e commentare prima di andare a dormire lo straordinario incidente della serata. Gli venne ad un tratto una voglia isterica di andarsene, di star solo: "Mi dispiace", disse in fretta, "ma sono stanchissimo... credo che sia meglio che io me ne vada".

"Non vuole bere qualche cosa" domandò la signora Olgiati, "per rimettersi dall'emozione?... un liquore?"

"Niente, grazie, piuttosto", egli esitò, "piuttosto vorrei da loro un favore... che mi scusassero presso la principessa e la riaccompagnassero a casa, se potessero."

"Si figuri, se possiamo... col più grande piacere."

Egli salutò allora la madre e la figlia, passò a rivestirsi nel vestibolo, quindi uscì dalla villa. Non se ne accorse nel giardino, ma appena fu fuori del cancello vide che nevicava. Un tenue strato candido già ricopriva le pietre dei marciapiedi e l'asfalto della strada, c'era un silenzio profondo, si scorgevano nell'alone luminoso dei fanali i fiocchi di neve minuti ma fitti turbinare con una furia tacita e sorprendente. Più lontano, in fondo alla strada, le tenebre della notte si disfacevano in una caduta appena diagonale, molle, di molecole bianche. 'Ora nevicherà', pensò salendo in fretta nell'automobile, 'tutta la notte... e domani ci saranno le solite allegrie delle città che non sono abituate alla neve: palle di neve, fantocci di neve, commenti della servitù, del portiere...' Si sentiva il cuore stretto da un senso di solitudine quale non aveva mai provato, le labbra gli tremavano, avrebbe voluto piangere. Mise in moto la macchina e partì.

(1930)

FINE DI UNA RELAZIONE

Un pomeriggio di novembre Lorenzo, giovane ricco e ozioso, correva in automobile a casa sua dove sapeva che l'amante stava già aspettandolo da più di mezz'ora. Il tempo che s'era messo improvvisamente al brutto con una pioggia disordinata e intermittente e un vento sgradevole che in qualsiasi direzione si camminasse trovava sempre il modo di soffiare in faccia, certa insonnia che ogni notte dopo le prime ore di sonno lo destava all'improvviso e lo teneva desto fino all'alba, un senso di panico di inseguimento e di opacità dal quale da più mesi non riusciva a liberarsi, tutto contribuiva ad inspirare a Lorenzo un malumore fremente e rabbioso. 'Finirla con tutto questo' si ripeteva continuamente pur guidando la sua macchina per le vie della città e sentiva che ogni nonnulla gli dava una pena acuta e miserabile, da gridare: il tergicristallo che si interrompeva un momento di andar su e giù sul vetro piovoso, la leva della marcia che nel mezzo del traffico, sotto la sua mano frenetica, cessava di ingranare, i clamori inutili delle trombe delle automobili ferme dietro la sua. Ma finirla con che cosa? a questa domanda Lorenzo non avrebbe davvero saputo rispondere. Infatti ogni volta che dalla sua ingiustificata miseria volgeva lo sguardo alla propria vita, si accorgeva di non mancare di nulla, di non aver nulla da cambiare, di avere ottenuto tutto quello che aveva desiderato e anche qualcosa di più. Non era forse ricco? non faceva forse di queste sue ricchezze l'uso più giudizioso e raffinato?

Casa, automobile, viaggi, vestiti, divertimenti, giuoco, villeggiature, società e amante, gli avveniva qualche volta di enumerarsi tutte le cose che possedeva con una specie di noia vana e orgogliosa per concludere alla fine che l'origine del suo malessere dovesse essere cercata in qualche disturbo fisico. Ma i medici dai quali s'era recato con animo pieno di speranza l'avevano subito deluso: egli era sanissimo, non c'era in lui neppur l'ombra di una malattia. Così, senza motivo la vita era diventata per Lorenzo, un arido e opaco tormento. Ogni sera coricandosi dopo una giornata vuota e tetra giurava a se stesso 'domani dev'essere il giorno della liberazione'; ma il mattino dopo destandosi da un sonno faticoso gli bastava aprire non tutti e due ma un solo occhio per capire subito che quel giorno non sarebbe stato molto diverso da tutti gli altri che l'avevano preceduto. Gli bastava lanciare uno sguardo a quella sua camera da letto nella quale tutti gli oggetti parevano ricoperti per sempre dalla patina opaca della sua pena, per essere sicuro che anche quel giorno la realtà non gli sarebbe apparsa più nitida, incoraggiante e comprensibile di quella di una settimana o di un mese prima. Si alzava tuttavia, indossava una vestaglia, apriva la finestra, buttava un'occhiata disgustata alla strada già piena della luce matura del mattino inoltrato quindi quasi sperando che le acque calde e fredde, i saponi e le pomate potessero togliergli di dosso quella specie di funesto incanto, come facevano dei sudori e delle impurità della notte, rinchiusosi nel bagno si dedicava a una toletta che pareva diventare sempre più raffinata e minuziosa a misura che questa sua strana miseria si approfondiva. Due ore trascorrevano così in cure inutili; due ore durante le quali più e più volte

Lorenzo prendeva uno specchio e indugiava a scrutare il proprio viso come se avesse sperato di sorprendervi uno sguardo, di rintracciarvi una ruga che avrebbe potuto fargli intuire i motivi del suo mutamento. 'È lo stesso viso' rifletteva rabbiosamente 'che avevo quando ero felice, lo stesso viso che piacque alle donne che ho amato, che sorrise, fu triste, odiò, invidiò, desiderò, insomma ebbe una sua vita e ora invece chissà perché tutto pare finito.' Ma, nonostante la vuotaggine e l'amarezza di queste cure dedicate alla sua persona fisica quelle due ore, forse perché l'impiego che ne faceva era preciso e limitato e non richiedeva alcuna riflessione, erano le sole della giornata durante le quali gli riuscisse di dimenticare se stesso e il proprio miserabile stato. Del resto egli lo sapeva ('ancora una prova' usava talvolta pensare 'che non sono più che un corpo senz'anima, un animale che passa il suo tempo a lisciarsi il pelo') e a bella posta le prolungava. Ma bisognava poi uscire una buona volta dal bagno. Allora veramente cominciava la giornata e con essa il suo arido tormento.

L'appartamento di Lorenzo stava al pianterreno di una palazzina nuova situata in fondo a una straducola ancora incompleta che partendo dal viale suburbano qualche casa più in là si perdeva nella campagna. Fuorché la sua tutte le case di quella viuzza erano sia disabitate sia addirittura in via di costruzione, non c'era selciato ma un fango spesso attraversato dalle rotaie dure e profonde che avevano fatto i carri andando e venendo da quei cantieri coi loro carichi di terra e di sassi, di fanali non ce n'erano che due presso l'imboccatura, così che quel giorno appena oltrepassata la vasta e antica pozzanghera che ne sbarrava il principio, da un lume che brillava in fondo alla scura strada umida e luccicante pressapoco nel punto dove era la sua camera da letto Lorenzo capì che, come aveva immaginato, l'amante era già arrivata e stava aspettandolo. A questo pensiero l'assalì contro la donna che non ne aveva colpa ed era venuta all'appuntamento che egli stesso le aveva dato, un malumore forte e irragionevole e nello stesso tempo quasi un presentimento che qualcosa di decisivo fosse per accadere. Stringendo i denti per la gran crudeltà del sentimento che gli oscurava la mente fermò la macchina davanti alla porta, chiuse con ira lo sportello ed entrò in casa.

Sul marmo giallo del tavolino in falso stile Luigi quindici che era nel vestibolo stava posato accanto al tozzo ombrellino e alla borsa un curioso pacchetto irto di punte aguzze. Incuriosito Lorenzo disfece l'involucro di carta: era una piccola locomotiva di latta: prima di venire all'appuntamento, l'amante che era maritata da otto anni e aveva due bambini, era andata da quella buona madre che era a comprare un giuocattolo da offrire quella sera quando stanca e languida poco prima della cena sarebbe rientrata in casa. Lorenzo riavvolse il balocco nella carta, appese l'impermeabile e il cappello e passò nella camera da letto.

Subito dal primo sguardo capì che la donna per ingannare l'attesa aveva preparato se stessa e la stanza in modo che egli arrivando dalla notte fredda e piovosa avesse subito l'impressione di una intimità affettuosa e consolante. Non c'era che la lampada del capezzale che fosse accesa ed essa l'aveva avvolta nella sua camicia di seta rosa affinché la luce fosse calda e discreta, sopra un tavolino stavano preparate la teiera e le tazze, la sua vestaglia di seta, spiegata sopra una poltrona e le pantofole felpate posate in terra sotto la vestaglia parevano pronte a balzargli addosso e a rivestirlo tanta era la cura colla quale erano state aggiustate e disposte. Ma il malumore che gli ispirarono queste attenzioni quasi coniugali si raddoppiò quando vide che la donna aveva escogitato per riceverlo degnamente di indossare un suo pigiama da notte. Stava la donna distesa sul fianco sopra la coperta gialla e sontuosa del letto, e il pigiama dalle grosse righe azzurre, troppo stretto per i suoi fianchi ampi e rotondi e per il suo petto pieno e sporgente, male abbottonato, male indossato, teso e strippato la costringeva ad un goffo e sconveniente atteggiamento e sgradevolmente contrastava coi capelli che aveva neri e lunghi e con la espressione placida e indolente del viso. Tutto questo Lorenzo l'osservò nella prima e acuta occhiata che lanciò alla stanza. Quindi senza dir parola sedette sulla coperta, in fondo al letto.

Per un poco ci fu silenzio. "Piove ancora?" domandò finalmente la donna guardandolo con una sua serena e inerte curiosità e raggomitolandosi tutta quasi che avesse inconsciamente sentito la crudeltà che era negli occhi immobili e trasognati di Lorenzo. "Piove" egli rispose. Ci fu di nuovo silenzio quindi l'amante gli mosse tre o quattro altre domande ricevendone sempre le stesse brevi e angustiate risposte, finalmente: "cos'hai" gli domandò e così dicendo rivoltatasi goffamente strisciò fino in fondo al letto e gli si accovacciò accanto. "Cos'hai" ripeté un po' affannata e con un principio di apprensione nei suoi begli occhi neri e inespressivi.

A vedersela così vicina viva e ansiosa e nello stesso tempo fatta così distante dal suo malessere, Lorenzo sentì un mutismo arido e angoscioso stringergli la gola. 'Forse la colpa è tutta di questo maledetto pigiama che l'è saltato in mente di indossare' pensò; e pur rispondendo che non aveva nulla, con le mani svogliate e impazienti fece per toglierle la giacca dalle grosse righe.

Credendo che il giovane volesse spogliarla per meglio accarezzarla, assai soddisfatta di potere attribuire quel suo inquietante silenzio ad un turbamento desideroso, la donna si affrettò a secondarlo, e sollecitamente disfattasi dal pigiama, nuda e placida si distese di nuovo in quell'atteggiamento di passiva attesa nel quale Lorenzo l'aveva trovata entrando nella stanza. Sempre senza dir parola egli si alzò, venne a sederglisi accanto, e incominciò ad accarezzarla in una sua maniera distratta e preoccupata quasi senza guardarla e come pensando ad altro. Le sue dita si avvolgevano oziosamente in quei capelli neri disordinandoli e ricomponendoli, la sua mano si posava aperta e incerta ora sul petto nudo come se avesse voluto sentire il tranquillo respiro che a intervalli lo animava ora sul ventre quasi curiosa di sorprendervi sotto l'ampia e immobile bianchezza il battito del desiderio, ma in realtà era per lui come toccare un tronco esanime e informe, lucidamente pur accarezzandolo si accorgeva nonché di provare amore per quel bel corpo neppure di percepirne la vita, respiro o desiderio che fosse, e questo irrimediabile senso di distacco gli era dolorosamente acuito dagli sguardi angustiati e interrogativi coi quali non diversamente da un infermo disteso sul lettino di ferro del medico l'amante non cessava di considerarlo. Poi Lorenzo si rammentò ad un tratto del calmo e indifferente disgusto col quale un suo gatto ogni volta che non aveva più fame stornava il muso dal cibo che gli veniva offerto. "La bestia è sazia" esclamò allora con voce ironica e trionfante "e non vuol più mangiare." "Ma quale bestia Renzo" domandò la donna inquieta "che cos'hai?" Nulla rispose Lorenzo a queste domande ma guardandola, l'occhio fatto più acuto e preciso dalla arida sofferenza che gli premeva di dentro gli si fermò sulla mano con la quale in un gesto languido e patetico di inconscia difesa ella si copriva il petto. Era una mano assai bella e piuttosto grande, né troppo grassa né troppo nervosa, bianca e liscia, e portava all'anulare la semplice e grossa fede d'oro.

Per un poco Lorenzo guardò quell'anello, guardò il corpo nudo, splendido e giovane rannicchiato con impaccio sulla coperta gialla e piatta del letto, poi ad un tratto fu come se per uno schianto irresistibile tutto l'odio accumulato in quei tristi ultimi mesi nelle parti inferiori della sua coscienza, rompendo gli argini indeboliti della sua volontà gli avesse inondato l'anima: "Cos'è quell'anello" domandò indicando la mano.

L'amante sorpresa abbassò gli occhi verso il petto. "Ma Renzo" chiese poi sorridendo: "A cosa stai pensando? non vedi che è la fede?"

Ci fu di nuovo un breve silenzio, Lorenzo cercava invano di dominare lo strano e crudele sentimento che s'era impossessato di lui. Poi "non ti vergogni" domandò ad un tratto abbassando la voce "di', non ti vergogni di startene così nuda sul mio letto, tu, una donna maritata e madre di due bambini?".

Le avesse detto che era l'alba e il sole stava per spuntare la donna non avrebbe potuto essere più stupita. Con tutti i segni di una meraviglia apprensiva e addolorata si alzò a sedere sul letto e lo guardò. "Cosa vorresti dire?" interrogò.

Ormai affatto incapace di trattenersi Lorenzo scosse la testa con violenza e non rispose. "Non ti vergogni?" tornò poi a ripetere "non ti domandi cosa penserebbe tuo marito e i tuoi bambini se ti vedessero qui, sul mio letto, senza un vestito addosso oppure potessero scorgerti quando ci abbracciamo e osservare come ti fai rossa ed eccitata in viso e come ti agiti col corpo e in quali atteggiamenti ti metti? oppure ancora potessero udire le cose che qualche volta mi dici?" Più che la vergogna di cui parlava Lorenzo pareva che la donna provasse un sentimento di spavento. Goffamente ripiegando le gambe sotto le anche ella si levò del tutto a sedere sul letto e in questo gesto i lunghi e neri capelli le ricaddero sul petto e lungo le spalle, quindi supplichevole e imbarazzata posò una mano sulla guancia del giovane. "Ma cos'hai" tornò a chiedere "perché mi fai queste domande? cosa c'entra?"

"C'entra" rispose Lorenzo e con un movimento fermo e sgarbato del viso stornò quella mano affettuosa. Incomprensiva, perplessa, l'amante tacque per un poco considerandola: "ma io ti voglio bene" obiettò alfine scoprendo la vera natura delle sue preoccupazioni "credi forse che non ti voglia bene?".

La sua sincerità era palese; ma facendo risentire a

Lorenzo la propria incapacità a parlare senza mentire questo vago e impreciso linguaggio dell'amore, allargò la distanza che già li separava. A lungo, muto e stravolto egli la guardò senza muoversi. 'Il male è che io non ti voglio bene' avrebbe voluto rispondere. Invece, improvvisamente si alzò e incominciò a passeggiare in su e in giù per la vasta stanza piena di ombra. Ogni tanto buttava un'occhiata alla donna che era rimasta sul letto e la vedeva ogni volta che i suoi sguardi si fermavano su di lei, cambiare timorosamente di atteggiamento, ora coprendosi il grembo, ora scrollando i capelli, ora posando una mano sui piedi schiacciati dai fianchi pesanti e sempre seguendolo con gli occhi intimiditi nel suo silenzioso andirivieni. 'Mi vuol bene' pensava intanto. 'Come fa a dire di volermi bene se non sa neppure da lontano chi io sia e come sia fatto?'

L'aridità del sentimento gli disseccava la gola, si fermò d'improvviso davanti uno stipo dorato e falso come tutti gli altri mobili della stanza, l'aprì, ne trasse una bottiglia e si versò un gran bicchiere di acqua di soda. Allora nel momento in cui si rialzava per bere: "Renzo" proferì la donna con la sua voce bonaria, calda e un po' volgare "Renzo di' la verità: qualcuno ti ha parlato male di me e tu gli hai creduto. Di' la verità, non è così?".

A queste parole egli fermò il bicchiere che portava alle labbra e s'indugiò per un momento ad osservarla: col suo viso sconcertato e supplichevole, coi suoi capelli sparsi flebilmente sul petto e sulle braccia, colla persona bianca e piena tutta piegata e raccolta nell'inginocchiamento faticoso gli parve che l'amante non avrebbe potuto dare a vedere più chiaramente la propria cecità di fronte a quello che stava succedendo. Senza risponderle bevve e riposò il bicchiere vuoto sullo stipo. "Vestiti" disse poi con brevità "è meglio che ti vesta e te ne vada."

"Sei cattivo" disse la donna con una sua intonazione indolente e giudiziosa come sicura che questo contegno di Lorenzo derivasse da un malumore passeggero "sei cattivo e ingiusto e credo anch'io che sia meglio che me ne vada"; e così dicendo ributtati sulle spalle i capelli, con un gesto pieno di indifferenza e di sicurezza discese dal letto e fece per avvicinarsi alla poltrona sulla quale aveva posato i suoi vestiti. C'era in queste parole e in questo contegno nient'altro che la serenità indolente e un po' bovina con la quale la donna faceva qualsiasi cosa. Ma a Lorenzo irritato parve di ravvisarci un'ironia insolente e sprezzante; e di rimbalzo gli venne un crudele desiderio di umiliarla e di punirla. Rapidamente andò a quei vestiti, li afferrò e portatili nel mezzo della stanza, con lentezza avendo cura di scegliere i luoghi più riposti e più difficili, uno a uno li buttò sul pavimento. 'Così le toccherà chinarsi per raccoglierli' pensava e gli pareva che per l'amante, denudata com'era, non ci potesse essere cosa più umiliante e vergognosa di questa ridicola e penosa ricerca. "Ora raccoglili" disse finalmente volgendosi verso il letto.

Meravigliatissima ma ormai pienamente sicura di sé e dei motivi del suo risentimento la donna lo guardò un momento senza aprir bocca: "ma sei diventato pazzo" disse poi toccandosi con un gesto espressivo la fronte con le dita.

"No non sono pazzo" rispose Lorenzo e andato alla lampada ne tolse la camiciuola rosa che la donna vi aveva avvolto intorno e la buttò sotto il letto.

Si guardarono. Quindi alzate con indifferenza le spalle essa discese dal letto e chinandosi or qua or là senza vergogna andò intorno per la stanza raccogliendo i panni che Lorenzo aveva buttati in terra. Affondato nella sua poltrona Lorenzo la seguiva attentamente cogli occhi, la vedeva bianca goffa e leggera aggirarsi per la stanza oscura, ora piegandosi colla testa in giù e le natiche in aria, ora accosciandosi alacremente colla faccia contro il pavimento e i capelli sparsi intorno, ora inchinandosi da una parte coi seni pendenti e un piede in aria, e gli sembrava di aver punito piuttosto se stesso che l'amante; perché mentre essa non pareva provare vergogna né umiliazione ma soltanto noia, a lui che crudelmente guardava sembrava invece che quei goffi atteggiamenti di animale inabile distruggessero oltre al desiderio anche ogni senso di umana simpatia. Tutto era perduto, egli rifletteva, pieno di sofferenza, non gli sarebbe stato più possibile di uscire da queste condizioni di disgusto e di delusione, incapace di amare, simile a l'uomo che affonda nella sabbia, ogni sforzo che avrebbe fatto per ridestare il morto sentimento l'avrebbe spinto un tratto più in giù in questo pantano della crudeltà e della fredda pratica. Assorto in questi pensieri gli pareva di vedere molto lontana e già avvolta in un'aria funesta e irreparabile di rottura l'amante che compostamente, un panno dopo l'altro, si rivestiva dall'altra parte del letto. "Arrivederci; ma mi raccomando curati" ella gli disse finalmente con un risentimento bonario ma fermo dalla soglia della porta. Un minuto dopo l'uscio di casa si chiuse con un tonfo nell'anticamera e soltanto allora Lorenzo scrollandosi dalla sua amara distrazione si accorse d'essere rimasto solo.

A lungo stette immobile contemplando la coperta gialla e illuminata del letto nel mezzo del quale era rimasto l'incavo che ci aveva fatto giacendovi il corpo dell'amante.

Finalmente si levò, andò alla finestra e l'aprì. Non pioveva più, fuor della stanza calda e rinchiusa, in faccia alla fresca notte invernale egli sentì la mente simile ad una gabbia piena di arpie maligne sfollarsi ad un tratto restando vuota e sudicia. Stava fermo, i suoi occhi vedevano il nero e confuso terreno da costruzioni che era sotto la casa coi suoi mucchi di immondizie, le sue erbacce e certe forme caute e lente che dovevano essere di gatti affamati, i suoi orecchi udivano i rumori del viale non lontano, trombe di automobili, stridori di tramvai ma il suo pensiero restava inerte e non gli pareva di esistere che attraverso quelle lacerazioni solitarie e casuali dei sensi. 'Come me, anzi meglio di me' pensava osservando sui mucchi bianchicci di immondizie le ombre mobili e guardinghe dei gatti 'quei gatti sentono quei rumori, vedono quelle cose: che differenza c'è tra me uomo e quei gatti?' Questa domanda gli pareva assurda ma nello stesso tempo sentiva che al punto in cui era arrivato assurdità e realtà si confondevano strettamente così da non potere essere distinta l'una dall'altra. "Come sono infelice" incominciò poi a mormorarsi piano senza staccarsi dal davanzale "come ho fatto per ridurmi così infelice?" Gli venne ad un tratto in mente di togliersi una vita ormai tanto vuota e incomprensibile, il suicidio gli sembrò facile e maturo, quasi un frutto che gli sarebbe bastato di stendere la mano per cogliere; ma oltre ad una specie di disprezzo per un'azione che aveva sempre considerato come una debolezza, oltre ad un senso quasi di dovere, gli parve di esserne trattenuto da una speranza strana e nella sua presente condizione, inaspettata: 'non vivo' pensò improvvisamente 'ma sogno; quest'incubo non durerà mai abbastanza per convincermi che non è incubo ma realtà; e un giorno mi desterò e riconoscerò il mondo col sole, le stelle, gli alberi, il cielo, le donne e tutte le altre belle cose; bisogna perciò che io abbia pazienza: il risveglio non può non venire'. Ma il freddo della notte lo penetrava lentamente, alfine si scosse e chiusa la finestra tornò a sedersi sulla poltrona, di fronte al letto vuoto e illuminato.

(1933)

INDICE

ANNOTAZIONI

ANNOTAZIONI

ANNOTAZIONI

I GRANDI Tascabili Bompiani
Periodico quindicinale anno XVIII numero 688
Registraz. Tribunale di Milano n. 269 del 10/7/1981
Direttore responsabile: Francesco Grassi
Finito di stampare nel febbraio 2002 presso
il Nuovo Istituto Italiano d'Arti Grafiche - Bergamo
Printed in Italy

450
. 80
370

ISBN 88-452-4944-1